나 - 우리 - 미래

양지웅 · 이현진 · 안성식

박영story

서문

진로란 단순히 직업의 선택을 넘어 개인의 삶과 사회적 역할을 결정짓는 중요한 요소입니다. 특히, 청년기는 진로 개발과 선택의 과정에서 핵심적인 시기로, 학생들이 자신의 가치와 목표를 발견하고 이를 실현하기 위한 기반을 다지는 시간입니다. 그러나 현대 사회의 급격한 변화 속에서 청년들은 혼란과 불안을 느끼며, 진로와 관련된 선택의 무게에 짓눌리곤 합니다. 이러한 배경에서 이 책은 청년들에게 실질적인 도움을 주기 위해 기획되었습니다.

『나-우리-미래』는 청년들이 자기 탐색과 진로 설계 과정을 통해 보다 주체적이고 의미 있는 삶을 만들어 갈 수 있도록 돕고자 합니다. 이 책은 개인의 내적 성찰을 통해 '나는 누구인가?'라는 본질적인 질문을 탐구하는 데서 출발합니다. 또한, 사회적 관계와 환경 속에서 자신의 위치를 이해하고, 미래의 가능성을 구체적으로 설계하는 과정을 제안합니다.

본 책의 내용은 크게 세 가지 축으로 구성됩니다. 첫째, 자신을 깊이 이해하고 탐색하는 과정에서 자기 인식과 성장을 촉진하는 방법을 다룹니다. 둘째, 사회문화적 맥락에서 자신과 타인의 관계를 이해하며 협력과 경쟁의 균형을 배우는 과정을 안내합니다. 셋째, 자신의 가치와 비전을 발견하고 이를 토대로 지속 가능한 진로를 설계 및 개발하는 방법론을 제시합니다.

이 책은 독자들이 단순히 직업 세계에서의 성공을 넘어, 자신의 삶에 대한 주체적인 통제와 긍정적인 태도를 형성하는 데 초점을 맞추고 있습니다. 이를 통해 독자들이 현재와 미래를 아우르는 균형 잡힌 삶을 살아갈 수 있기를 기대합니다.

끝으로, 교육자와 상담가, 부모님들도 이 책을 통해 청년기의 대학생, 내담자, 또는 자녀 진로 지도에 대한 이해를 넓히고 그들과 함께 소통할 수 있는 기회를 가질 수 있기를 희망합니다.

대표 저자 **양지웅**

목차

I

"나"

나, 우리, 그리고 미래:
청년을 위한 진로 탐색과
성장의 길

I

“나”

우리 삶의 대부분은 인간관계 안에서 이루어지며, 그 안에서 우리는 각자의 행복과 성취를 추구하고 좌절과 실패를 경험하며 성장해 간다. 손자병법(孫子兵法)에 지피지기 백전불태(知彼知己 百戰不殆)라는 말이 있다. 적을 알고 나를 알면 백 번 싸워도 위태롭지 않다는 뜻이다. 비록 전쟁뿐만 아니라 우리의 인생도 내가 누구인지 알아야 위태롭지 않다. 내가 군함인지, 어선인지 알아야 전쟁을 할 것인지, 고기를 잡을 것인지 선택할 수 있다.

나는 누구인가? 나는 어떤 사람인가? 나는 어떤 사람이 되고 싶은가? 이 질문은 내가 나답게 존재하기 위해 어떤 삶을 선택하고 있는가를 묻는 것이다. 이 질문에 쉽게 대답할 수 있는 사람은 몇 명이나 될까? 이러한 질문에 답하기 위해서, '나'에 대해 탐색해야 한다. 하지만 우리는 인생에서 나에 대한 탐색 없이 막연히 미래를 그리며 살아가고는 한다. 성장하면서, 나이가 들어가면서 세상에 대한 이해가 커진다고 한들 자신에 대한 이해가 없다면 무슨 의미가 있을까? 불안한 마음으로 스트레스에 힘겨워하는 마음으로 살아간다면 인생은 고통의 연속일 뿐이다. 그래서 우리는 자기 탐색이 필요하다. 나를 탐색하면서 좀 더 변화된 나를 만나기 위한 스스로의 노력이 필요하다.

나에 대해 무엇을 아는지, 무엇을 모르는지, 무엇이 필요하고 무엇을 해야 하는지 탐색하는 과정은 중요하다. 이를 통해 지난 삶을 되돌아보고 앞으로의 계획을 세우며 현재 나의 삶에 충실해야 한다. 자신을 탐색하기 위해서는 나를 들여다볼 돋보기, 타인과의 협력과 경쟁을 위한 사이드미러, 우물 밖 세상을 볼 잠망경, 그리고 미래를 내다볼 망원경이 필요하다. 나를 살펴보기 위한 돋보기는 개인이 사회 속에서 자신을 어떻게 바라보느냐에 따라 개인의 발달과 정신건강에 영향을 미친다. 또한 내가 나를 어떻게 보는지뿐만 아니라 내가 다른 사람을 어떻게 보는지도 중요하다. 태어날 때 주어진 환경과 조건은 선택할 수 없지만, 이를 바라보는 관점은 바꿀 수 있다. 인생을 보는 눈이 달라질 수 있다.

내 삶의 영역에서 반복되는 문제적 행위, 반응, 패턴은 무엇인가? 오래되었고 익숙하지만 도움이 되지 않는 것은 없는가? 나아가 문제가 되는 영역을 지금보다 더욱 효과적인 방식으로 다루었던 때를 기억할 수 있는가? 이를 바탕으로 다양한 차원과 수준에서 나를 더 깊이 탐색해보자.

나에 대한 탐색을 통해 살아갈 만한 삶을 만들어 가는 것이 중요하다. 내게 주어진 사회문화적 환경의 희생양이 되기보다는 의미 있는 방식으로 능동적인 삶을 만들어 갈 능력을 갖추는 것이 필요하다. 의미 있는 변화를 만드는 일은 쉽지 않다. 어디서 어떻게 시작할 것인지 생각해보아야 한다. 변화시킬 수 있는 것은 변화시키고, 변화시킬 수 없는 것은 수용해야 한다. 또한, 변화해야 할 것과 수용해야 할 것을 구분할 수 있는 지혜가 필요하다.

들어가며 / 나에 대한 탐구

1. 나는 나를 어떻게 보고 있는가?

2. 나는 타인을 어떻게 바라보고 있는가? 즉, 내 안의 다른 사람은 어떤가?

3. 나와 타인의 관계에서 내가 얻고자 하는 소망은 무엇이고 좌절은 무엇인가?

4. 이러한 소망이 좌절되었을 때 어떠한 문제가 발생하고 있는가?

5. 나는 이 소망을 충족하기 위해 무엇을 하고 있는가?

Pretest / ALL ABOUT ME

나는?

생물학적 나는?

나의 대인관계(소통)는?

나의 강점은?

나의 정서, 인지, 행동은?

나의 취약점은?

지금 내 인생은 어떤가?

1 나는 누구인가?

나는 나에 대해 얼마나 알고 있을까? 사람은 누구나 '나'라는 자기 인식을 가지고 살아간다. 이는 개인뿐만 아니라 우리가 형성하는 사회에서도 동일하다. 나는 '나'라는 생물학적, 사회문화적 존재로서 자유롭게 생각하고 행동하며 살아가는 것이다.

1) 생물학적 수준에서의 나

우리의 몸과 마음은 서로 분리된 것이 아니라 하나의 통합된 체계로 작용한다. 이 둘은 깊이 연결되어 있어, 한쪽에서 일어나는 변화는 다른 쪽에 영향을 미친다. 몸과 마음은 상호작용하며 우리의 생각, 감정, 행동에까지 영향을 미치는 밀접한 관계를 가지고 있다. 나를 탐색하기 위해서는 먼저 내가 내 몸을 어떻게 이해하고 있는지, 몸을 어떻게 다루고 있는지, 우리 몸이 어떻게 삶의 전반적인 안녕에 영향을 미치는지 살펴봐야 한다. 태어날 때부터 주어지는 유전적인 차이는 개인의 강점과 취약점을 결정하는 데 중요한 역할을 한다. 개인의 생물학적 차이는 눈에 띄게 우리 삶에 많은 영향을 미친다. 생물학적 수준에서의 나는 어떠한지 <활동 1-1>, <활동 1-2>를 통해 살펴보자.

활동 1-1 / 나의 인상

카메라로 10컷 정도 자신의 얼굴 사진을 찍어보자. 그중 3장을 골라보자.
인상은 단순한 지각이나 인지의 결과가 아니라 감정과 깊이 연결되어 있다. 한 사람의 인상은 느낀 정서의 흔적일 수도 있고, 마음에 떠오르는 생각이나 이미지, 혹은 표면에 남은 기억일 수도 있다. 즐거웠던 순간을 떠올리며 미소 지으면 자연스럽게 얼굴 근육이 올라간다. 반면, 짜증나는 순간을 떠올리면 얼굴이 찌푸려진다. 우리의 감정 상태에 따라 얼굴 표정은 달라지며, 인상에도 큰 영향을 미친다

활동 1-2 / 생물학적 수준에서의 나

자기 신체 관리에 주의를 기울이는 것은 중요하다.
우리의 생물학적 상태는 정신적 안녕에 큰 영향을 미친다.

1) 먹는 것

① 나는 평소 건강에 어떤 좋은 음식을 먹는가? 좋지 않은 음식을 먹는가?

____

② 언제, 얼마나 자주 음식을 제한하고 과식하는가?

____

2) 운동

① 나는 평소 얼마나 자주 운동을 하는가? ______________

② 어떤 종류의 운동을 하는가? ______________

③ 운동을 한 지 얼마나 되는가? 운동을 하지 않은 지 얼마나 되는가? ______________

3) 수면

① 나는 얼마나 잠을 잘 자는가? ______________________________

② 잠을 자는 데 어려움이 있는가? ______________________________

③ 몇 시에 자고 몇 시에 일어나는가? ______________________________

④ 잠을 자고 나면 개운함을 느끼는가? ______________________________

4) 건강

① 복용하고 있는 약이 있는가? ______________________________

② 하루에 앉아서 보내는 시간은 얼마나 되는가? ______________________________

③ 밖에서 보내는 시간은 얼마나 되는가? ______________________________

④ 휴식은 어떻게 취하는가? ______________________________

이 활동을 한 후 나의 신체 상태는 어떠하다고 생각하는가?

이러한 것은 내 삶에 어떤 영향을 미치고 있는가?

____

2) 사회문화적 수준에서의 나

우리가 속한 사회와 문화는 우리 자신을 바라보는 방식과 태도에 지속적인 영향을 미친다. 사회문화적인 것에 대해 이야기하지 않고는 우리 자신에 대해 이야기할 수 없는 이유다. 우리가 속한 사회적 맥락과 사회문화적 신념이 우리 삶에 어떤 의미를 부여하는지 탐색하는 것은 중요하다. 사회문화적 신념은 공기와 같아 우리는 그것을 볼 수 없지만, 항상 우리를 둘러싸며 삶에 영향을 미치고 있다. 우리가 가지고 있는 자신과 환경에 대한 신념은 우리를 행동하게 한다. 특히 성, 도덕성, 인종 및 사회적 지위와 같은 주제일 때 이러한 신념이 더욱 큰 영향을 미친다. 사람들의 편견과 낙인은 정신건강에 부정적인 영향을 미치며, 특히 권리를 박탈당한 집단에 속한 경우 더욱 부정적인 영향을 미칠 수 있다. 사람들은 그들이 속한 문화에 따라 생각, 감정, 내적 경험을 다르게 받아들이기 때문에, 사회문화적 체계가 우리에게 어떤 영향을 주고 있는지 살펴볼 필요가 있다. 내가 속한 사회문화적 환경이 내 삶에 긍정적인 도움을 주고 있는지, 아니면 이를 새롭고 유연하게 대체할 필요가 있는지를 탐색하는 과정이 필요하다. 또한 사회문화적 환경에서 우리가 경험하는 사회적 지지 수준을 살펴보는 것이 중요하다. 같은 사회문화적 내에서도 개인에 따라 사회적 지지

활동 1-3 / 사회문화적 수준에서의 나

사회문화적 소속감은 정신적 안녕에 영향을 줄 수 있다.
다음 질문을 통해 사회문화적 수준에서의 나를 탐색해보자.

1. 문화적 신념
· 한국은 어떤 문화에 속할까?
: 공적 자기의식, 집단중시, 온정적 인간관계, 위계성 중시, 결과 중시

2. 사회적 지지
① 친구, 가족에게 얼마나 개방적으로 자신을 드러낼 수 있는가?
② 나에게 개인적인 문제가 있을 때 누구에게 연락하는가?

3. 편견과 낙인
① 편견과 낙인의 대상이 되어 본 적이 있는가?
② 나는 어떤 면에서 낙인을 받아 본 경험이 있는가?
③ 편견과 낙인은 나에게 어떻게 영향을 주었나?

이 활동 후, 나의 사회문화적 환경이 어떤지, 그리고 그것이 내 삶에 어떤 영향을 미치고 있는지 생각해보자.

수준은 다르며, 어려움을 경험하고 대처하는 개인의 능력은 다를 수 있다. 우리가 받는 사회적 지지의 정도는 근본적으로 어려운 경험에 대처하는 능력에 영향을 미친다. 가족, 친구, 중요한 타인으로부터 지지받는 사람은 삶의 역경을 더 잘 극복하고 회복할 수 있다. <활동 1-3>을 통해 사회문화적 수준에서 나를 탐색해보자.

3) 자기개념

우리는 자신에 대해 생각하고 특정한 자기 이미지를 유지하기 위한 방식으로 살아간다. 이러한 개념적 자기는 우리가 한 인간으로서 어떠한 사람이고 무엇을 할 수 있고 무엇을 할 수 없는지 스스로 만들어낸다. 우리는 이 개념을 자신을 정의할 뿐만 아니라, 다른 사람과 비교하는 데도 사용한다. 불행하게도 우리는 자기개념을 평가하고 다른 사람과 비교하며 스스로를 제한하는 경향이 있다.

(1) 자기개념

자기개념은 자신을 어떻게 이해하고 인식하는지를 의미한다. 자기에 대한 개념은 많은 심리학자에 의해 다양하게 정의되어 왔다. 로젠버그(Rosenberg, 1979)는 자기개념을 개인이 스스로에 대해 형성하고 있는 인지적 평가, 정서적 반응의 집합체라 정의하였다. 셰이블슨, 허브너, 스탠튼(Shavelson, Hubner, Stanton, 1976)은 자기개념을 자기 스스로에 대한 개인의 지각을 의미하며, 개인의 과거 행동을 설명하고 앞으로의 행동을 예측하는 중요한 요인으로 보았다. 즉, 자기개념은 자신이 자신을 어떻게 보는지에 따라 행동에 영향을 미치며, 이러한 행동은 다시 자신을 바라보는 방식에 영향을 준다. 자기개념은 개인이 성장하면서 경험한 것에 의해 형성된다. 특히, 자기개념은 중요한 타인과의 관계와 주어진 환경에서 받는 상황에 크게 영향을 받으며, 이는 감정과 행동 방식에까지 영향을 미칠 만큼 중요한 요소다.

(2) 자기개념의 속성

자기개념은 대체로 긍정적이며 안정적이지만 객관적이기보다는 주관적이며 왜곡될 가능성이 크고 변화할 수 있다. 자기개념의 속성을 살펴보자.

① 자기개념은 비교적 일관적이고 안정적이다. 사람들은 자기개념을 일관적이고 안정적으로 유지하려는 동기를 가지고 있다. 스스로 외향적이라 생각하는 사람은 스스로 내향적으로 행동했던 것보다 외향적으로 행동했을 때를 더 잘 기억한다. 스스로 외향적이라고 생각하는 사람에게 과거를 회상해보라고 하면 대체로 외향적인 행동을 했던 것을 기억하는 경향이 있다.

② 자기개념을 긍정적으로 유지하려는 경향이 있다. 대부분의 사람들은 성공은 나의 것으로 돌리고, 실패는 남의 것으로 돌리는 경향이 있다. 특히, 공동 활동에서 자신의 업적을 과장해서 지각하며, 타인보다 자신의 미래를 낙관적으로 생각하고, 자신이 남보다 더 긍정적인 능력을 행사할 수 있다고 믿는다.

③ 자기개념은 자신과 타인에 대한 관점이나 감정, 행동에 영향을 미친다. 우리는 같은 행동을 하더라도 자기개념에 따라 그 행동을 다르게 해석할 수 있고, 같은 상황에서도 자신의 자기개념에 따라 개인이 느끼는 감정과 행동은 달라진다. 예를 들면, 이상형을 만났을 때, 다가가 말을 건네는 사람과 멀리서 지켜보다 그냥 지나가는 사람의 자기개념은 다를 수 있다.

④ 자기개념은 변화할 수 있다. 자기개념은 개인이 성장하고 다양한 경험을 하며 변화할 수 있다. 즉, 타인과의 관계, 사회에서의 역할 및 중요한 사건들에 의해 변화할 수 있는 것이다. 예를 들면, 소극적이라고 생각했던 사람이 학급의 반장을 맡으면서 스스로 적극적인 면을 발견할 수 있으며, 왜소한 사람이 성장하면서 자기개념이 긍정적으로 변화할 수 있다.

(3) 자기개념 형성에 미치는 요인

자신이 자기 스스로 다른 사람과 분리되어 존재한다는 자기자각은 약 생후 3개월부터 이루어진다(민경환, 2002). 햄프슨(Hampson, 1990)에 의하면 이러한 자기자각은 여러 통로를 통해 형성된다. 첫째, 타인이 자신을 본다고 생각하는 방식으로 스스로를 보며, 타인이 자기를 알기 위한 중요한 정보원이 된다. 둘째, 자신의 감정과 생각을 관찰하여 타인이 모르는 자신에 대한 정보를 발견하려 한다. 셋째, 다른 사람의 행동을 관찰하듯 자신의 행동을 관찰한다. 이처럼 타인, 자신, 그리고 자신의 행동에 대한 관찰을 통해 자기자각을 형성하고 발전시킨다.

가. 자신의 행동을 관찰

대부분의 사람들은 자신의 행동을 관찰하면서 자신에 대한 태도를 형성해 간다. 자신의 일을 미루지 않고 열심히 하는 사람이라면 성실한 사람이라고 생각할 수 있고, 매일 아침 일찍 일어나 생활을 한다면 부지런한 사람이라 생각할 수 있다. 하지만 나는 성실한 사람이기 때문에 꼭 과제를 해야만 하고 부지런한 사람이기 때문에 꼭 일찍 일어나야만 한다고 생각하며 행동하는 경우가 있을 수 있다.

나. 타인과의 비교와 피드백

사람들은 타인의 행동과 자신의 행동을 비교하면서 평가한다. 자신에게 중요한 타인, 즉 가족, 친구, 선생님 등 개인에게 중요한 타인이 제공하는 피드백은 자기개념에 영향을 미친다. 긍정적인 피드백은 긍정적인 영향을 줄 것이며, 부정적인 피드백은 부정적인 영향을 미칠 수 있다. 예를 들면, 개인이 생각하는 단점이 있음에도 불구하고 중요한 타인의 태도에 의해 자기개념을 더욱 긍정적으로 만들 수 있다. 어린 시절 중요한 타인의 피드백은 자기개념에 중요하다. 하지만 성인이 된 지금은 어린 시절과 달리 사람들의 피드백을 무조건 받아들이지는 않는다. 성인이 되면 자신의 자기개념에 영향을 주는 피드백을 선택할 수 있다. <활동 1-4>를 통해 타인의 피드백이 자기 개념에 미치는 요인을 살펴보자.

활동 1-4 / 자기 개념에 미치는 요인

1) 나는 어린 시절 어떤 피드백을 받으며 성장했는가?

---

2) 그런 피드백이 지금 나에게 어떤 영향을 주고 있는가?

---

3) 어린 시절과 달리 지금은 어떤 피드백을 받고 있는가?

다. 문화적 요인

우리가 살아가는 문화 속에서 기대나 성, 종교, 인종 등과 관련된 고정관념은 자기개념에 영향을 미칠 수 있다. 우리나라는 가부장주의, 집단주의적 가치를 중시한다. 그래서 혼자 잘 사는 사람보다는 집단을 위해 희생하는 사람을 더 가치 있게 보기도 한다. 이러한 문화적 요인은 자기개념에 영향을 미칠 수 있다.

(4) 자기개념과 관련된 요인

자기개념과 관련된 요인에는 자기존중감, 자기효능감, 자기수용, 자기복잡성 등이 있다. 이에 대해 세부적으로 살펴보자.

가. 자기존중감

자기존중감은 자기개념의 평가적 차원을 의미한다. 자신에 대한 종합적 평가로 자기존중감이 높으면 긍정적 자기개념을 나타낸다. 높은 자기존중감은 삶의 만족, 긍정적인 정서와 관련이 있으며 타인으로부터 받은 평가적 피드백 또는 자신의 성공에 대한 직접적 경험에 의해 형성된다. 반면 자존감이 낮은 사람은 우울, 불안, 소외감 등 부정적이며 정서적인 문제가 많고, 인정욕구가 많으며, 거절에 취약하다. 또한 자기존중감이 낮으면 자신의 행동에 대한 부정적인 기대를 하므로 악순환에 빠지기도 한다. 이러한 부정적 기대는 더욱 불안을 경험하게 하고 집중력을 저하시키기도 한다. 그렇다면 자기존중감은 어떤 방법으로 증진할 수 있을까?

① 남과 비교하기보다는 자신만의 적절한 목표를 세우고 이를 달성함으로써 자존감을 높일 수 있다.
② 자신의 대표강점을 찾아보고 이를 매일 활용할 수 있는 방법을 찾아본다.
③ 다른 사람에게 친절을 베풀며 자신감을 키운다.

나. 자기효능감

자기효능감은 자신이 특정한 상황에서 요구되는 행동을 성공적으로 할 수 있다는, 자신에 대한 믿음이다. 일반적으로 자기효능감은 다양한 성취 상황에서 성공적으로 수행할 수 있다는 자신의 전반적 능력에 대한 동기적 신념으로, 자기효능감이 높은 사람들은 어떠한 상황에서도 자신감 있게 행동하며 훌륭한 성과를 낼 수 있다고 믿는다. 또한 새로운 상황에서도 적극적으로 행동하고, 실패에도 좌절감이 적으며, 실패의 원인을 긍정적으로 받아들여 빠른 회복력을 갖는다(신경자, 2009). 자기효능감은 어떤 행동을 선택할 것인지, 얼마나 노력할 것인지, 어떤 반응을 보일 것인지에 영향을 미친다. 즉, 자신이 잘할 수 있을 것이라고 믿는 활동을 선택할 것이며, 잘할 수 있을 때까지 노력할 것이고, 쉽게 포기하지 않고 결과에 대해 불안해하지 않을 것이다. 즉, 자기효능감이 높은 사람은 목표를 설정하고 수행을 하며, 긍정적인 결과와 긍정적인 정서반응을 이끌어내는 긍정적인 행동을 하게 된다. 반면, 자기효능감이 낮은 사람은 상황을 불안으로 판단하여 쉬운 과제만을 선택하거나 당면한 과제에 충분한 주의를 기울이지 못해 행동하지 않을 가능성이 높다. 자기효능감은 자신이 실제 수행을 함으로써 성취한 경험이나 대리적 경험을 통해서 결정되며, 중요한 타인에 의한 피드백을 통해 영향을 받기도 하고, 자신의 정서적 각성을 통해서도 정보를 얻게 된다. 예를 들면, 내가 해 본 것이 성공했다면 다시 했을 때 성공할 가능성이 높다고 여기지만 내가 해 본 것이 실패했다면 다시 했을 때 실패할 가능성이 높다고 여길 수 있기 때문에 실패했던 일에는 자기효능감을 갖기 어렵다. 또한 중요한 타인이 잘 해내는 일을 보면 자신도 잘할 수 있다고 생각하기 쉬우며, 중요한 타인이 지지적인 피드백을 준다면 자신이 잘할 것처럼 느끼기도 한다.

자기효능감을 발달시키기 위해서는 너무 높거나 낮지 않은 적당한 수준의 목표를 설정하고 지속적인 노력을 통해 어려움을 극복하고 목표를 달성하는 성공 경험이 필요하다. 과도하게 높은 목표는 실패를 가져올 수 있고, 낮은 목표는 성취감을 느끼기 힘들 수 있기에 적당한 수준의 목표를 설정하고 노력하는 것이 필요하다. 또한 대리경험을 통해 자기효능감을 발달시킬 수 있다. 그 밖에 중요한 타인으로부터의 지지와 설득, 긍정적인 정서경험 등이 자기효능감을 발달시킬 수 있다.

다. 자기수용

자기존중감이 낮으면 우울하고 불안하여 대개 건강하지 못한 것으로 생각될 수 있다. 또한 자기존중감이 높더라도 다양한 도전에 대한 실패, 타인의 비난, 거부 등으로 인해 자기존중감이 낮아질 수 있다. 그렇다면 건강한 삶을 위해서는 어떻게 해야 할까? 바로 자기 자신을 수용하는 것이다. 대부분의 사람들은 다른 사람들의 기준으로 자신을 평가하고 자신이 가진 변화시킬 수 없는 측면과 맞서 싸우며 살아간다. 자기존중감이 높은 사람은 부정적인 평가 상황에서 자기에 대한 위협을 받을 수 있지만, 자기수용이 높은 사람은 자기존중감이 높은 사람에 비해 안정적이고 부정적인 평가 상황에서도 자기를 있는 그대로 수용할 수 있다(김광웅, 2007). 자기수용은 다양한 학자들에 의해 정의된다. 마시너(Macinners, 2006)는 자기수용이란 자기 자신을 있는 그대로 만족스럽게 받아들이고 인정하는 것이라 하였다. 엘리스(Ellis, 1977)는 무조건적 자기수용이란 자신이 지적이고 올바르고 유능하게 행동하든, 그렇지 않든, 다른 사람이 자신을 인정하고 존경하고 사랑하든 하지 않든 충분히 무조건적으로 자신을 수용하는 것이라 하였다. 즉, 자기수용이 높은 사람은 자신을 객관적이고 정확하게 바라볼 수 있으며, 자신의 한계를 인정하고 자신의 능력 내에서 최선을 다하려고 한다. 반면, 자기수용이 낮은 사람은 자신의 보기 싫은 부분을 감추려하고 가식적인 행동을 하게 되는데 이로 인해 자신을 부정하거나 왜곡할 수 있다. 또한 자기수용은 자신의 심리적 안녕감과 관련되며, 감정이나 생각을 수용하지 않고 이를 통제하기 위해 투쟁하는 것이 고통의 원인이 될 수 있기에 자신의 감정과 생각을 있는 그대로 이해하고 삶이 주는 경험의 의미를 추구하는 것이 바람직하다. 자기수용은 비판단적인 자각의 태도로 자신에게 일어나는 감정, 신체감각, 생각 등의 경험을 능동적으로 회피하지 않고 있는 그대로 경험하는 것이다(문현미, 2006).

라. 자기복잡성

자기복잡성이란 자신의 자기개념이 얼마나 단순한지 혹은 복잡한지를 나타내는 개념이다. 모든 사람은 자기의 다양한 측면을 가지고 있다. 하지만 자기를 몇 개의 자기개념으로 한정시킬 수도 있다. '나는 누구의 자녀이다' 또는 '나는 어디 학생이다'와 같이 좁게 정의될 수 있지만, 동시에 누구의 엄마이자 딸인 동시에 누구의 친구이며, 어떤 모임에 참여하고 있고, 어떤 일에 성실하며, 어떤 곳의 자원봉사자로 활동하는 등 다양한 측면을 포함할 수 있다. 이처럼 다양한 자기개념을 가진 경우와 단순한 자기개념을 가진 경우 어떤 차이가 있을까? 자기를 구성하는 측면이 많으면 자기복잡성이 높다고 볼 수 있다. 우리는 다양한 관계, 역할, 행동, 상황 등을 경험하면서 다양한 방법으로 자기에 대해 개념화하는데, 이러한 과정 속에서 만들어지는 자신의 여러 가지 모습을 지닌 사람을 자기복잡성이 높다고 한다. 자기복잡성이 높은 사람들은 스트레스를 받을 때, 다른 자기 측면들이 스트레스를 완충하는 역할을 함으로써, 단순한 자기 측면을 가지고 있는 사람보다 부정적인 정서를 적게 경험하게 된다(Linville, 1987). 즉, 스트레스 상황에서 자기복잡성이 높은 사람들은 낮은 사람들보다 정서가 비교적 안정적이라 할 수 있다.

4) 세 가지 자기 인식

우리의 자기 인식에는 개념화된 자기, 지속적인 자각과 과정으로서의 자기, 관찰하는 자기의 세 가지가 있다(Barnes-Holmes, Hayes, & Dymond, 2001). 개념화된 자기는 '나는 젊다', '나는 우울하다', '나는 친절하다' 등과 같이 '나는 ~이다'의 언어적 자기이다. 개념화된 자기는 언어적 자기상으로 통합된 생각, 감정, 행동, 기억 등이 포함된다. 개념화된 자기는 개인에게 익숙한 자기이다. 개념화된 자기는 행위에 이유를 제공하는 이야기와 잘 들어맞으며 개인의 경험에 일관성을 제공하는 자기와 일치하는 경우가 많다. 예를 들어, '나는 중요한 사람이 아니다'라는 개념화된 자기를 가지고 있다면 삶에서 내가 중요하지 않다고 느낄 만한 사건들이 지속적으로 일어나고 있다는 사실을 알고 있는가? 하지만 이러한 개념화된 자기는 개인의 삶 전체적인 것은 아니므로 주의할 필요가 있다. 지속적 자각 과정으로서의 자기는 자신의 경험을 현재 순간에 아는 것이다. '나는 지금 ~을 느끼고 있다', '나는 지금 ~을 생각하고 있다', '나는 지금 ~을 보고 있다' 등 지금 현재 순간의 자기 인식은 건강한 심리적 기능에 중요하다. 이러한 지속적 자각 과정으로서의 자기는 발달을 자연스럽게 촉진할 수 있다. 관찰하는 자기는 자기의 가장 중요한 부분으로 어떠한 사건이 일어날 때 그것을 바라보고 있는 자기이다. 그 사건이 전개될 때 그것을 바라본 사람은 누구인가? <활동 1-5>를 통해 나의 자기개념을 살펴보자.

활동 1-5 / 나의 자기개념

1. 나의 자기개념을 생각해보자.

① 나는 ______________________________ 이다.

② 나는 ______________________________ 한 사람이다.

③ 나는 ______________________________ 하지 않는 사람이다.

④ 나는 자신에 대해 마음이 안 드는 부분은 ______________________________.

⑤ 내가 ______________ 하기 때문에 타인으로부터 부당한 대우를 받아 왔다.

2. 1번 문항의 자기개념 내용에서 나는 항상, 언제나, 어디서나, 누구에게나 그런가? 지속적인 자각 과정의 자기로 빈 칸을 완성해보자.

① 나는 ______________________________ 라는 생각을 가지고 있다.

② 나는 ______________________________ 라는 생각을 가지고 있다.

5) 나의 가치관

레밍이라는 동물이 있다. 레밍은 설치목 비단털쥐과의 동물로, 북극 근처 툰드라 지역에 서식하며 몸길이는 7~15cm로 작은 크기다. 부드러운 털로 덮여 있고 다리가 짧으며 귀가 작은 특징을 가지고 있다. 레밍은 집단으로 이동하는 습성이 있는데, 특히 개체수가 늘어나면 맹목적으로 앞선 레밍을 따라가다가 많은 수가 바다에 빠져 죽는 일이 발생하기도 한다. 레밍의 이러한 행동은 우리 삶에도 시사점을 준다. 남들 하는 대로 따라가는 인생이 있는가 하면, 자신의 나침반을 들고 내게 의미 있는 것을 찾아가는 삶도 있다. 따라가는 인생을 살면 크게 나쁜 길로 빠지지 않는다. 남들이

하는 대로 하면 내 인생에 책임지지 않아도 되고, 변명거리가 될 수도 있다. 나는 어떤 삶을 살고 있을까? 남들이 하는 대로 하는 인생을 살고 있을까? 내게 의미 있는 것을 찾아가는 삶을 살고 있을까?

'당신의 가치관은 무엇입니까?'라는 질문을 받으면 우리는 얼마나 빨리 대답할 수 있을까? 돈? 명예? 자유? 자기실현? 하지만 사실 우리 인생에서 우리가 하고 싶은 것이 무엇인지에 대해서 명확하지 않을 수 있다. 가치관이란 개인이 특정 상황에서 어떤 선택이나 결정을 내려야 할 때 특정한 방향으로 행동하게 하는 원칙, 신념, 믿음을 의미한다. 즉, 가치관은 우리가 살아가기 위해 행동함에 있어 판단하는 내면적인 준거로 특정한 방향을 향해 특정한 방식으로 행동하게 한다. 이러한 가치관은 성장하면서 살아온 환경과 중요한 타인에 의해 영향을 받아 형성되는 것이다. 특히, 중요한 타인의 행동을 내면화함으로써 가치 체계를 형성하게 되는데 이러한 가치관은 점차 성장하면서 정형화된다. 가치관은 우리가 행동을 선택함에 있어 가치와 자신의 가치특성을 이해하고 행동을 선택하는 것으로 정신건강에 중요하다. 가치는 사람이 자신의 행위를 인도해 가는 내적 방향성을 뜻한다. 이러한 내적 방향성은 고유한 가치를 가지며 목적을 위한 수단으로 여겨지지 않는다. 단지 추구하는 자체로 가치 있다. 사람이 자신의 가치에 더 많이 접촉할수록 삶을 개선하는 행위를 할 확률이 높아진다. 다음 페이지의 <활동 1-6>을 통해 나의 가치관에 대해 탐색해보자.

활동 1-6 / 나의 가치

겉으로 보기에 똑같은 하루를 보내더라도 가치에 따라 사는 사람과 그렇지 않은 사람에는 차이가 있다. 가치를 설정하지 않는 삶은 그냥 체크리스트를 지워가는 힘겨운 삶과 다름없다. 하지만 자신의 가치에 따라 사는 사람은 자부심과 충족감으로 살아간다. 단순히 즐겁고 유쾌한 삶을 살라는 것이 아니라 힘겨운 시간을 버텨야 하는 이유, 지금 이 일의 의미를 발견할 수 있도록 해야 한다. 즉, 가치는 적극적으로 현재를 살게 한다. 내가 생각하는 삶에 대한 가치를 발견하려면 그에 적합한 질문이 필요하다.

1. 나에 대해 좋게 생각하는 점 3가지를 떠올려 보자.

---

2. 나에 대해 싫어하는 점 3가지를 떠올려 보자.

---

3. 내가 알고 있는 가장 행복한 사람 2명을 떠올려 보자. 그 사람이 왜 떠올랐을까?

---

4. 나는 언제, 어디서, 무엇을 할 때 기분이 좋은가?

---

5. 나의 장점, 단점, 존경하는 사람, 행복한 일을 확인하면서 내가 생각하는 중요한 가치 3가지를 생각해보자.

버스에 타면, 위쪽에 이 버스가 어디로 가고 있는지 알려주는 표지판이 달려있다. 버스에 탄 승객들은 그 목적지를 향해 가게 된다. 버스가 어디를 향해 가는지는 승객의 선택에 달려 있지 않다. 목적지를 정하고 그곳을 향해 운전해 가는 것은 운전자의 몫이다.

이제, 우리의 인생이라는 버스가 어디로 향했으면 좋겠는지 살펴보자. 나의 인생이라는 버스의 작은 표지판에 정확히 무엇이라고 쓰겠는가? 나의 길은 무엇인가? 내가 계속 나아가는 방향은 어디인가?

나의 가치 : ______________________________

6. 가치 명료화 단계

① 나는 가치를 자유롭게 선택했는가?

____

② 나의 선택이 가져올 결과를 고려했는가?

____

③ 나의 선택에 정말 기분이 좋은가?

____

④ 내가 선택한 가치에 대해 다른 사람과 함께 공유할 수 있는가?

____

인생은 결과가 아닌 과정이다. 나 자신이 되기보다, 나 자신이 되고자 하는 사람이 되어야 한다. '내가 원하는 것을 얻었는가' 에서 '내가 원하는 방식으로 했는가'로 관점을 전환해보자.

6) 나의 태도

태도란 기본적인 속마음으로 언어나 비언어를 통해 겉으로 드러난다. 인생의 환경은 내가 결정하지 못한다. 그러나 거기서 내가 어떻게 일할 것인지 그 방법과 태도는 내가 결정할 수 있다. 긍정심리학의 마틴 셀리그만(Martin Seligman)은 사람들이 건강하고 행복한 삶을 누릴 수 있게 해주는 강점 중 하나로 낙관주의를 꼽았다. 그는 낙관적인 사람이 문제해결력이 높고 성공할 확률이 크다고 강조한다. 이러한 낙관성은 세상을 대하는 긍정적인 태도를 훈련함으로써 학습될 수 있다. 나, 타인, 상황, 일, 미래에 대한 세상을 대하는 긍정적인 태도를 살펴보면, 나에 대해 자부심을 느끼는가, 아니면 열등감을 느끼는가? 타인에 대해 존중하는가, 아니면 무시하는가? 상황에 대해 감사하는가, 아니면 불만을 가지고 있는가? 미래에 대해 낙관적인가, 아니면 비관적인가? 이 요소들에 따라 태도는 달라진다. 어떻게 하면 나, 타인, 상황, 일, 미래에 대해 긍정적인 태도를 가질 수 있을까?

(1) 태도를 결정하는 4가지 요인

태도는 가치관, 인식(생각), 감정, 성격이 상호작용하며 형성된 반응이다. 사람은 특정 상황에서 우선적으로 생각과 감정에 영향을 받으며, 이를 바탕으로 가치관, 성격 등과 상호작용하여 행동이 결정된다. 가치관은 돈, 명예, 봉사, 관계 등에 대해서 옳고 바람직하다고 여겨지는 것에 대한 나의 생각으로, 무엇에 가치를 두고 사느냐가 그 사람의 행동과 삶을 결정한다. 성취하려는 최종 목표를 목적가치, 이를 달성하기 위한 방식을 수단가치라고 한다. 인식은 사물을 보는 나의 관점으로, 행동의 결론과 판단은 사실보다는 인식에 기반을 두는 경우가 많다. 그러나 인식을 사실로 단정하면 비합리적인 결과를 초래할 수 있다. 감정은 공포, 분노, 기쁨, 수용, 혐오, 기대, 놀람 등 마음에서 일어나는 심리적 상태를 말한다. 행동은 가치관, 인식, 감정, 성격의 상호작용으로 결정되지만, 특히 감정과 인식의 영향을 크게 받는다. 사람마다 특정 상황에서 감정과 인식의 순서가 다를 수 있다. 어떤 사람은 먼저 인식하고 감정을 느끼며 행동하는 반면, 어떤 사람은 감정을 느낀 후 인식하고 행동하기도 한다.

(2) 인생 태도

인생 태도는 사람들이 자신과 타인에 대해 갖는 기본적인 인식과 태도를 설명하는 것으로 각각의 태도는 사람의 대인 관계와 자기 인식에 중요한 영향을 미치며, 이러한 태도에 따라 삶의 질과 관계의 질이 크게 달라질 수 있다. 태도는 사람의 성장 과정, 경험, 환경 등에 따라 형성될 수 있으며, 특정한 상황이나 관계에 따라 달라질 수도 있다. 따라서 자신과 타인의 태도를 인식하고, 긍정적인 방향으로 변화시키는 노력이 중요한데, 이는 자기 인식과 타인에 대한 이해, 그리고 건강한 소통이 바탕이 될 때 가능하다.

가. 나 긍정 - 타인 긍정

자기 자신과 타인 모두를 긍정적으로 바라보는 이상적인 인생 태도이다. 이러한 태도를 가진 사람은 자기 가치와 타인의 가치를 인정하며 존중하고, 대개 자신감이 있으며, 열린 마음으로 타인과 소통할 준비가 되어 있다. 그 결과, 이들은 진정성 있고 따뜻한 인간관계를 형성할 수 있으며, 서로를 지지하고 성장할 수 있는 친밀한 관계를 맺을 수 있다.

나. 나 긍정 - 타인 부정

이 태도는 자기 자신에 대해서는 긍정적이지만 타인에 대해서는 부정적으로 인식하는 태도이다. 이들은 자신에 대해 과신하는 경향이 있으며, 타인의 의견이나 감정, 능력을 인정하지 않으려는 태도를 보인다. 이로 인해 종종 오만하거나 자기중심적인 사람으로 비춰질 수 있다. 타인의 필요나 감정에 둔감하게 반응할 수 있으며, 협력보다는 경쟁을 중시하는 경향이 있다.

다. 나 부정 - 타인 긍정

자신을 믿지 않고 인정하지 않으며 상대방만 믿고 의지하려는 자세를 말한다. 이 태도는 자신에 대해서는 부정적이지만 타인에 대해서는 긍정적으로 바라보는 태도이다. 이러한 사람들은 자신감이 부족하고 자기 가치를 낮게 평가하는 반면, 타인에게 의존하려는 경향이 있다. 이들은 대개 자신보다 타인을 더 신뢰하며, 타인의 의견이나 판단에 따라 움직이는 경우가 많다. 이는 종종 자존감의 결여로 인해 자신을 제대로 표현하지 못하고, 타인의 기대에 맞추려는 행동으로 나타난다.

라. 나 부정 - 타인 부정

이 태도는 자신과 타인 모두를 부정적으로 보는 절망적이거나 허무적인 태도이다. 이들은 인생을 무의미하고 무가치하게 느끼며, 자기 자신에게도, 타인에게도 긍정적인 피드백을 주지 못한다. 대체로 세상에 대한 불신과 냉소적인 태도를 가지고 있으며, 우울감이나 무기력을 느낄 수 있다. 이는 종종 깊은 상처나 과거의 부정적 경험에서 비롯되며, 새로운 관계 형성이나 긍정적인 변화에 대한 동기가 부족하다.

나가며 / 자기이해를 위한 물음

1. 나는 어떤 가치를 추구하며 살고 있는가?

____

2. 열심히 공부하는 것은 궁극적으로 무엇을 위해서인가?

____

3. 과연 죽음 앞에서 의미 있는 가치는 무엇인가?

---

4. 100년 후 또는 1,000년 후 내가 이 지구상에 사라진 후 나의 존재와 나의 삶은 어떤 의미를 지니는 것일까?

---

5. 과연 나는 자유로운 존재인가?

---

6. 이 수업이 끝나고 집에 간 후의 선택(예: TV보기, 핸드폰 하기 등)은 나의 자유로운 결정에 달렸는가? 아니면 무의식에 의해서 결정되는 것일까? 아니면 과거에 학습된 습관에 의해서 결정되는 것일까?

---

7. 나의 삶은 매순간 자유로운 선택에 의해서 주체적으로 이루어지고 있는가? 아니면 다른 사람과 환경의 요구에 의해 끌려가고 있는가?

---

8. 자유와 책임은 동전의 양면 같은 것이다. 자유를 누리는 만큼 책임을 져야 하며, 책임을 질 수 있는 만큼 자유를 누릴 수 있다. 과연 나는 책임을 회피하기 위해 자유를 제한하는 편인가? 아니면 자유를 얻기 위해 책임을 감수하는 편인가?

---

9. 한 번뿐인 인생 어떻게 사는 것이 최선일까? 사회적으로 인정받는 안정된 길을 따라가는 것이 잘 사는 것일까? 아니면 불안정하더라도 나만의 길을 만들어 가는 것이 잘 사는 것일까? 진정으로 내가 원하는 삶은 어떤 것일까? 먼 훗날 나는 어떤 삶을 더 가치 있는 것으로 여기게 될까?

---

2 나의 성격

우리가 사는 세상은 대부분 인간관계 속에서 이루어진다. 어떤 사람을 만나 어떤 관계를 맺으며 살아가느냐에 따라 우리 인생의 많은 부분이 결정된다. 한 사람을 만나 좋은 인연으로 발전하려면 그가 어떤 사람인지 잘 이해하는 것이 중요하다. 한 사람을 이해한다는 것은 그 사람의 성격을 이해하는 것과 같다. 또한 한 사람의 성격을 이해한다는 것은 미래의 특정한 상황에서 그가 어떻게 생각하고 행동하고 반응할 것인지를 예측할 수 있다는 의미다. 우리는 살아가면서 타인의 성격을 이해해야 하는 중요한 상황들에 직면한다. 예를 들면, 많은 사람들의 주된 관심사는 배우자를 선택하는 일이다. 배우자를 선택할 때 이 사람은 어떤 성격을 소유하고 있을까? 앞으로 계속 이 사람과 만나면 어떤 행동을 할까? 지금은 친절하고 상냥한 모습을 보이지만 나쁜 사람은 아닐까? 친해지면 다양한 요구를 하면서 나의 자유를 억압하고 집착하는 것은 아닐까? 과연 내 마음을 줄 만큼 믿고 함께 할 수 있는 사람일까? 사람과의 갈등은 대부분 서로의 성격을 이해하지 못한 채 상대방에 맞춰 자신의 생각과 행동을 적절히 조절하지 못한 결과인 경우가 많다.

한 사람의 성격을 이해하기 위해서는 개인적인 특성, 집단공유적 특성, 인간보편적인 특성 등 통합적 이해가 필요하다. 개인적 특성은 이 세상 누구와도 다른 자신만의 고유한 심리적 특성으로 다른 사람들, 심지어 같은 피를 나눈 형제자매와도 구별되는 자신만의 개인적 특성을 의미한다. 집단공유적 특성은 집단의 구성원으로서 집단의 독특한 문화를 내면화한 것이다. 나는 남성으로서 또는 여성으로서, 동양인으로서, 한국인으로서, 특정한 지역 출신으로 어떤 집단공유적 특성을 지니고 있는지, 독특한 가족의 역사와 경험을 공유하고 있는 나의 가족 구성원은 어떤 심리적 특성을 공통적으로 지니고 있는지에 관한 것이다. 인간보편적 특성은 인류 진화의 보편적 특성으로 다른 사람들과 동일하게 공유하고 있는 나의 심리적 특성은 무엇인지, 지구상에 존재하는 모든 사람과 나의 심리적 공통적인 특성은 무엇인지에 관한 것이다. 즉, 무엇보다 한 인간을 잘 이해하기 위해서는 그 사람의 개인적 특성뿐만 아니라 집단공유적 특성과 인간보편적 특성에 대한 이해가 필요하다.

1) 성격 5요인

세상에는 다양한 사람들이 살아간다. 우리는 외모뿐만 아니라 성격도 각기 달라 같은 상황에서도 사람마다 행동하고 생각하는 방식이 다르다. 우리는 이러한 사실을 잘 알고 있기에 나와 다른 사람의 생각을 이해하려고 노력한다. 세상에는 많은 성격특질이 존재한다. 성격특질의 종류와 수는 많은 학자에 의해 다양하게 정의되어 왔다. 최근 성격심리학자들은 성격이 5가지 요인으로 구성되어 있다는 '성격 5요인 모형'을 지지하고 있다. 성격 5요인은 연구자에 따라 명칭이 조금씩 다를 수 있지만 대체로 신경과민성(neuroticism), 외향성(extraversion), 개방성(openness), 우호성(agreeableness), 성실성(conscientiousness)으로 구분된다. 성격 5요인은 유전적 기반을 가지고 있으며 성격을 구성하는 기본 틀이다. 한편 한 사람의 성격은 후천적인 경험에 의해 결정되며 문화의 영향을 받게 된다. 성격 5요인을 살펴보면, 신경과민성은 얼마나 많은 스트레스를 경험하는지 측정하며, 외향성은 계속해서 무언가를 하는 것을 즐기는 것이다. 개방성은 새로운 것과 복잡한 것에 대해 얼마나 편하게 느끼느냐, 우호성은 적응성과 관련된 것이고, 성실성은 목적을 이루기 위해 에너지를 집중하는 정도를 의미한다.

(1) 신경과민성(Neuroticism)

신경과민성은 부정 정서를 잘 느끼는 성격특질로 우울, 불안, 분노와 같은 부정 정서에 민감한 경향이 있다. 신경과민성이 높은 사람은 정서적으로 불안정하고 예민하며 사소한 일에도 상처를 잘 받는다. 반면 신경과민성이 낮은 사람은 편안하고 침착하며 기분의 변화가 적고 스트레스에 대한 정서적 반응이 낮다. 즉, 신경과민성은 정서적 혼란, 불안, 우울 등 부정 정서 차원을 나타낸다. 신경과민성이 높으면 스트레스에 강하게 반응하고 부정적 사건과 문제들을 자초하는 경향이 있을 수 있다. 신경과민성이 높은 사람과 낮은 사람을 비교하자면 신경과민성이 높은 사람은 고성능 카메라를 장착하고 있는 것과 같다. 다른 사람이 보지 못하는 것을 보고, 듣지 못하는 소리를 듣고, 생각하지 못하는 것을 생각한다. 이런 경우 스트레스 상황에서 강하게 반응하기보다는 이를 효과적으로 활용할 방법을 모색하는 것이 중요하다. 스트레스 반응은 불편함을 줄 수 있지만, 우리 삶에서 중요한 역할을 한다. 신경과민성이 높은 사람은 다른 사람이 예사로 보고 넘기는 것을 꼼꼼하게 따져보고 생각해서 성공하는 경우가 많다. 그렇기에 신경과민성을 낮춰야 하는 것은 아니다. 이러한 특성은 장점이 될 수 있다. 자신의 신경과민성을 알아차리고 이를 잘 관리해서 자신만의 장점으로 활용하는 것이 필요하다.

(2) 외향성(Extraversion)

외향성은 타인과 교류하는 인간관계적 자극을 추구하는 성향을 의미한다. 외향성이 높은 사람은 심리적 에너지의 방향이 외부에 있으며 활동수준이 높아 자기주장을 잘하며 사교적이고 긍정적인 정서를 잘 느끼는 경향이 있다. 외향성이 높은 사람들은 타인을 만나면 눈을 더 많이 마주치며 사회적 교류의 기회가 있는 곳을 찾아간다. 하지만 이들이 부정적인 정서를 더 적게 보는 것은 아니다. 외향성이 높은 사람은 새로운 일에 도전하고 성공함으로써 지위와 부를 얻을 수 있다. 하지만 무모하게 일에 도전하는 경향도 있기 때문에 실패나 사고를 더 많이 경험하는 경우도 있다. 외향성이 높은 사람은 열정적이고 사교적이며 에너지가 넘친다. 그리고 책임지는 것에 호의적이며 눈치가 빠른 특성이 있다. 외향성이 낮은 사람은 차분하며, 혼자 있는 것을 좋아하고, 독립적이고 정적이며 무뚝뚝한 성향을 보인다. 우리나라 사회문화적 환경에서 내향성은 오랜 기간 비사교적이거나 사회적 기술이 부족한 사람으로 인식되어 오랜 기간 부당한 평가를 받아왔다. 하지만 내향적인 사람은 사회적 기술이 부족하기보다는 소수의 사람과 친밀한 관계를 맺는 능력이 뛰어나다. 한편, 외향적인 사람들은 다른 사람의 말을 방해하는 경향이 있을 수 있다. 일부러 그런 것은 아니지만 타인과의 대화에서 다른 사람의 말에 끼어든다. 이러한 외향적인 특성을 가진 사람의 행동을 우리는 의도적인 것으로 받아들여서는 안 된다. 또 외향적인 사람들은 타인의 말을 경청하도록 노력하면서 방해를 최소화하려는 노력이 필요하다. 경청은 단순히 듣는 것뿐만 아니라 행동을 관찰하고 상대방의 이야기에 몰입하는 것이다.

(3) 개방성(Openness)

개방성은 새로운 체험을 좋아하며 호기심이 많고 다양한 경험에 대해 열린 자세를 지니고 있는 성향을 의미한다. 개방성이 높은 사람은 풍부한 상상력, 미학적 감수성, 지적 호기심, 자유로운 가치체계 등을 강조하며 개인의 폭넓은 흥미와 다양한 요구를 반영한다. 또한 지적인 탐구심이 강하고 상상력이 풍부하며 기존의 사회적, 종교적 가치에 도전적이어서 정치적으로 진보적인 성향을 나타낸다. 반면, 개방성이 낮은 사람들은 인습적이고 현실적이며 전통에 대해 수용적인 태도를 보인다. 개방성이 낮을 수록 안정, 질서를 좋아하고 순응적이고 의견통일을 중시하는 경향이 있다. 아인슈타인은 80세에 자신의 삶을 돌아보며 “내 삶을 나의 방식으로 돌아보면 지식을 습득하는 능력보다 더 중요한 것은 개방성이라고 결론내릴 수 있다”라고 했다. 이처럼 개방성이 높으면 새로운 경험을 좋아하고, 상상력이 풍부하며, 복잡한 상황 및 변화에 대해 편안하게 느끼며 큰 그림을 선호한다. 개방성이 낮으면 익숙한 것을 선호하고 지금-여기에서 다루는 것, 더 간단하고 전통적인 것, 구체적인 것을 좋아한다. 그래서 ‘내 할아버지께 괜찮은 일이었다면 나에게도 그럴 거야’라고 생각할 가능성이 높다. 그래서 개방성이 높은 사람에게는 도로표지판처럼 방향을 제시해주는 것이 필요하다면, 개방성이 낮은 사람에게는 명확한 목적지를 알려주는 것이 필요하다. 또한 개방성이 낮은 관습형의 사람들은 대개 특정한 흥미 영역이나 주제에 대해 전문가 수준을 가지고 있는 경우가 많고 실제적으로 지금-여기에 집중하며 현실적이다.

(4) 우호성(Agreeableness)

우호성은 타인에게 협동적이고 우호적인 성향을 의미한다. 우호성은 개인의 생각, 감정, 행동을 통해 동정심부터 적대감까지 개인의 대인관계가 어느 위치에 있는지 알 수 있게 한다. 이러한 우호성은 권력, 권위, 지위 등의 이슈와 관련이 있으며, 우호성이 높을수록 이타적이며 겸손하고 온유하고 순종적이며 남을 잘 믿는다. 우호성이 높은 사람은 공감적이고 따뜻하며 이타적인 행동을 한다. 이들은 타인을 잘 돕고 돌보지만 자율성과 창의성이 낮은 경향이 있을 수 있다. 반면 우호성이 낮은 사람은 타인에게 적대적이고 타인의 감정을 이해하는 공감능력이 부족할 수 있다. 만약 내가 우호성이 낮고 상대가 우호성이 높으면 나의 주장이 잘 받아들여지는데 저항은 별로 없지만, 이는 상대방이 대부분 나의 주장과 의견을 받아주는 상황이 된다. 우호성이 높은 사람은 권위에 따르는 경향이 있으며, 상대방의 욕구와 의견에 초점을 맞추고 겸손을 보이며 자신의 의견을 내세우지 않고 뒤로 물러나는 경향이 있다. 우호성이 낮은 사람은 자신의 욕구와 의견에 초점을 맞추고 갈등을 환영하며, 자존심을 세우고 자신의 의견을 자유롭게 표현한다. 또한 앞장설 기회를 즐기며 관계에 있어서 스스로 지배적인 위치에 있으려 하는 경향이 있다.

(5) 성실성(Conscientiousness)

성실성은 책임감이 강하며 자기조절을 잘하고 성취지향적인 성향을 나타낸다. 성실성은 성취하려는 의지를 반영하는 차원으로 유능함, 질서, 책임감, 신중함으로 나타낼 수 있다. 성실성이 높은 사람은 계획적이고 신중하며 주어진 일을 유능하게 잘 처리하며 질서정연한 것을 좋아한다. 이들은 열심히 효율적으로 일하기 때문에 다양한 직업적 성공을 거두는 경향이 있다. 반면, 성실성이 낮은 사람들은 분명한 목표와 계획이 없고, 산만하고 일관성이 없는 경향이 있다. 성실성은 목표에 어떻게 집중하는지에 대한 것과 관련이 있다. 성실성이 높으면 술을 덜 마시는 경향이 있으며 스스로 정한 한계를 지키는 데 일관적이다. 성실성이 높은 사람은 성실성이 낮은 사람의 기준에 화가 날 수 있고, 이를 바로잡기 위해 간섭하거나 따라다녀야 할 필요성을 느끼기도 한다. 반면, 성실성이 낮은 사람은 성실성이 높은 사람이 모든 것을 완벽하게 하려는 강압적인 태도에 화를 낼 수 있다. 성실성이 높으면 완벽주의적이고 조직적이며, 야심차고 타고난 집중력을 보이며, 체계적인 경향이 있다. 성실성이 낮으면 기준에 무심하고 질서가 부족한 것을 편안하게 느끼며 현재의 성취 수준에 만족하며 더 산만하고 즉흥적인 성향을 보이기도 한다. <활동 1-7>을 통해 나의 성격 5요인에 대해 살펴보자.

활동 1-7 / 나의 성격 5요인

성격 5요인 검사의 결과를 아래의 표에 정리하여 나의 성격이 어떤 분포를 나타내는지 점검해보자. 매우 낮거나 높은 점수를 나타낸 성격 특질은 무엇이고, 그러한 성격 특질의 특성, 특히 강점과 약점에 대해 생각해보자.

성격 5요인	매우낮음 (1-10)	낮음 (11-20)	중간 (21-30)	높음 (31-40)	매우높음 (41-50)
신경과민성					
외향성					
개방성					
우호성					
성실성					

2) 기질과 성격

인성은 타고난 기질과 이를 바탕으로 삶 속에서 형성되는 성격으로 나눌 수 있다. 그렇다면, 우리는 인성을 있는 그대로 수용할 것인가, 아니면 변화시킬 것인가? 우리의 인성은 타고난 것인가, 아니면 바꾸어 가야 하는 것인가? 이 질문에 대해 명확히 답을 할 수 있는 사람은 없을 것이다. 질문을 바꿔 보자. 우리의 인성 중에서 어떤 부분을 받아들이고 어떤 부분을 바꿔야 할까? 클로닝거(Cloninger)는 인성은 타고난 기질과 그 기질을 바탕으로 형성되어 가는 성격으로 구분할 수 있는데, 기질은 받아들이고 성격은 지속적으로 성숙시켜 나가는 것이라고 말한다.

(1) 기질

기질은 자극에 자동적으로 일어나는 정서적인 반응을 의미한다. 기질은 유전적으로 타고난 것으로 살아가는 동안 비교적 안정적인 속성을 가진다. 기질은 자극추구(Novelty Seeking), 위험회피(Harm Avoidance), 사회적 민감성(Reward Dependence), 인내력(Persistence)의 네 가지 차원으로 나뉜다.

가. 자극추구(Novelty Seeking)

자극추구는 새로운 자극이나 잠재적인 보상이 주어졌을 때 행동을 활성화하는 성향을 의미한다. 자극추구가 높은 사람들은 새로운 경험을 탐색하거나 흥분과 보상을 추구하는 활동에 적극적으로 나서는 경향이 있다. 이들은 종종 호기심이 많고, 새로운 환경이나 도전에 빠르게 반응하며, 단조로운 상황에서 지루함을 느끼기 쉽다. 이러한 특성은 창의적이거나 혁신적인 행동을 촉진할 수 있지만, 때로는 충동적인 선택이나 위험한 행동으로 이어질 수도 있다. 자극추구가 낮은 사람은 비교적 안정적이고, 변화를 선호하지 않으며, 새로운 경험에 신중하게 접근하는 경향이 있다. 이처럼 자극추구의 수준은 개인의 행동 스타일과 새로운 상황에 대한 반응을 결정하는 중요한 요소가 된다.

나. 위험회피(Harm Avoidance)

위험회피는 위험하거나 혐오스러운 자극에 직면했을 때 행동이 억제되고 위축되는 성향을 의미한다. 위험회피가 높은 사람은 조심성이 많고, 긴장을 잘하며, 안전과 안정감을 중요시 여긴다. 이들은 잠재적인 위험을 미리 예측하고 회피하려는 경향이 강하며, 새로운 상황이나 도전에 대해 신중하게 접근한다. 위험회피가 높은 사람들은 종종 불안하거나 걱정이 많고, 실패를 두려워하며, 결과에 대한 확신이 없을 때 쉽게 스트레스를 받을 수 있다. 이러한 특성은 신중하고 계획적인 행동으로 이어질 수 있지만, 지나친 회피 경향은 기회를 놓치거나 지나치게 소극적인 태도를 보이게 할 수도 있다. 반면, 위험회피가 낮은 사람은 대체로 낙관적이고 편안하며, 위험을 두려워하기보다는 도전과 모험을 즐기는 경향이 있다. 이처럼 위험회피의 수준은 개인의 삶에서 위험을 관리하고 대처하는 방식을 형성하는 중요한 요소이다.

다. 사회적 민감성(Reward Dependence)

사회적 민감성은 사회적 애착과 관련된 성향으로, 사회적 보상 신호에 민감하게 반응하는 특성을 의미한다. 사회적 민감성이 높은 사람은 따뜻하고 친절하며, 타인의 감정을 잘 이해하고 공감하는 능력이 뛰어나다. 사회적 민감성이 높은 사람은 대체로 마음이 여리고 애정이 많으며, 다른 사람을 도우려는 의지가 강하다. 이들은 타인의 요구와 감정에 민감하게 반응하며, 팀워크나 협력이 필요한 상황에서 두각을 나타내는 경우가 많다. 그러나 지나치게 타인의 의견에 의존하거나, 갈등을 회피하려는 경향을 보일 수도 있다. 반대로, 사회적 민감성이 낮은 사람은 독립적이고 자율적인 경향이 강하며, 다른 사람의 평가에 크게 영향을 받지 않는다. 이들은 타인의 감정보다 자신만의 원칙과 목표를 중시하며, 감정적인 상호작용보다는 실질적인 결과에 초점을 맞추는 경우가 많다. 사회적 민감성은 개인의 대인관계 방식과 사회적 상호작용에 중요한 영향을 미치며, 이는 협력적이고 조화로운 사회생활을 유지하는 데 큰 역할을 한다.

라. 인내력(Persistence)

인내력은 한번 시작한 행동이나 과제를 꾸준히 이어가려는 성향을 의미한다. 인내력이 높은 사람은 부지런하고 책임감이 강하며, 좌절이나 피로와 같은 어려움이 닥쳐도 쉽게 포기하지 않는다. 이들은 도중에 방해나 실패를 경험하더라도 목표를 달성하기 위해 꾸준히 노력하며, 끈기와 의지력으로 어려운 상황을 극복하는 경향이 있다. 인내력이 높은 사람은 목표 지향적인 태도를 가지고 있으며, 반복적인 노력과 지속적인 헌신이 필요한 상황에서 특히 강한 모습을 보인다. 이들은 흔히 열정과 집중력을 바탕으로 성과를 만들어내며, 장기적인 성취를 중요하게 여긴다. 그러나 인내력이 지나치게 높은 경우, 비효율적인 상황에서도 집착하거나 스스로를 과도하게 몰아붙여 스트레스를 받을 수 있다. 반면, 인내력이 낮은 사람은 도전적인 상황에서 쉽게 포기하거나 새로운 자극을 찾으려는 경향이 있을 수 있다. 인내력은 개인이 삶의 어려움을 극복하고 지속적인 성장을 이루는 데 중요한 역할을 하며, 특히 장기적인 성공과 성취에 핵심적인 요소로 작용한다.

(2) 성격

성격은 자기개념에서의 개인차와 관련된 것으로 개인이 어떤 목표를 추구하는가? 개인이 자신을 어떤 사람으로 이해하는가를 포함한다. 성격은 유전적으로 타고난 기질을 바탕으로 환경과의 상호작용 속에서 형성되며, 사회문화적인 학습에 영향을 받으며 일생동안 지속적으로 성숙해간다. 개인의 성격이 어떻게 발달하는가에 따라서 개인의 기질적 반응특성은 조절되어 표현될 수 있다. 성격은 자율성(Self-Directedness), 연대감

(Cooperativeness), 자기초월(Self-Transcendence)의 세 차원으로 나뉜다.

가. 자율성(Self-Directedness)

자율성은 자신을 자율적인 개인으로 이해하고 동일시하는 성향을 의미한다. 자율성이 높은 사람은 자율성을 중요한 가치로 여기며, 스스로를 자율적인 개인으로 인식하고 그런 사람이 되기 위해 노력한다. 이들은 자신의 결정과 행동에 대한 책임을 스스로 지며, 외부의 간섭보다는 자신의 내적 기준과 원칙에 따라 행동하려는 경향이 강하다. 자율성이 높은 사람은 독립적으로 생각하고 행동하며, 자신의 삶의 방향을 주도적으로 설정하고 실행하는 데 능숙하다. 이러한 성향은 목표 달성, 문제 해결, 새로운 상황에 적응하는 능력에서 두드러지게 나타난다. 그러나 자율성이 지나치게 강조될 경우, 협력이나 타인의 조언을 받아들이는 데 어려움을 겪을 수 있다. 반대로, 자율성이 낮은 사람은 외부의 지시나 권위에 의존하는 경향이 있으며, 스스로 결정을 내리는 데 어려움을 느낄 수 있다. 자율성은 개인이 자신을 이해하고 삶을 주도적으로 살아가는 데 중요한 역할을 하며, 건강한 자기발전과 성취의 핵심 요소 중 하나다.

나. 연대감(Cooperativeness)

연대감은 자신을 인류나 사회의 통합된 일부로 이해하고 동일시하는 성향을 의미한다. 연대감이 높은 사람은 공감 능력이 뛰어나고 관대하며, 동정심이 많고 타인을 지지하는 태도를 보인다. 이들은 다른 사람들과의 협력을 중요시하며, 남을 돕고 봉사하는 일에서 기쁨을 느낀다. 연대감이 높은 사람은 자신과 타인의 행복을 연결하여 생각하고, 공동체의 이익을 위해 헌신하려는 경향이 있다. 이들은 갈등보다는 화합을 추구하며, 대인관계에서 긍정적이고 조화로운 분위기를 만드는 데 기여한다. 반면, 연대감이 낮은 사람은 개인주의적인 성향이 강하며, 타인과의 협력보다는 자신의 이익을 우선시할 수 있다. 이러한 태도는 독립적이지만, 때로는 타인과의 소통과 협력에서 어려움을 겪을 수 있다. 연대감은 사회적 관계와 공동체에서의 역할을 이해하고, 서로를 지원하며 발전시키는 데 중요한 역할을 한다.

다. 자기초월(Self-Transcendence)

자기초월은 자신을 우주의 통합된 한 부분으로 이해하고 동일시하는 성향을 의미한다. 자기초월이 높은 사람은 자신의 한계를 넘어 더 큰 존재나 목적과 연결되었음을 느끼며, 삶에 깊은 의미를 부여한다. 이들은 꾸밈이 없고 충만한 내면의 평화를 지니며, 참을성이 많고 창조적이다. 또한 사심 없이 행동하며 타인을 돕고, 영적인 가치를 중시하는 모습을 보인다. 자기초월이 높은 사람은 자아중심적인 관점에서 벗어나 더 넓은 관점으로 세상을 바라보며, 자신의 행동이 전체의 조화에 기여한다고 믿는다. 자기초월은 개인의 성장과 내적 만족을 넘어, 인류와 자연, 그리고 우주와의 연결을 추구하는 태도로, 삶의 깊은 의미와 영감을 발견하게 한다.

3 성격 강점

모든 사람은 강점을 지니고 있다. 성격 강점은 다른 사람보다 뛰어난 것, 유리한 것, 나를 돋보이게 하는 것이다. 우리는 사랑하고, 희생하고, 절제하고, 창의적으로 생각하고, 인내하며, 정의를 구현하는 등 삶을 행복하고 풍요롭게 만드는 개인의 성격 강점을 가지고 있다. 우리는 자신이 가진 많은 강점 중에서 자신의 개성에 더 중요하고 핵심적인 강점, 즉 대표강점을 활용할 때 더 활기찬 열정을 느끼고 진정한 자기가 표현되고 있다는 느낌을 갖는다. 개인의 강점을 찾는 일은 그 자체로 의미 있는 일이며, 긍정적인 성품을 발견하고 계발하는 것은 행복한 삶을 위한 필수조건이다. 행복한 삶은 자신이 가진 강점과 덕목을 충분히 발휘하며 사는 것이다. 한 개인의 강점은 진정한 본연의 모습이라는 느낌을 주며, 강점을 발휘할 수 있는 장면에서 유쾌하고 흥분감을 주기도 한다. 또한 강점과 관련된 일을 학습하거나 연습할 때 빠른 속도로 학습할 수 있다. 강점을 활용해서 생활하는 것은 행복과 자아실현에 있어 매우 중요하다. 강점은 어떤 일을 할 때 탁월한 성취와 결과를 만들 수 있기에 그 일을 하게끔 만드는 동기를 부여할 수 있으며, 강점을 인식하는 것은 자기존중감이나 자신감을 증진시킬 뿐만 아니라 다른 사람과의 인간관계를 개선하는 데 도움이 된다.

1) 성격 강점

성격 강점에는 6개의 핵심 덕목과 24개의 강점이 있다. 6개의 핵심 덕목은 보다 구체적인 강점들을 포함하는 상위 개념이다. 6가지 핵심 덕목은 많은 사상가들이 높게 평가해 온 성격적 특성의 핵심으로 시대와 문화에 걸쳐 공통적이다. 즉, 핵심 덕목은 인류에게 보편적인 것이라 할 수 있다. 6개의 핵심 덕목은 각각 3~5개의 하위 강점들로 구성되어 있다. 이러한 하위 강점은 핵심 덕목을 실현하도록 하는 요소나 과정으로 볼 수 있다. 성격 강점의 6가지 핵심 덕목에는 지혜와 지식, 인간애, 용기, 정의, 절제, 초월성이 있다.

(1) 지혜와 지식

지혜와 지식은 더 나은 삶을 위해서 지식을 획득하고 사용하는 것과 관련된 인지적 강점이다. 지혜와 지식은 신중성이나 사회지능, 공정성, 영성 등 다른 덕성이나 강점들이 실현되는 데에 중요한 역할을 하는 중요한 덕목이다. 지혜는 자신과 타인의 내적 균형을 극대화하고, 삶을 살아가는 데 다양한 측면을 고려하여 균형을 실천하는 것으로 선을 위해 사용하는 지식으로 정의할 수 있다. 지혜 및 지식의 하위 강점은 창의성, 호기심, 개방성, 학구열, 지혜 또는 통찰이다. 창의성은 독창적이고 적응적인 생각과 행동을 만들어내는 개인적인 특성이며, 호기심은 새로운 정보, 지식, 경험을 얻고자 하는 욕구로서 탐색적인 행동을 유발하는 심리적 성향을 의미한다. 개방성은 자신이 지지하는 신념, 계획, 목표에 반대되는 증거를 적극적으로 탐색하여 적절한 것이라면 기꺼이 수용하는 자세를 말한다. 학구열은 새로운 지식이나 기술을 배우는 것에 대한 갈망과 지식이나 기술을 숙달하면서 긍정 정서를 경험하는 성향이고, 지혜는 뛰어난 수준의 지식, 판단, 조언 등의 능력을 의미하며 동서고금을 막론하고 모든 사람에게 가장 필요한 덕목이다.

(2) 인간애

인간애는 타인을 돌보고 친밀하게 지내는 능력을 포함한 대인 관계적 강점이다. 인간애는 다른 사람을 배려하고 보살피며 그들과 따뜻하고 친밀한 관계를 형성하도록 돕는 덕목으로 이기적이고 공격적인 성향을 가진 인간이 사는 세상을 조화와 균형 속에서 좀 더 따뜻해지도록 만드는 데 기여한다. 인간애의 하위 강점은 사랑, 친절성, 사회지능이다. 사랑은 다른 사람과 깊은 애정을 형성하고 유지할 수 있는 심리적 능력이며, 친절성은 다른 사람의 행복을 위해서 배려하고 호의를 베풀며 선한 행동을 하는 개인의 성향을 말한다. 사회지능은 다른 사람과의 관계에서 친밀감과 신뢰감을 형성할 뿐만 아니라 그들에게 영향력을 행사할 수 있는 개인적인 능력을 의미한다.

(3) 용기

우리는 살아가면서 다양한 목표를 추구하는 과정에서 난관에 부딪힌다. 용기는 목표를 성취할 때 역경과 고난을 만나더라도 목적을 성취하기 위해 실행하려는 능력을 포함한 정서적 강점이다. 용기의 하위 강점은 용감성, 인내, 진실성, 활력이다. 용감성은 위험하고 위협적인 상황에서 두려움을 모르는 것이 아니라 이겨내고 그 상황을 극복하기 위한 적절한 행동을 자발적으로 하는 능력이며, 진실성은 자신의 내면적 상태, 의도, 행위를 사적으로든 공적으로든 정확하게 드러냄으로써 자신에 솔직해지려고 노력하는 것을 의미한다. 인내는 여러 가지 난관과 좌절에도 불구하고 목적지향적인 행동을 자발적으로 지속하는 능력을 의미하며, 활력은 활기차고 적극적으로 살아가면서 생동감과 행동력을 지니는 삶의 태도를 의미한다.

(4) 정의

우리는 모두가 효과적으로 만족하면서 기능하는 공동체에서 생활하기를 바란다. 정의는 건강한 공동체 삶의 기초가 되는 사회시민적 강점으로 개인과 집단의 상호작용을 건강하게 만드는 사회적 강점이다. 정의의 하위 강점은 시민의식, 공정성, 리더십이다. 시민의식은 자신이 속한 집단의 이익을 추구하고자 하는 책임의식으로 사회나 조직에서 자신에게 주어진 임무와 역할을 인식하고 부응하는 태도를 의미하며, 공정성은 다른 사람을 편향된 개인적 감정의 개입 없이 동등하게 대하는 태도를 의미한다. 리더십은 집단활동을 조직화하고 그러한 활동이 진행되는 것들 파악하여 관리함으로써 집단을 이끌어 가는 능력을 의미한다.

(5) 절제

절제는 극단적인 독단에 빠지지 않는 중용적인 것으로 무절제나 지나침으로부터 보호하는 강점이다. 하위 강점은 용서, 겸손, 신중성, 자기조절이다. 용서는 공격이나 상처를 받은 피해자나 가해자에 대해 나타나는 긍정적인 심리적 변화를 의미하며, 겸손은 자신의 장점이나 성취에 대해 절제된 평가를 하는 일반적인 태도를 의미한다. 신중성은 선택을 조심하게 함으로써 불필요한 위험에 처하지 않으며 나중에 후회할 말이나 행동을 하지 않는 능력을 말하며, 자기조절은 지향하는 목표나 기준에 도달하기 위해서 자신의 생각, 감정, 충동, 행동을 조절하고 통제할 수 있는 능력을 의미한다.

(6) 초월성

초월성은 보다 큰 세계인 우주와 연결하고 의미를 부여하는 영적 강점을 의미한다. 하위 강점은 심미안, 감사, 낙관성, 유머감각, 영성이다. 심미안은 아름다움과 탁월함에 대한 인식 능력, 즉 아름답고 탁월한 것을 추구하고 인식하며 즐거움을 느낄 수 있는 심리적 능력을 의미하며, 감사는 자신에게 베풀어진 다른 사람의 수고와 배려를 인식하고 고마움을 느끼는 능력을 의미한다. 낙관성은 긍정적인 태도를 의미하며 낙관주의라 지칭되고, 유머감각은 인생의 역설적인 측면을 예리하게 포착하여 즐기면서 다른 사람을 웃게 만드는 능력을 의미한다. 영성은 인생의 초월적 측면에 대한 관심과 믿음 그리고 수행 노력을 의미하는 것으로 종교성이라 불리기도 한다.

대학을 졸업하고 취업을 하거나 대학원에 진학하는 경우, 자기소개서 상에 강점과 약점을 소개해야 하는 경우가 있다. 성격 강점을 근거로 해서 강점과 약점을 구체적으로 파악하고 자기소개서를 작성하는 것도 하나의 방법이다. 예를 들면, 나의 대표적인 성격 강점을 제시하고 그러한 강점을 활용하여 좋은 성과를 거두었던 경험을 소개하고 또한 나의 약점을 제시하고 그러한 약점을 보완하기 위해서 어떤 노력을 기울이고 있는지 소개하는 것이 필요하다.

활동 1-8 / 성격 강점

나는 어떤 강점을 지니고 있을까? 과거에 이룬 성공적인 경험들을 돌아보면서 나의 어떤 강점이 기여했는지 생각해보자.

1. 자신의 강점을 제시하고 그러한 강점을 활용하여 좋은 성과를 거두었던 경험을 작성해보자.

※ 성격 강점 검사 : www. viacharacter.org

나의 강점(상위 5개)	근거 있는 나의 강점

2. 성격 약점을 제시하고 그러한 약점을 극복하기 위해 어떤 노력을 기울이고 있는지 소개한다. 때로는 이 약점이 사랑을 받을 수 있는 요소가 되기도 한다.

나의 약점(하위 5개)	보완을 위한 노력

또한, 나 자신의 성격 강점뿐만 아니라 타인의 성격 강점을 발견하기 위해 노력하는 것이 중요하다. 내가 가장 좋아하는 사람, 나에게 부정정적인 영향을 준 사람 등 타인의 성격 강점이 어떤 상황에서 어떤 방식으로 나타나고 있는지 주의 깊게 살펴볼 필요가 있다. 대인관계에서 상대방의 성격 강점을 인식하게 되면 상대방의 호감이 증진되고 그러한 호감이 은연중에 표현되면서 긍정적인 교류가 일어나 관계를 증진시킬 수 있다. <활동 1-8>을 통해 나의 성격 강점을 활용해보자.

나가며 / 성격 강점과 나-우리-미래

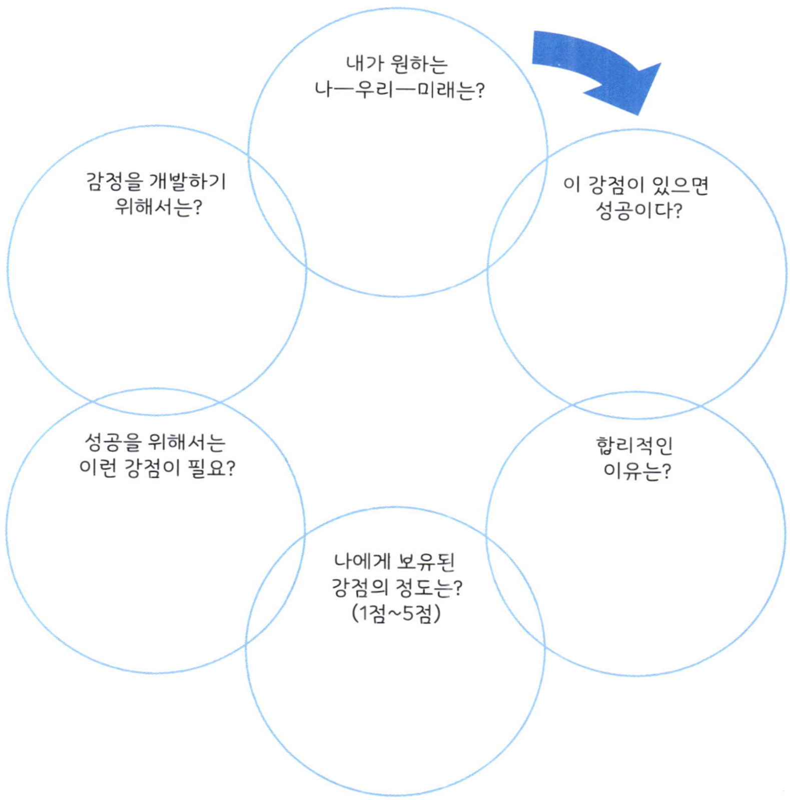

4 성격과 정서

정서는 세상을 움직이는 직접적인 힘은 아니지만, 분명히 변화를 이끌어내는 중요한 역할을 한다. 정서란 무엇인가? 정서는 무슨 일을 하는가? 라는 질문을 받으면, 그 의미를 알고는 있지만 명확하게 대답하기는 쉽지 않다.

우리는 인생을 살아가면서 희노애락(喜怒哀樂)을 경험한다. 항상 기쁘고 즐겁게만 살아갈 수 없다. 때로는 누군가에게 슬픈 감정이 찾아온다. 힘든 일이 있을 때 기분이 우울해지고 좋은 일이 있을 때 기쁨을 느끼는 것이 건강한 정서다. 우리는 힘든 일을 겪어 우울해지더라도 시간이 지나면 회복되어 다시 일상으로 돌아갈 수 있다. 하지만 오랜 시간 우울한 기분이 지속되는 경우도 있다. 한 사람을 이해하기 위한 하나의 방법은 그 사람이 정서를 경험하고 표현하는 방식을 이해하는 것이다. 사소한 일에 예민하게 반응하는 사람이 있는가 하면, 화를 낼 만한 상황에서도 감정을 표현하지 않는 사람도 있다. 또한 늘 불안하고 걱정이 많은 사람이 있는 반면 위험한 상황에서도 침착하게 행동하는 사람이 있다. 이처럼 사람마다 경험하는 정서와 표현방식은 각기 다르다.

정서란 외부 자극에 대해 우리가 반응하는 감정을 의미한다. 대부분 정서는 외부 자극에 의해 유발되지만 기억, 상상, 생각 등 내부적인 것에 의해서 유발되는 경우도 있다. 사람의 정서는 매우 다양하지만 사회문화적 맥락에 의해 체험되기도 한다. 정서는 정서적 체험, 생리적 반응(몸의 반응), 행동준비성으로 구성된다. 정서적 체험은 우리가 목표 달성을 할 때 긍정적인 감정을 느끼고, 목표 달성이 되지 않을 때 부정적인 감정을 느끼는 것과 같다. 생리적 반응은 우리가 불안을 느낄 때, 심장이 빨리 뛰고 소화가 잘 되지 않으며, 근육이 긴장되는 것과 같다. 행동준비성은 특정한 감정을 느끼게 되면 특정한 행동을 표출하는 것이다. 두려움을 느끼면 도망가는 행동을 준비하게 되고 화를 느끼면 상대방을 공격하는 행동을 준비하게 되는 것과 같다. 이처럼 정서는 매우 빠른 속도로 만들어지고 우리가 알아차리지 못하는 생리적 변화가 일어나는 자동적 반응으로 인해 우리가 정서를 선택하는 것이 아니라 정서가 우리에게 일어나는 것으로 경험하게 된다(정옥분, 정순화, 임정하, 2007).

1) 정서의 특성

정서는 우리의 행동을 조직화 한다. 두려움의 정서는 도피라는 목표를 가지고 우리를 도망하게 한다. 분노는 장애물 극복이라는 목표를 가지고 공격할 준비를 하거나 경계를 설정하게 한다. 행복감과 사랑은 함께 하고 싶다는 목표를 가지고 협동할 준비를 하며, 슬픔은 철수하거나 도움을 요청한다. 이처럼 정서는 우리가 이루어야 할 목표를 설정하며 특별한 행위를 하게끔 조직화하는 기능을 한다.

정서는 관계적이다. 감정이 행동을 조직화한다는 점, 그리고 특정한 대상과의 관계에서 대상에게 다가가거나 혹은 대상에서 멀어짐과 같은 관계 맺음을 수반한다. 만약 상대가 나와 공감한다면 우리는 같은 느낌을 지니며 다가가게 된다. 하지만 상대가 나의 감정을 이해할 수 없다면, 우리는 서로 떨어져 있다고 느끼게 된다.

정서는 적응적이다. 합리적이지도 않고, 비합리적이지도 않다. 정서는 우리의 생존과 관련된 일에 즉각적으로 반응해서 주의를 조절하고 적응할 수 있게 한다. 우리가 숲속을 걷고 있을 때 바스락거리는 소리가 들리면, 우리는 우선 몸을 피하고 그것이 무엇인지 생각한다. 이처럼 사람의 뇌는 의식하기에 앞서 낯설거나 위험한 상황을 먼저 정서적으로 평가하고, 낯선 것의 정체가 무엇이고 위험하지는 않은지 인지적으로 평가해서 어떤 행위를 해야 하는지 경보음을 울리게끔 되어 있다. 정서가 무의식적으로 일어나든, 의식적으로 일어나든 간에 현재 일어난 정서는 더 이상 필요하지 않을 때까지 행동을 유발한다.

정서는 기억과 사고에 영향을 미친다. 우리가 접한 정서가 구체화 되지 못한 채 우리의 기억이나 생각, 행동에 영향을 미쳐 우울, 불안, 초조함, 행복 등 다른 불명확한 기분상태로 경험되기도 한다.

정서는 동기적이다. 정서는 우리가 어떠한 행동을 하려고 하는 동기가 된다. 두려움을 느끼면 도피나 회피 활동을 하려하고 도망갈 수 있도록 생리적 반응, 운동적 반응을 일으킨다. 즐거움과 기쁨은 우리를 개방하고 접근하도록 생리적 반응과 운동적 반응을 일으킨다. 또한 우리는 압도적인 정서경험을 하면 얼어붙거나 도망가거나 맞서 싸우기 위해 동기화 된다. 우리는 이러한 정서에 압도되어 행동할 것이 아니라 그것을 잘 활용하여 행동해야 한다.

정서는 우리 자신과 의사소통하게 한다. 정서는 신호, 경고의 역할을 한다. 하지만 이 정보는 정확할 수도 있고 그렇지 않을 수도 있다. 이 정서를 무조건적인 사실로 여겨 행동하게 되면 어려움을 경험할 수 있다. 예를 들어, 내가 자신감이 없음을 사실로 받아들여 행동하게 되면 나는 못할 것이라고 믿게 된다. 그러면 나는 아무것도 할 수 없게 된다.

정서는 의사소통이다. 정서는 기본적인 신호체계이며 생존을 강화하기 위해 진화했다. 아이의 울음은 부모가 아이를 안고 달래게 하는 접근행동을 유발한다. 분노를 표현하는 것은 적대적인 의도를 표현하는 것이라 할 수 있다. 우리는 대인관계에서 끊임없이 얼굴표정을 통해 정서 상태에 관해 신호를 주고받으며 상호작용을 통해 관계를 조절한다. 우리는 상대방이 나의 정서 상태에 민감하게 반응하면 배려받고 있다고 느끼고, 상대방이 나의 정서 상태에 관심이 없다고 느끼면 무시당한다는 느낌을 받을 수 있다.

그렇다면, 우리의 정서는 신뢰할 만한가? 이 물음에 대한 대답은 어떤 방식으로 정서를 신뢰하는지에 달려있다. 어떤 감정을 경험할 때 우리는 우리의 안녕감과 복지를 증진하기 위한 최선의 행위가 무엇인지 곰곰이 생각해 볼 필요가 있다. 정서는 이성에 대항하거나 반대되는 것이 아니라 사고를 인도하고 관리하며 이성의 부족한 점을 보완하는 것이다.

나는 이성적인 사람인가? 감정적인 사람인가? 합리적인 사람인가?

우리는 수많은 감정들이 자동적으로 솟아나는 것을 모두 막을 수 없다. 감정적이라는 것은 다른 무언가로 개인의 판단에 영향을 준다는 의미로 능동적이고 자율적이기보다는 반응하고 의존하는 것이다. 정서적인 경험을 통제할 수 없다면 우리는 감정을 수용하고 이해하며 그로부터 무언가를 배우는 것이 최선이다. 정서는 우리의 행위 준비성을 증진시킨다. 그러나 감정이 행동이 되어서는 안 된다.

우리는 아주 어린 유아기부터 정서를 경험하고 조절하는 방법을 배운다. 갓난아기는 스스로를 진정시키기 위해 손가락을 빨며 조절하기도 하고, 울음을 터뜨려 다른 사람의 위로를 이끌어내기도 한다. 이러한 정서조절 발달은 아이와 양육자가 함께 노력하는 협동적 과정이며 일생 동안 개인과 사회 환경이 함께 노력하는 공동의 과정이다.

2) 부정 정서

정서가 긍정적이거나 부정적이라는 것은 현상학적 측면을 의미한다. 정서가 긍정적이거나 부정적이라는 것은 적응적인 면에서가 아니라 우리가 정서를 경험할 때 그 정서를 즐거운 것으로 경험하느냐, 아니면 불쾌한 것으로 경험하느냐를 의미한다. 세상을 살아가기 위해서는 좋은 정서부터 나쁜 정서까지 모든 종류의 정서가 필요하다. 정서가 없다면 어떻게 될까? 로봇처럼 될 수도 있다. 또한 좋은 정서만 있다면 어떻게 될까? 위험에 처했을 때 우리는 그것을 알아차리지 못 할 수 있다. 정서의 이해에서 중요한 것은 '부정적인 정서가 안 좋은 것이 아니'라는 것이다.

부정적 정서는 여러 가지 모양과 형태로 나타난다. 불안, 우울, 슬픔, 분노, 죄책감, 수치심, 시기, 질투, 혐오감 등의 정서는 부정적 정서를 의미하지만 정서는 긍정적이든 부정적이든 감정과 관계 맺는 방식과 그것이 가지는 역할이 더 중요하다. 즉, 내가 느끼기에 정서가 긍정적인 것이든, 부정적인 것이든 간에 감정 그 자체보다는 감정의 기능적 역할이 더 중요하다. 예를 들면, 다시 다칠까 하는 두려움은 활동을 제한하고 삶의 선택지를 줄이면서 삶을 악화시킨다. 이처럼 두려움은 두려움 자체가 아니라 이와 같은 원치 않은 변화과정으로 삶에 영향을 미친다. 우리 삶의 목표는 부정적 감정을 제거하는 것이 아니라 그것의 기능을 바꾸는 것이다. 그러기 위해서는 우리의 부정적인 정서 과정을 지각하는 것만으로 충분하지 않다. 그 보다는 특정 정서 과정의 기능을 탐색하고 더 넓고 유연한 느낌, 결국 더 큰 변화를 가능케 하는 실행 가능한 대안을 찾을 필요가 있다.

참고자료 / 정서에 대한 잘못된 믿음

우리에게 일어난 신체적 변화를 인식하는 것이 곧 감정을 느끼는 것이다. 이러한 신체적 변화는 자동적으로 일어나며, 옳고 그름의 판단을 필요로 하지 않는다.

1. 내가 기분이 안 좋다는 사실을 타인에게 알리는 것은 나약함이다.
많은 사람들은 자신의 부정적인 감정을 드러내는 것이 약하다는 신호라고 믿는다. 그러나 감정을 표현하는 것은 인간관계에서 중요한 소통의 방법이며, 자신의 상태를 솔직히 알리는 것은 건강한 대인관계의 기반이 된다.

2. 부정적 감정은 나쁘고 파괴적이다.
부정적인 감정은 종종 나쁘고 피해야 할 것으로 여겨지지만, 이는 오해다. 부정적 감정은 우리가 어려움에 대처하거나 성장하는 데 중요한 역할을 한다. 슬픔, 분노, 불안은 상황을 직면하고 해결하도록 돕는 유용한 신호가 될 수 있다.

3. 모든 상황마다 느껴야 할 감정은 따로 있다.
특정 상황에서 반드시 느껴야 하는 '적절한' 감정이 있다고 믿는 것은 감정 표현을 제한하는 잘못된 생각이다. 같은 상황에서도 각 개인은 다양한 감정을 느낄 수 있으며, 이는 그 사람의 경험과 관점에 따라 달라질 수 있다.

4. 감정을 변화시키는 것은 가식적인 것이다.
감정을 변화시키려는 시도는 종종 가식적이거나 진정성이 없다고 여겨진다. 그러나 자신의 감정을 관리하고 긍정적으로 변화시키는 것은 심리적 건강을 위한 중요한 기술이다. 이는 감정을 무시하거나 억누르는 것이 아니라, 건강하게 조절하는 것을 의미한다.

5. 감정이 너무 중요하다.
감정은 우리의 삶에서 중요한 요소이지만, 그것이 전부는 아니다. 감정에 지나치게 의존하거나 과도하게 중요시하면, 이성적인 판단이나 행동을 방해할 수 있다. '감정과 이성의 균형을 유지하는 것은 건강한 삶을 사는 데 필수적이다.' 이러한 잘못된 믿음은 감정을 이해하고 관리하는 데 장애물이 될 수 있다. 이를 인식하고 극복함으로써 감정에 대해 더 건강하고 유연한 태도를 가질 수 있다.

(1) 정서 회피

부정적 정서를 느끼는 사람은 다른 사람을 그 감정의 원인으로 생각하면서 자신을 다른 사람의 존재로 인해 피해를 입는 자로 여기는 경우가 있다. 부정적 정서를 다른 사람의 탓으로 돌리면서 정서를 회피하기도 한다. 정서 회피는 정서 및 다른 내적 경험을 회피하려는 정서 조절 양식이다. 불쾌한 상황으로부터 단기간의 안도감을 얻기 위해 정서를 회피하는 행동이 유지되지만 이와 동시에 회피 대상과의 투쟁은 더 심해진다. 정서 회피는 장기적으로는 고통을 유지하지만 단기간의 불쾌감을 제거하는 자기 위안적 측면이 있다. 그러면서 점점 맥락에 둔감해져 부정적인 정서 양식을 만든다.

(2) 수치심

수치심은 사람이 자기 자신을 나쁘게 평가하는 불편한 감정이다. 사람들은 이러한 수치심을 유발하거나 이를 일으킨 상황으로부터 물러나게 하고 자신을 신뢰할 수 없는 사람으로 생각한다. 또한 분노, 불신, 두려움, 무력감, 취약함, 무가치함 등의 감정과 같이 오기도 한다. 이러한 수치심에는 '나는 나쁘다'라는 인식이 숨어 있어서 경직성과 인지 왜곡을 가져오는 경향이 있다. 수치심을 느낄 때 상대방이 거부하거나 비난, 회피의 감정을 드러내면 우리는 파괴적 수치심을 느낄 수 있다. 반면 상대방이 우리를 더 가까이 두고 회복의 손길로 다가오면 친화적 수치심을 느낄 수 있다. 파괴적 수치심은 부정적인 감정적 경험을 악화시키고 고립시키는 반면, 친화적 수치심은 감정적 경험을 누그러뜨려 수치스러운 행동을 멈추거나 줄일 수 있도록 도와준다.

그림 1-1 파괴적 수치심과 친사회적 수치심

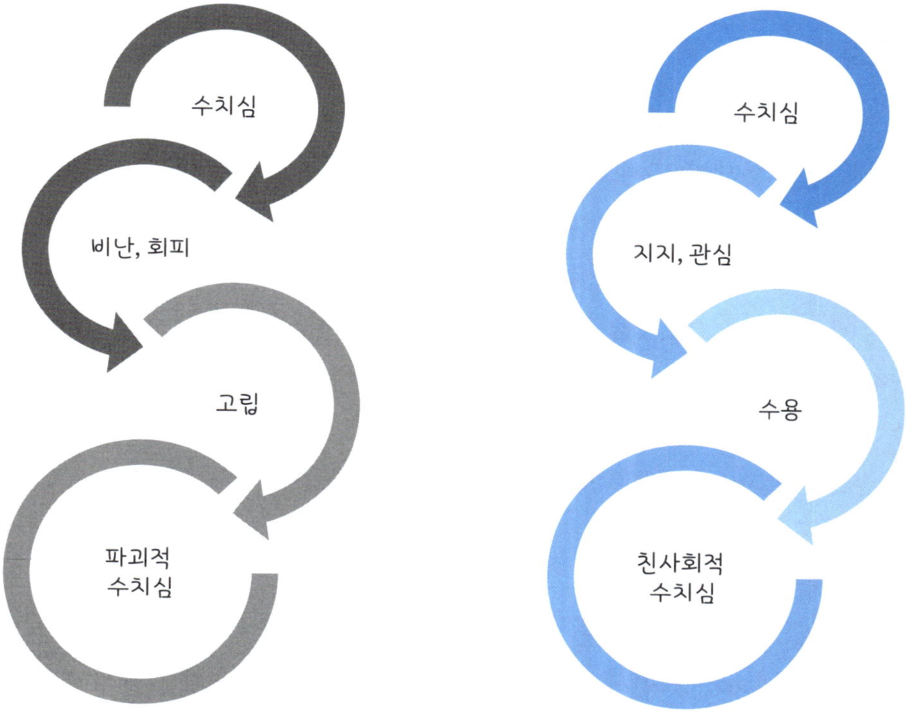

(3) 죄책감

수치심이 우리 자신을 나쁘게 느끼는 감정이라면, 죄책감은 긍정적인 자아를 지키면서 자신의 잘못된 행동을 인정하는 감정이라 할 수 있다. 죄책감은 소속된 집단이나 사회 규칙, 규범을 위반하는 행동을 함으로써 사회에 부정적인 영향을 끼쳤을 때 일어난다. 사회 집단의 구성원으로 머물 수 있게 기능을 하며 피해를 복구하려는 행동을 하게 한다.

(4) 외로움

외로움은 사회적 고립감에 대한 반응이다. 순수한 감정으로서 외로움은 해로운 것이 아니다. 하지만 이 외로움이 무가치감, 사랑스럽지 않음 등 만성적인 외로움으로 느끼거나 사회적 고립을 초래하는 습관적인 행동, 인지, 자기 패턴 등과 연결된다면 삶에 좋지 않은 영향을 미칠 수 있다.

(5) 분노

분노는 자존심에 상처를 받았을 때, 타인에게 자신의 갈등이 투사되었을 때, 충동 억제가 되지 않을 때, 부도덕한 행동을 보았을 때 일어나는 감정이다. 분노는 타인을 향할 수도 있고 자신을 향할 수도 있다. 적당한 정도의 분노는 누구나 할 수 있지만 오랜 시간 만성적인 분노는 개인의 정신건강에 부정적인 영향을 준다. 분노가 일어나면 문제가 해결되기보다는 상황이 더 복잡해질 수 있고 이를 해결하기 위해서 많은 에너지가 소모될 수 있다. 분노 때문에 힘든 건, 분노를 표현하지 못해서가 아니라 너무 자주 분노가 일어나 제대로 조절하지 못하기 때문일 수 있다.

(6) 증오

증오는 강렬한 감정으로 적대하는 느낌과 관련이 있다. 증오는 언제나, 무언가, 누군가에 대한 감정으로 누군가가 어떤 행동을 했거나 어떤 모습을 지녔다는 이유에서 상대에게 일어나는 정서이다. 증오는 피해를 막는다는 목적으로 증오의 대상을 만들어낸다. 우리가 증오를 느낄 때, 대상에게 왜 이런 반응을 하는지 질문해야 한다. 증오의 역사를 찾아보는 작업은 우리 몸의 반응에 초점을 두고, 그 반응을 이해하고 해석하는 과정을 통해 해결될 수 있다.

(7) 공포와 두려움

공포와 두려움은 미래에 초점이 있다. 공포는 대상이 다가오는 과정에서 발생하고, 두려움은 우리가 다가가는 과정에서 발생한다. 공포는 단순히 나를 보호하는 일뿐만 아니라 우리, 존재, 나의 삶을 보호하는 일과 관련이 있다. 공포와 두려움을 느끼는 것은 몸을 움츠러들게 하고 더 적은 공간에서 활동하게 한다. 즉, 사회생활을 줄이고 혼자 지내는 공간에서 지나칠 정도로 머물게 만들기도 한다.

(8) 슬픔

슬픔은 무언가의 상실로 인한 괴로움이다. 이미 가지고 있었던 것뿐만 아니라, 합격을 기대했다가 불합격했을 때와 같이 미래에 가지리라 예상했던 것을 상실한 경우에도 일어난다. 상실은 더 이상 상실을 겪지 않도록 행동을 위축하고 자신이 지니고 있는 자원을 보존하기 위해 기능한다. 또한 상실한 것을 복구하거나 회복하기 위해 상실한 것을 애타게 그리워하거나 찾으려고 노력한다.

(9) 시기

시기심은 자신이 갖고 싶었던 것을 다른 누군가가 가지고 있을 때 발생한다. 평등의 원칙이 깨어졌다고 느낄 때, 특히 내가 간절히 원했지만 얻지 못한 것을 다른 사람이 가지고 있을 때 더욱 강하게 나타난다. 이 감정이 긍정적으로 활용 될 경우 우리는 자신과 다른 사람의 차이를 없애기 위해 노력한다. 다른 사람이 가지고 있는 것을 보고 획득함으로써 자신의 상황을 개선하고 안정성을 유지하기 위해 노력할 수 있다.

(10) 질투

질투는 소중한 것을 가진 사람이 그것을 다른 이에게 빼앗길까 두려워할 때 나타나는 반응이다. 주로 관계에서 일어나는 감정이라 할 수 있다. 질투는 자신의 자원을 지키려는 행동을 하게 하며, 소중히 여기는 것을 지키려는 행동을 하게 한다.

(11) 혐오감

혐오감은 오염될 위험이 있을 때 나타난다. 일상생활에서 피, 가래, 토사물, 대변 등과 같이 몸에서 배출되는 것에 의해 감염이 될 수 있을 때 일어난다. 혐오에는 사회적 오염도 포함이 된다. 예를 들면, 우리가 소아성애자들과 멀리 떨어져 살고 싶어 하는 이유도 혐오감 때문일 수 있다.

<활동 1-9>를 통해 나의 정서를 시기별로 살펴보자.

활동 1-9 / 나의 시기별 정서

1. 첫 기억에 대한 질문

① 가장 기억에 남는 어렸을 때 기억은 무엇인가?

____

② 특별하고 독특한 기억이 아니어도 좋다. 그때의 느낌이나 기분은 어땠는가?

____

2. 초등학교 입학 전의 질문

① 나는 어렸을 때 어떤 아이였나?

____

② 어렸을 때 내가 가장 많이 느꼈던 감정이 있는가?

____

③ 나에게 가장 기억에 남는 사람은 누구인가?

____

④ 그 사람은 나에게 어떤 의미였나? 그 사람을 떠올렸을 때 느낌이 어떤가?

____

3. 초등학교 이후의 질문

① 부모님과는 관계가 어떠한가?

---

② 친구들과는 관계가 어떠하며 정서적으로 기댈 수 있는 사람이 있었는가? 슬픔과 기쁨을 나눌 사람이 있었는가?

---

4. 현재의 질문

① 현재 누군가에게 호감, 불안, 공포, 분노 등의 감정을 느끼지 않는가?

---

② 현재 반복적으로 나타나는 반응이나 행동 패턴은 없는가?

---

3) 정서와 관련된 성격 특성

사람마다 일상생활에서 경험하는 정서는 각기 다르다. 또한 동일한 자극 상황에서도 사람마다 경험하는 정서가 다르다. 이처럼 정서경험은 개인의 성격특성에 따라 달라질 수 있다. 성격은 정서경험의 개인차를 만들어내는 주요한 요인이다. 부정 정서성은 특별한 사건에 의해 유발되는 감정이 아니라 일반적인 기분 성향으로 부정 정서성이 높은 사람은 사소한 실패나 좌절, 일상생활에서의 불편함에 민감하다. 또한 부정 정서성은 걱정, 불안, 자기비난, 부정적 자기 견해와 같이 다양한 부정 정서를 경험하게 하는 선천적인 성격특질과도 관련이 있다. 정서는 원만한 대인관계를 형성하기 위한 중요한 조건이며, 일과 성과, 인생의 성공을 이루는 중요한 조건이기도 하다.

(1) 신경과민성

신경과민성은 불안, 분노, 우울 등을 느끼기 쉬운 성격특질로, 부정 정서를 많이 경험할 수 있다. 부정 정서는 불쾌하게 여겨지지만 생각, 판단, 기억, 대인관계 등 다양한 영역에서 긍정적인 혜택을 제공하기도 한다. 또한 부정 정서성이 높은 경우 타인의 속임수, 인상관리에 영향을 덜 받으며 인지적 오류를 줄일 수 있다. 부정 정서성이 높은 사람은 타인에 대해 부정적인 평가를 하는 경향이 있지만 대체로 정확한 경우가 많다.

(2) 정서지능

정서지능은 자신과 타인의 감정을 잘 파악하고 표현하는 능력으로 정서를 자각하고 이해하고 활용하며 관리하는 능력을 의미한다. 정서 자각이 잘 이루어지면, 자신의 감정을 인식하고 이에 대처하는 적절한 방법을 선택할 수 있다. 정서 이해는 타인의 정서를 잘 파악하여 이에 적절히 대처할 방법을 선택할 수 있는 능력을 의미한다. 정서 관리는 자신의 감정을 적절하게 조절함으로써 문제를 해결하고 불필요한 감정을 효과적으로 제어하는 것을 뜻한다. 정서지능이 높으면 타인의 의도, 감정 등을 추론하고 자신의 입장과 통합할 수 있으며 타인과 다른 사람과 효율적으로 상호작용하고 바람직한 인간관계를 형성하고 유지할 수 있다.

(3) 고통감내력

사람마다 불쾌한 감정이나 고통을 참고 견디는 정도는 다르다. 고통감내력은 주관적으로 혐오하거나 위협적인 심리상태를 견디는 능력을 의미한다. 고통감내력이 부족한 사람들은 정서적 불편감이나 고통을 경험할 경우에 회피적 대처방략을 선택하는 경향이 있다. 다음 페이지의 <활동

1-10>을 통해 나의 고통감내력을 살펴보자.

(4) 자기자비

자기자비는 실패나 좌절 시에 자신을 따뜻하게 돌보는 온화한 태도이다. 우리가 실패를 경험하더라도 자책하기보다는 자신을 친절하게 대하고 온화하게 이해하는 태도로 고통스러운 생각이나 감정을 억제하거나 과장하지 않고 비판단적으로 관찰하는 마음이다. 자기자비는 단순한 자기위로를 넘어, 내면의 힘을 길러주고 삶의 도전을 긍정적으로 대처하는 능력을 키워준다. 이는 스트레스를 줄이고 정서적 회복력을 높이며, 보다 건강하고 행복한 삶을 살아가도록 돕는 중요한 심리적 자원이다.

4) 사회적 상호작용과 정서

활동 1-10 / 나의 고통감내력

1. 나는 불편하거나 고통스러운 것을 잘 견디는 편인가? 추위나 더위 또는 육체적 고통을 잘 참고 견디는가? 학업이나 대인관계에서 경험하는 불쾌감이나 좌절감에 대해 어떻게 반응하는가?

____

2. 불쾌감을 참고 견디며 현실적인 해결 방법을 찾으려 노력하는가? 아니면 불쾌감에서 벗어나기 위해 즉각적인 행동(게임, 폭식, 쇼핑 등)을 하는 편인가?

____

3. 불쾌감을 회피하는 행동으로 인해 부적응적인 문제가 생겨나고 있지는 않는가?

____

정서는 우리가 속한 사회문화적인 특성을 이해하지 않고는 이해할 수 없는 사회적 상호작용에 영향을 받는다. 정서는 사회문화적인 산물로 우리가 속한 사회적 상호작용이나 사회화 과정을 통해 우리의 정서 반응에 영향을 미칠 수 있다. 예를 들면, 세월호 참사, 이태원 참사 등의 큰 참사가 발생했을 경우, 우리는 우울감과 같은 동일한 정서 반응을 보인다. 이것은 정서가 전염되기 때문이다. 정서 전염은 다른 사람의 얼굴 표정, 말투, 동작을 자연스럽게 모방하여 타인과 일치를 이루려는 경향으로 한 사회에 생활하는 사람들은 동일한 사건에 대해 유사한 정서 반응을 보인다. 정서는 사회문화적 맥락에서 가장 잘 이해될 수 있기에 사회적 상황이 바뀌면 정서도 변하고 한 개인이 속한 사회문화적 수준을 내면화하게 되면 자신이 느끼는 정서를 평가하게 된다(Averill, 1985). 사회문화적 수준은 어떤 정서를 표현해야 할지, 어떤 행동이 정서 표현으로 수용될 것인지를 결정할 수 있으며, 어떤 상황이 특정한 정서를 유발시키는지에 영향을 미칠 수 있다.

나가며 / 고통감내력을 증진시키는 3가지

(1) 부정 정서의 부정성이나 위협성에 대한 평가
고통감내력을 높이기 위해서는 먼저 부정 정서의 부정적인 영향이나 위협 수준에 대한 평가가 필요하다. 부정 정서를 객관적으로 바라보며, 이를 과도하게 위험하거나 통제 불가능한 것으로 인식하지 않는 것이 중요하다. 이는 부정 정서를 불필요하게 확대해석하거나 과장하지 않도록 돕는다.

(2) 부정 정서를 경험하는 상황에서의 대처능력에 대한 신념
부정 정서가 발생하는 상황에서 자신이 이를 잘 대처할 수 있다는 믿음이 고통감내력을 강화한다. '나는 이 상황을 잘 극복할 수 있다'는 긍정적 자기 신념은 어려운 상황에서도 자신감을 가지고 문제를 해결하려는 동기를 제공한다. 이러한 신념은 부정 정서를 효과적으로 관리하고 상황을 통제하는 데 도움을 준다. 세상에 해결 못할 일은 많지 않다.

(3) 부정 정서를 기꺼이 경험하려는 의지

부정 정서를 완전히 피하려 하기보다는 이를 기꺼이 받아들이고 경험하려는 태도가 고통감내력을 높인다. 불편하거나 고통스러운 감정을 억누르기보다는, 이를 삶의 자연스러운 일부로 인정하며 수용하는 자세가 필요하다. 이는 정서적 유연성을 높이고, 부정 정서로 인해 위축되지 않고 지속적으로 행동할 수 있는 능력을 길러준다.

이 3가지 요소는 고통감내력을 향상시키는 데 중요한 역할을 하며, 부정 정서를 효과적으로 관리하고 삶의 도전에 보다 강인하게 대처할 수 있도록 돕는다.

5 성격과 인지

인간의 가장 큰 특징은 지구상에 존재하는 생명체 중에서 비교적 큰 두뇌를 가졌다는 것이다. 인간이 고도의 인지적 능력을 지녔기 때문이다. 우리는 다양한 환경에 대처하기 위해 상황을 신속하게 판단하고 적절하게 반응하는 인지적 능력이 있다. 우유가 반쯤 담긴 컵을 보고 사람마다 다르게 해석한다. 낙관주의자는 우유가 반이나 남았다고 생각하고, 비관주의자는 우유가 반밖에 남지 않았다고 생각한다. 이는 각자의 관점과 사고방식에 따라 같은 상황을 다르게 받아들인다는 것을 보여준다. 컵에 담긴 우유의 양은 변함 없지만, 그것을 어떻게 바라볼지는 우리의 몫이다. 또한 사람마다 자신에 대한 생각과 평가가 다르다. 다른 사람들이 평가하는 것보다 자신을 더 긍정적으로 평가하기도 하고 다른 사람의 객관적인 평가보다 자신을 더 부정적으로 평가하는 사람도 있다. 또한 낯선 사람을 만날 때 타인이 위험한 존재라 생각하여 경계하거나 회피하는 사람이 있고, 새로운 정보나 도움을 받을 수 있을 것이라고 기대하며 다가가는 사람도 있다.

이처럼 사람들은 각자 자신만의 필터로 세상을 바라본다. 이 세상에 나와 똑같은 경험을 한 사람이 있다면 과연 이 사람은 나와 똑같은 사람일까? 답은 '아니다'일 것이다. 아무리 같은 경험을 했다하더라도 그것을 어떻게 받아들이는가에 따라 그 경험이 가지는 가치의 의미, 영향력이 크게 달라지기 때문에 결국 어떤 경험은 그 경험 자체보다는 개인이 인식하는 필터를 거쳐 이해하고 해석된다. 즉, 같은 것을 경험하더라도 결과는 사람마다 다르다. 이는 단순히 어떻게 받아들이고 해석하느냐의 차이뿐만 아니라 경험을 한 사람의 가치관, 성격에도 그리고 삶의 태도에 따라 영향을 받기 때문이다.

인식이 다르면 진실도 달라진다. 같은 사실이라도 각자의 관점과 해석에 따라 전혀 다른 의미로 받아들여질 수 있다. 동양에서는 대부분의 사람들이 자신을 소개할 때 "OO에 다니는 OOO입니다"라고 소개하는 반면 서양에서는 "처음뵙겠습니다. OOO입니다. OOO에서 일하고 있습니다"라고 소개하는 경우가 많다. 또한 맛있는 음식이 있다고 가정하면, 분석적으로 '그 음식의 맛은 어떤가?', '재료는 어떤가?', '익힘의 정도는 어떤가?' 등으로 세분화하여 인식하기도 하고, 전체적으로 '식당의 환경은 어떠했는지?', '분위기는 어떠했는지?', '함께 한 사람은 어떠했는지?'를 포함해 살펴보면서 본질을 파악하기도 한다. 사람은 생각하는 존재다. 우리 삶에서 만나는 사건에 대해 생각하고, 그것에 의미를 부여하는 방식은 우리 삶의 상황, 도전, 어려움에 대처하는 능력을 근본적으로 만든다. 하지만 사람마다 생각하는 방식이 다르다. 똑같은 상황에서 해석하는 방식도 다르고 자신과 타인, 세상에 대한 신념도 다르다. 즉, 동일한 상황에 생각이 각기 다른 이유는 사람마다 사고방식과 신념이 다르기 때문이다. <활동 1-11>을 통해 나의 인식 스타일에 대해 살펴보자.

성격을 구성하는 중요한 인지적 구조에는 자기개념, 인지도식, 개인적 신념 등이 있다. 어떤 사람은 자신의 다양한 측면에 대해 풍부한 정보를 담고 매우 정교하고 심층적인 자기개념을 가지고 있는 반면, 다른 사람은 자신에 대한 정보를 비체계적으로 구조화된 자기개념을 가지고 있다. 또 어떤 사람은 자기 자신에 대해 긍정적 정보와 부정적 정보를 잘 통합된 형태로 지니고 있는 반면 어떤 사람은 긍정적 정보와 부정적 정보가 분리되어 있는 경우도 있다.

활동 1-11 / 인식 스타일

1. 다음 3가지 중 2가지를 선택해보자. 그 이유는 무엇인가?

① 소　　② 호랑이　　③ 풀

소와 호랑이를 선택한 사람은 대상을 범주적 속성에 따라 분류하는 사고를 할 가능성이 있다. 이들은 두 대상을 모두 동물이라는 공통된 범주로 연결하며, 같은 그룹에 속한다고 인식한다. 이 선택은 대상의 관계보다는 독립적인 속성을 중시하며, 구조적이고 체계적인 사고를 반영한다.

소와 풀을 선택한 사람은 두 대상 간의 관계를 중시하는 사고를 할 가능성이 있다. 이들은 소와 풀을 먹이와 소비라는 상호작용 속에서 연결하며, 두 대상이 서로 관계한다고 본다. 이 선택은 독립적인 특성보다는 대상 간의 상호작용과 맥락적 연결성을 중요하게 여기는 유연한 사고를 반영한다.

인지는 우리 삶에서 중요한 역할을 한다. 부적응적 사고 패턴은 단기적으로 위로와 거짓된 안전감을 제공하며 편안함을 줄 수 있지만, 장기적으로는 고통을 증가시키고 대가를 치르게 할 수 있다. 이러한 사고 패턴은 생각을 제한하고, 허락된 범위 내에서만 사고하도록 만들기도 한다. 단순히 부적응적 사고 패턴의 부정적인 영향을 아는 것만으로는 충분하지 않다. 우리의 행동과 정서적 반응은 사물을 바라보는 인지적 관점, 즉 생각에 의해 크게 영향을 받는다. 예를 들어, 우리가 불안하고, 화가 나고, 슬플 이유가 있다고 생각할 때 실제로 그러한 감정을 느끼게 된다. 이는 우리의 감정이 단순히 상황 자체가 아니라, 상황에 대한 지각, 생각, 해석에 의해 형성된다는 것을 보여준다. 따라서, 부정적 인지가 단기간에는 긍정적으로 보이고 도움이 되는 것처럼 느껴질지라도, 장기적으로는 고통을 증가시킬 수 있다는 점에 주목해야 한다. 이를 제대로 분석하고, 인지적 경직성이 도움이 되지 않는다는 점을 인식하며, 더 건강한 사고 패턴을 구축하는 것이 필요하다.

1) 방해가 되는 사고 방식

(1) 흑백논리

흑백논리는 '아무도 나를 좋아하지 않아', '나는 전혀 매력적이지 않아', '나는 완전히 실패했어', '나는 결코 성공할 수 없어' 등과 같이 어떤 사건이나 사람에 대해서 전부 혹은 전혀와 같은 방식으로 받아들이는 것이다. 이와 같이 어떤 대상이나 현상을 양극단으로 나누어 생각하는 사람들이 있다. 하지만 우리가 생활하는 세상에 이것 아니면 저것으로 딱 떨어질 수 있는 것이 얼마나 될까?

(2) 독심술

독심술은 '그는 나한테 화가 나 있는 것이 분명해', '그 수업에 있었던 사람들은 나를 어리석다고 생각할 거야', '친구들은 내가 힘들다는 것을 알고 있을 거야' 등과 같이 특정한 증거가 없는데 다른 사람이 그렇게 생각할 것이라고 미리 짐작해 버리는 것이다. 즉, 상대방이 보인 행동에 충분한 근거가 없는데 자기 마음대로 단정지어 버린다.

(3) 부정적 예견

부정적 예견은 '나는 이번 시험을 망칠거야', '나는 취업할 수 없을 거야' 등과 같이 상황이 나빠질 것이라고 미신처럼 미리 예견하는 것이다. 즉, 미래에 대해 좀 더 현실적인 다른 고려 없이 부정적으로 예상하는 것을 의미한다.

(4) 당위적 사고

당위적 사고는 자신, 타인, 세상에 대한 당위적 사고로 '나는 이 과목에서 A를 받아야만 해', '나는 반드시 4년 만에 졸업해야 해', '사람들은 반드시 나를 좋아해야 해' 등과 같이 반드시 무엇을 했어야 한다는 가정하에 자기 자신 또는 다른 사람을 비난하는 것을 의미한다.

(5) 정서적 추론

정서적 추론은 '나는 외롭다. 그러므로 나는 친구가 없다', '나는 우울하다. 그러므로 나는 아무것도 할 수 없다' 등과 같이 느끼고 있는 것에 따라 상황이 전개되는 것이 당연하다고 판단하는 것이다. 즉, 충분한 근거 없이 막연히 느껴지는 정서에 근거하여 결론을 내리는 것이다.

(6) 개인화

개인화는 '그는 오늘 나한테 한마디도 걸지 않았어. 나도 더 이상 그와 잘 지낼 필요가 없어', '그가 그렇게 말한 것은 분명 나 들으라고 한 소리임이 분명해' 등과 같이 다른 사람들의 말과 행동을 자신에 대한 개인적인 것으로 판단하는 것이다. 즉, 자신과 무관한 일을 자신과 관련된 것으로 잘못 해석하는 것으로 다른 사람의 행동에 대해 더 타당한 설명을 고려하지 않고 자신 때문에 다른 사람이 부정적으로 행동한다고 믿는 것이다.

(7) 비합리적 비교

비합리적 비교는 '그녀는 이번 시험에서 나보다 잘했어. 그러니까 나는 그녀만큼 똑똑하지는 않아' 등과 같이 비합리적인 기준을 근거로 스스로 판단하거나 다른 사람들과 비현실적인 비교를 하는 것이다.

(8) 꼬리표 달기

꼬리표 달기는 단지 실수를 한 것임에도 불구하고 '내가 이런 식으로밖에 하지 못하다니, 나는 멍청한 놈이야'라고 스스로를 비하하여 생각하는 것으로 정확한 근거 없이 자신에게 어떤 부정적인 특성을 가진 것처럼 꼬리표를 붙이는 것이다. 그 꼬리표들이 우리의 행동은 물론이고 자신과 세상을 바라보는 방식에 영향을 미친다는 것이 문제이다.

(9) 과일반화

과일반화는 '내가 이 보고서에서 D를 받다니, 나는 정말 글을 못 쓰는 것이 분명해. 그리고 앞으로도 나는 보고서를 잘 쓰지 못할거야'와 같이 어떤 단순한 하나의 사건을 가지고 성급하게 일반화하는 것이다. 즉, 한두 번의 사건에 근거하여 일반적인 결론을 내리고 무관한 상황에도 그 결론을 적용하는 것이다.

(10) 파국화

파국화는 '만약 그녀와 헤어진다면 나는 이 슬픔을 이겨내지 못할거야', '내가 화를 내면 난 전혀 내 감정을 제어하지 못하고 끔찍한 일이 일어날거야'와 같이 당장 일어날 가능성이 적은 최악의 상황을 가정하고 계속 그 상황을 생각하는 것이다. 근거가 있지도 않은데 안 좋은 방향으로 자주 걱정하는 사람은 쉽게 불안하고 기분이 안 좋아질 수 있다.

(11) 성취비하

성취비하는 '나는 이번 시험을 잘 보긴 했어. 그런데 이건 이번 시험이 쉬웠기 때문이야'와 같이 스스로의 성취를 대수롭지 않게 여기는 것이다.

(12) 부정적 가정

부정적 가정은 '만약에 이번 시험을 못 보면 어떡하지?', '만약에 내가 이걸 못하면 어떡하지?', '만약에 이번 학기에 졸업을 못하면 어떡하지?' 등과 같이 계속해서 만약에 어떤 부정적인 일이 발생할 것처럼 걱정하는 것을 의미한다.

<활동 1-12>를 통해 방해가 되는 사고방식에 대해 살펴보자.

활동 1-12 / 방해가 되는 사고방식

방해가 되는 사고방식을 가진 사람은 현실의 여러 가지 정보를 조직화하는 과정에서 극단적이고 부정적인 방향으로 해석하는 경향이 있다. 반면, 성숙한 사람은 다양한 정보를 여러 가지 측면에서 조직하고, 구체적인 정보에 따라 특정한 부분에 국한하여 해석하며, 상대적이고 비판단적으로 생각하는 경향이 있다.

1. 내가 가진 '방해가 되는 사고방식'은 무엇인가?

2. 방해가 되는 사고방식으로 인해 겪은 경험은?

방해가 되는 사고방식	일화

3. 만약 방해가 되는 사고방식을 지속적으로 취한다면 어떻게 될까?

2) 부적응적 인지 패턴과 적응적 인지 양식의 변화

(1) 인지 융합

인지 융합은 특정 생각이나 그 생각 속의 자신과 동일시하는 생각방식이다. 생각에 문제가 있는 것은 아니다. 하지만 우리가 생각을 바라보기보다는 생각을 통해서 상황을 볼 때 어려움을 경험한다. 여기에서 생각은 행동을 지배한다. 생각이 마치 절대적인 진리이거나 따라야 하는 명령처럼 여겨진다. 하지만 '나는 지금 불안하다는 생각을 가지고 있다'와 '나는 너무 불안해'라는 생각은 다르다. 후자는 전자보다 조금 더 융합된 생각이다. 전자와 같이 융합에서 한 걸음 물러나 생각한다면, 조금 더 폭넓고 유연한 방식으로 지금 여기에 존재할 수 있다. 탈융합은 자기 자신과 자기의 생각 사이에 거리를 만드는 과정을 의미한다. 불쾌하거나 도움이 되지 않는 생각에 지배당하지 않으면서 그것을 가지고 있는 것이 가능하다.

탈융합 방법 : ~라는 생각을 가지고 있다.

<활동 1-13>을 통해 나의 인지 융합에 대해 살펴보자.

활동 1-13 / 인지융합

1. 생각 관찰

1) 지금 떠오르는 생각은 무엇인가? ____________________

2) 이 생각을 소리 내어 말했을 때, 어떤 느낌이 드는가? ____________________

3) 이 생각이 떠오를 때 몸에 어떤 반응이 나타나는가? (예: 심장박동, 호흡 등)

____

2. 생각 거리두기

1) 처음 적었던 문장은 무엇인가? ____________________

2) 이 문장을 '나는 ______________________라는 생각을 하고 있다'로 바꿔 보자.
3) 바꾼 문장을 읽어볼 때, 어떤 느낌이 드는가? ____________________________
4) 이 생각은 얼마나 진실하다고 느껴지는가? (0-10점으로 평가) ________________

3. 접근
1) 이 생각이 당신의 삶에 어떤 영향을 주고 있는가? _________________________
2) 이 생각과 반대되는 행동은 무엇인가? ________________________________
3) 이 행동을 실행했을 때 기대되는 결과는 무엇인가? _______________________

4. 감각 거리두기
1) 이 생각을 하나의 이미지로 표현한다면 어떤 모습인가? ____________________
2) 이 이미지를 어디로 흘려보내고 싶은가? ______________________________
3) 흘려보내는 상상을 했을 때 어떤 기분이 드는가? _________________________

(2) 반추

반추는 과거의 사건을 반복적으로 생각하고 느끼는 것이다. 즉, 반추는 의식적이며 중요한 주제를 중심으로 이루어지고, 간접적인 단서에도 촉발되는 사고이다. 반추는 과거 사건이 다시 반복되지 않도록 의미 있는 교훈을 찾기 위해서, 미래 사건을 피하려는 시도로 의미 있는 대답을 찾아 미래를 반추할 수 있다. 이러한 반추는 자신이 생산적인 일을 하고 있다고 느끼게 할 수 있지만, 실제로는 현재 순간과의 접촉을 잃게 하고 고통을 더욱 악화시킬 수 있다. 우리는 반추나 걱정을 할 때 자신이 현재나 미래의 도전을 처리하는 데 도움이 된다고 생각할 수 있다. 사실이 그렇지 않은데도 그럴 것 같은 느낌이 들 수 있다. 반추는 사건 초기에 침투적이고 반복적인 자동적 사고로 나타나기 쉽지만, 시간이 지남에 따라 신중하고 정교한 사고의 반추로 진행된다. 사건에 대해 신중하고 정교한 반추를 하는 경우 성장 수준이 높을 수 있다(Tedeschi & Calhoun, 2004). 신중하고 정교한 반추를 통한 사건의 재평가가 필요하다. 재평가는 개인에게 도움이 되는 방식으로 상황과 경험을 재구성하는 능력을 의미한다. 재평가는 힘든 경험과 투쟁하는 사람을 돕거나, 분노와 고통에 새로운 의미를 부여할 때 사용된다.

(3) 역기능적 사고

역기능적 사고는 자신, 타인, 세상에 대한 부정적인 인식을 반영하며, 일반적으로 기능적인 능력을 저하시킨다. 이러한 사고는 자동적으로 발생하고, 경험을 의심 없이 해석하는 경향이 있어 합리적인 판단을 방해한다. 이로 인해 역기능적 사고가 일어날 때는 이를 객관적으로 파악하거나 수정하기가 어렵다. <활동 1-14>를 통해 자동적 사고에 대해 살펴보자.

활동 1-14 / 자동적 사고

자동적 사고는 내가 의도하지 않아도 생각의 흐름에 따라 저절로 결론에 도달하는 것을 의미한다. 내가 가진 '나의 부정적인 자동적 사고'를 적어보고, 이를 대처할 수 있는 '나의 긍정적인 자동적 사고'를 작성하여 사고를 전환해보자.

순위	나의 부정적인 자동적 사고	나의 긍정적인 자동적 사고
예시	나는 항상 실패할 거야.	실패는 성장의 일부야. 노력하면 더 나아질 수 있어.
1		
2		
3		
4		

3) 자기개념

자기개념은 자기 자신에 대한 개인의 주관적인 인식과 평가를 반영하는 것으로 인간은 누구나 나라는 자기의식을 가지고 살아간다. 우리는 나를 육체를 지닌 존재로서 자율적으로 움직이며 다양한 생각을 할 뿐만 아니라 행동을 통해 외부환경에 영향을 미치는 주체로 인식한다. 또한 자기개념은 나와 내가 아닌 것을 구분하며 외부세계와 분리된 독립적 개체라는 의식을 가지고 과거, 현재, 미래를 통해 동일한 존재로 시간적으로 지속되는 일관성 있는 개체라는 의식을 가지게 한다. 자기개념에 위협을 받으면 불안을 경험하게 되고 이를 방어하려는 시도를 하게 된다. 이때 방어에 성공하지 못하고 위협이 지속되면 심리적 부적응과 성격의 전반적인 와해가 일어날 수 있다.

자기개념은 다양한 과거 경험을 조직한 하나의 기억체계로 신체적 자기, 정신적 자기, 사회적 자기로 살펴볼 수 있다. 신체적 자기는 신체적 건강과 체력, 외모 및 신체적 매력, 재산 및 물질적 소유물 등을 의미하며, 정신적 자기는 성격 및 성격적 매력, 지적 능력, 자기조절 및 대인관계 능력, 학업 및 직업에서의 업적, 인생관 및 가치관 등이 있고, 사회적 자기는 가족, 이성, 우정, 사회적 지위와 신분 등이 있다. 또한, 로저스(Rogers)는 자기를 현실적 자기, 이상적 자기로 구분하였다. 현실적 자기는 현재 있는 그대로 자신의 상태에 대한 자각이고 이상적 자기는 자신이 바라는 이상적 모습이나 상태의 자기를 의미한다. 이상적 자기와 현실적 자기가 불일치 할 때 심리적 고통이 초래된다. 한 예로 우울은 현실적인 자기와 이상적인 자기의 불일치에 의해 유발된 감정으로 볼 수 있다. <활동 1-15>를 통해 자기 인식에 대해 살펴보자.

활동 1-15 / 나의 자기 인식

1. 나는 어떤 자기개념을 가지고 있는가?
   나 자신에 대해 어떤 믿음과 인식을 가지고 있는가?

2. 나의 외모, 성격, 능력, 가족, 대인관계, 경제적 능력 등에 대해 어떻게 생각하는가?

3. 현재의 내 모습은 내가 이상적으로 여기는 모습과 얼마나 일치하는가?

4. 현재의 내 모습은 부모 또는 중요한 타인이 기대하는 모습과 얼마나 차이가 있는가?

5. 특히 나의 어떤 측면에서 현재의 내 모습과 부모의 기대 간에 가장 많은 차이가 있는가?

6. 이러한 차이는 현재 나의 삶에 어떠한 영향을 주고 있는가?

4) 인지도식

인지도식은 자신과 세상을 바라보는 인식의 틀을 의미한다. 인지도식은 어린 시절 형성된 것으로 특정한 주제와 관련된 기억, 감정, 신체감각으로 구성된 심리적 구조다. 부적응적 인지도식에는 단절 및 거절, 자율성 및 수행손상, 한계 인식 손상, 타인 중심성, 과잉경계 및 억압 등으로 크게 5개 영역 18개 도식이 있다. 이러한 부적응적 인지도식은 인생의 다양한 영역에 현저한 적응적 문제를 유발한다. 단절 및 거절 영역에는 유기 및 불안정, 불신 및 학대, 정서적 결핍, 결함 및 수치심, 사회적 고립 및 소외가 있다. 유기 및 불안정은 타인이 자신에게 정서적인 지지, 애정, 보호 등을 제공하지 않을 것이라는 기대를 갖는 것이며, 불신 및 학대는 타인이 자신을 학대하고 모욕하며 속이고 이용할 것이라는 기대를 갖는 것이다. 정서적 결핍은 타인에게 정서적으로 지지받고 싶은 정상적인 소망이 적절하게 충족되지 못할 것이라는 기대이고 결함 및 수치심은 자신은 결함이 있고 열등하며 중요한 측면에서 취약한 존재라고 느끼거나 자신의 참모습이 드러나면 타인에게 사랑받지 못할 것이라고 기대하는 것이다. 사회적 고립은 자신이 세상으로부터 고립되어 분리되어 있다고 생각하는 것이다.

자율성 및 수행 손상에는 의존 및 무능감, 위험 및 질병에 대한 취약성, 밀착 및 미발달된 자기, 실패가 있다. 의존 및 무능감은 타인의 도움 없이 자신이 일상적인 과업을 유능하게 감당할 수 없을 것이라는 믿음을 가지는 것이고, 위험 및 질병에 대한 취약성은 끔찍한 재난이 언제라도 일어날 것이며, 자신은 그 재난을 도저히 막아 낼 수 없을 것이라는 과장된 공포를 가지고 있는 것이다. 밀착 및 미발달된 자기는 충분한 개별화나 정상적인 사회성 발달을 이루지 못한 채, 한 명 혹은 그 이상의 중요한 타인과 지나치게 정서적으로 밀착되어 있는 것을 말한다. 실패는 자신이 이미 실패했거나 결국에는 실패할 것이라는 믿음, 자신은 학업, 직업, 운동 등에서 부적절하다고 생각하는 것이다.

한계 인식 손상에는 특권의식 및 과대성, 자기통제 및 자기훈육 부족이 있다. 특권의식과 과대성은 자신은 타인보다 우월하고 특별한 권리를 누릴 자격이 없으며 사회적 관계에 적용되는 규칙에 얽매일 필요가 없다고 믿는 것이며, 자기통제 및 자기훈육 부족은 개인적인 목표를 이루는 데 필요한 자기통제와 좌절을 감내하는 능력이 부족하여 자신의 감정과 충동을 조절하지 못하고 과도하게 표현하는 것이다.

타인중심성에는 복종, 자기희생, 승임 및 인정 추구가 있다. 복종은 처벌당할 것을 두려워하기 때문에 타인에게 통제권을 내어주고 지나치게 복종하는 모습을 보인다. 자기희생은 일상생활에서 자신의 만족은 희생당한 채 타인의 욕구를 충족시키는데 지나치게 집착하는 모습을 보인다. 승인 및 인정 추구는 진정한 자기정체감의 발달을 희생한 채 타인으로부터 승인, 인정, 관심을 받거나 그들의 바람에 맞추는 것을 지나치게 중시하는 모습을 보인다.

과잉 경계 및 억압은 부정성 및 비관주의, 정서적 억압, 엄격한 기준 및 과잉비판, 처벌이 있다. 부정성 및 비관주의는 삶의 긍정적이고 낙관적인 측면은 최소화하거나 무시하는 반면 삶의 부정적인 측면에 지속적으로 초점을 둔다. 정서적 억압은 타인에게 인정을 받지 못하거나 수치심을 느끼거나 충동조절을 실패하는 것을 피하기 위해서 자신의 행동, 감정, 의사소통을 지나치게 억압하는 경향이 있다. 엄격한 기준 및 과잉비판은 행동과 수행에 대한 매우 높은 기준을 가지고 있을 뿐만 아니라 비판당하지 않기 위해서 과도한 완벽주의에 집착하기도 한다. 처벌은 실수를 하면 누구나 가혹한 처벌을 받아야 한다고 믿는 것이다.

나가며

올바른 판단을 하기 위해 생각해 볼 수 있는 질문들을 통해 상황을 다각도로 검토하고, 더 신중하고 균형 잡힌 판단을 내릴 수 있다.

1. 일어날 수 있는 최악의 상황은 무엇인가?

2. 가장 최악의 상황에서 내가 견뎌낼 수 있는가?

3. 나는 지금 과정 없이 결과만을 생각하고 있지는 않은가?

4. 만약 나의 친구 또는 사랑하는 사람이 이런 생각을 하고 있다면, 나는 그들에게 뭐라고 말해 줄 수 있는가?

5. 나의 판단은 사실에 기초한 것인가? 감정에 기초한 것인가?

6. 이런 방식으로 생각하는 것으로부터 생길 수 있는 불리한 점은 무엇인가?

7. 이와 같은 판단을 통해 1주일, 1년 혹은 10년 안에 어떤 변화가 만들어 질 수 있는가?

8. 지금 내가 통제할 수 없는 상황임에도 그것을 근거로 나 자신을 비난하거나 힘들게 하고 있는 것은 아닌가?

6 성격과 동기

인간은 자신이 하는 일에 고유한 동기와 의도를 가지고 있다. 동기는 인간의 모든 행위 뒤에 있는 의식적 또는 무의식적 원천이다. 우리는 좋은 직장에 다니면서 인정받고 진취적으로 보이며 승진하기를 바란다. 우리가 생존을 위해 일을 한다 하더라도, 직장에서 있으나 마나 한 사람이 되고 싶어 하는 사람은 없다.

각자 충족하고자 하는 욕구와 목표가 다를 뿐 우리는 항상 무언가를 추구하며 살아간다. 어떤 사람은 돈을 벌기 위해 다른 것을 희생하며 직업에 전념하고, 어떤 사람은 여유로운 여가를 즐기기 위해 소득은 적더라도 자유로운 직업을 선택한다. 또한 사람을 끊임없이 추구하며 살아가는 사람도 있고, 종교에 전념하며 살아가는 사람도 있다. 이처럼 각각 어떤 목표와 욕망을 추구하느냐에 따라 삶의 모습과 인생 전체가 달라질 수 있다. 한 사람을 이해하기 위해서는 그가 추구하는 동기, 즉 그 사람의 가치, 욕구, 목표를 이해하는 것이 중요하다.

1) 동기의 의미

동기란 무엇인가? 기대인가? 경쟁심인가? 흥분일까? 욕구일까? 그렇다면, 지금 내가 이 책을 읽고 있는 동기는 무엇인가? 동기는 다양한 학문

분야에서 정의되어 왔다. 행동주의에서 동기는 인센티브와 보상으로 발생한다고 보았으며, 생물학에서는 뇌와 호르몬 시스템에서 발생한다고 보았다. 인지주의에서는 우리가 사고하고 정보를 처리하는 방법에서부터 나온다고 보았으며, 진화론에서는 유전, 즉 외향성에서 나온다고 보았다. 인본주의에서는 자기실현경향성과 같은 잠재가능성의 계발로부터 나온다고 보았으며, 정신분석학에서는 불안과 같은 정신생활로부터 나온다고 보았다. 다양한 학문에서 동기의 정의를 종합해보면, 동기는 인간 행동의 에너지로 행동을 일으키고 행동의 방향을 결정하는 심리적 요인으로 볼 수 있다.

2) 동기의 성질

우리는 점심 식사를 한 후 시간이 지나면서 저녁쯤 배고픔을 느껴 저녁 식사를 하려 하며, 중요한 시험 일자가 가까워질수록 불안함을 느껴 시험공부를 하게 된다. 만일 이러한 동기가 사라진다면 우리의 안녕과 생존을 위해 의존하던 생명의 원천을 잃게 될 것이다. 즉, 동기는 개인의 적응과 행동에 결정적인 영향을 주며, 동기의 강도는 시간에 따라 달라지고 행동의 흐름에 영향을 준다. 이러한 동기는 적응과 밀접하게 관련되어 있다. 자신의 힘으로 스스로 운명을 개척할 수 없다고 낙심하는 사람들은 어떤 일에 도전하기보다는 쉽게 포기하며, 자신감이 부족하고 의구심이 많은 사람들은 타인과의 만남을 꺼려할 수 있다. 또한 동기는 주의집중과 관련이 있다. 우리가 운전할 때는 신호등을 잘 확인하고, 지나가는 사람에 유의해야 하며, 앞과 뒤, 옆에서 달리는 차에 주의를 기울여야 한다. 동시에 동승자와 이야기를 나누기도 해야 한다. 누가 그렇게 하도록 했을까? 대부분 이러한 행동은 동기로부터 비롯된다. 동기는 끊임없이 변하는 역동적 과정이다. 두통이 심해지면 친구하고 지내거나 공부하는 일에 관심이 없어지고, 공부를 하다가도 어느 정도 추구하는 바가 이루어지면 피로감을 느끼며 쉬고 싶은 동기가 강해진다. 동기는 사람들이 자신과 타인이 성취하고자 하는 상태로 보다 열심히 하도록 자기 자신을 동기화 시킬 수 있고, 보다 열심히 하도록 타인을 동기화 시킬 수 있다. 동기의 원인은 매우 다양하다. 연습에 열을 올리는 선수, 밤을 세워가며 공부하는 학생, 최선을 다해 환자를 돌보는 의사 등 사람마다 하는 일에 대해 가지는 동기는 다양하다. 재미, 도전감, 호기심 같은 내적 동기를 가지고 있는 사람들은 성적, 금전 등과 같은 외적 동기에 의해 행동하는 사람보다 긍정적인 정서를 보이기도 한다.

3) 동기의 개인차

사람마다 성격이 다르고, 정신분석학에서 말하는 무의식의 세계는 다르다. 또한 모든 사람은 지향하는 발달 방향이 다르다. 이러한 것은 개인의 동기에 영향을 미칠 수 있다. 개인의 성격, 무의식, 발달방향, 인과성향의 차이는 동기의 개인차의 원인이 될 수 있다. 동기의 개인차를 성격 특성으로 살펴보면, 계속 무언가를 하는 것을 즐기는 외향성은 잠재적으로 존재하는 보상적인 면에 민감하여 긍정적 정서경험을 하기 위해 접근 행동을 한다. 신경과민성은 잠재적으로 존재하는 처벌적인 면에 민감하여 부정적인 정서 경험을 회피하기 위해 경험을 회피하는 행동을 한다. 이처럼 외향적인 사람과 신경과민성이 높은 사람의 상황대처방식은 다르다.

사람의 동기는 무의식에 의해 차이가 날 수 있다. 드라마나 영화에서 매우 인기 있는 주제는 사랑, 복수, 폭력 등이다. 정신분석학에서도 미래에 대한 불안, 꿈, 환상, 보복하고 싶은 충동 등에 관심을 갖는다. 정신분석학에서는 우리의 정신생활에 많은 부분을 무의식으로 보고 우리의 생각, 감정, 욕구가 무의식적 수준에서 존재한다고 본다. 무의식적 동기가 행동에 영향을 주기 때문에 자신에게조차 설명할 수 없는 방식으로 행동하게 된다.

동기는 발달 방향에 따라 달라진다. 매슬로우(Maslow)는 인간이 가지고 있는 생리적 욕구, 안전의 욕구, 소속감과 사랑의 욕구, 존중의 욕구, 자아실현의 욕구로 다섯 가지 기본 욕구를 설명한다. 생리적 욕구는 음식, 물, 수면과 같은 기본적인 것으로 삶에서 극단적으로 결핍되어 있는 사람은 다른 어떤 욕구보다 생리적 욕구에 따라 동기화될 가능성이 가장 높다. 안전의 욕구는 생리적 욕구가 어느 정도 충족이 되면 생긴다. 극단적이고 만성적으로 안전이 결핍된 사람들은 안전만을 추구하면서 살아간다. 이러한 안전을 추구하려는 욕구는 성격의 신경과민성과 연결될 수 있다. 소속감과 안전의 욕구는 사랑, 친밀한 관계 등으로 어떤 집단이나 가족 내에서 자신의 자리를 간절히 원하는 것은 물론 이런 목표를 달성하기 위해 혼신의 힘을 다하는 동기를 일으킨다. 존중의 욕구는 존중, 유능감, 자신감, 성취, 독립 등과 관련되며, 대부분의 사람은 자신에 대해 안정적이고 호의적인 평가를 받고자 하는 욕구에 의해 동기화될 수 있다. 몇몇 병적인 경우를 제외하면, 이는 인간의 보편적인 심리적 동기 중 하나이다. 자아실현의 욕구는 자신의 잠재력을 인식하고 충족시키는 것이다. 생리적 욕구, 안전의 욕구가 생존과 관련된 것이라면, 소속감과 사랑의 욕구, 존경의 욕구, 자아실현의 욕구는 성장과 관련된 욕구라 할 수 있다. 모든 나무가 공기와 빛이 필요하듯, 모든 사람은 사랑이 필요하다. 하지만 이러한 기초적인 필수 요소가 만족이 되면 나무와 인간은 필수 요소들을 각자의 목적에 맞게 활용하면서 고유의 스타일로 자신을 발달시킨다. 즉, 발달방향에 따른 동기는 외부가 아니라 내부에서 진행된다.

또한 동기는 인과성향에 따라 개인차가 발생하기도 한다. 사회화 과정을 통해 사람은 자신의 행동과 개인적 특성을 판단하는 데 사용하는 사회적 가치조건을 학습한다. 우리는 결과적으로 실현경향성과 평가과정을 통해 이루어진 내적 세계와 사회적 우선순위가 가치조건으로 구성된 외적 세계라는 두 세계에 살고 있다. 내가 살아온 나의 삶은 자율적이었는가? 통제적이었는가? 우리는 똑같이 태어나서 비슷한 모양의 학교에서 공통

교육과정 수업을 들으며 살아왔다. 하지만 어떤 사람은 자율적 인과성향을 가지고 또 다른 사람은 통제적 인과성향을 가진다. 자율적 인과성향을 가진 사람은 인간의 행동이 본래 내적 지침과 스스로 결정하는 힘에 의해 야기된다고 보고 통제적 인과성향을 가진 사람보다 더 적극적으로 행동한다. 자율적인 인과성향을 가진 사람은 성장을 추구하면서 학습, 개선, 개인의 가능성 실현에 노력을 기울인다. 통제적 인과성향을 가진 사람은 사회적 압력감에 의해서 행동이 발생한다고 보고 자율적 인과성향의 사람보다 소극적으로 행동한다. 사회적 타당성을 추구하는 사람은 자기 가치감을 상실하고 불안과 우울을 경험하기 쉽다. 또한 사회적 가치조건을 내면화하기 시작하면 자신의 행동, 가치, 신념의 타당성을 타인으로부터 찾기 시작하고, 사회적 타당성을 추구하는 사람은 자기 가치감을 상실하고 불안과 우울을 경험하기 쉽다.

동기는 문제의 발달과 변화 가능성의 근본이 된다. 부적응적 동기는 단기간의 필요나 바람에 의해 형성되며, 다양한 형태로 나타난다. 많은 경우 부적응적 동기는 우리가 피하고 싶거나 원하지 않는 것으로 드러나지만, 이를 깊이 탐색하면 누군가 혹은 무언가를 소중히 여기는 마음이 그 근원임을 발견할 수 있다. 이는 특정한 사람, 자기 자신, 또는 목표 달성과 관련될 수 있다. 반면, 적응적 동기는 마음에서 우러나는 장기간의 욕구를 반영하며, 건강한 변화와 성장을 이끄는 데 중요한 역할을 한다. 우리의 새로운 행동을 촉진하고 변화의 가능성을 믿게 하기 위해서는, 동기의 원천이 무엇인지 인식하는 것이 필수적이다. 동기의 원천은 우리가 변화를 이루고자 하는 힘과 의지를 제공한다. <활동 1-16>, <활동 1-17>을 통해 나의 동기에 대해 살펴보자.

활동 1-16 / 나의 동기

1. 나는 근본적으로 무엇에 의해 동기 되는가?

___

2. 사람들의 가장 기본적이고 보편적인 동기는 무엇이라 생각하는가?

___

3. 나의 삶의 상태에 따라 동기는 어떻게 변화하는가?

___

활동 1-17 / 나의 자동화

변화하고 싶다면, 현재 내가 어떤 선택을 의심 없이 자동적으로 하고 있는지 탐색하는 것이 중요하다. 다음 질문을 통해 나의 삶 속 자동화를 점검해보자.

1. 하루를 어떻게 보냈는지 기록해보자. 하루가 끝난 뒤, 스스로에게 물어보자. "오늘 나는 무엇을 했는가?" 만약 떠오르는 것이 없다면, 이는 깊은 고민 없이 어제와 같은 하루를 반복했을 가능성을 의미할 수 있다. 하루를 마무리하며 자신이 했던 행동들을 적어보고 다음과 같은 질문을 던져보자.
   (1) 왜 이 행동을 했는가? ___
   (2) 이 행동을 대신할 다른 방법은 없었는가? ___
   (3) 이 과정을 통해 현재의 습관과 패턴을 점검하고, 바꿔야 할 점을 하나씩 발견해보자. 작은 변화부터 시작하면, 더 나은 하루를 만들어 갈 수 있을 것이다.

2. 내일 아침에 일어나면 무엇을 할 것인지 적어보자. 그리고 그 행동을 왜 해야 하는지 생각해보자.

---

3. 현재 내가 가지고 있는 것들을 새로운 시각으로 바라보자. 지금 내가 가진 것들이 없어진다면 어떻게 될지, 나와 함께 살고 있거나 일하는 사람들이 사라진다면 내 삶이 어떻게 변할지를 상상해보자.

---

4. 현재를 알아차리는 연습을 해보자. 지금 이 순간, 내가 어디에 있는지, 무엇을 하고 있는지를 스스로에게 물어보며 의식적으로 알아차려 보자.

나는 지금 ~을 느끼고 있다.
나는 지금 ~행동을 한다는 것을 알아차리고 있다.
이런 말을 되풀이하면서 현재 상태에 대한 자각력을 증진시켜보자.

7 성격과 행동

우리의 행동은 삶의 상황을 정의하고 형성하는 데 중요한 역할을 한다. 성격은 행동의 근원이며 행동은 성격의 표현이다. 우리가 개인의 성격을 알고자 하는 이유는 타인이 앞으로 나타낼 행동을 예측하기 위함이다. 표리부동(表裏不同)이라는 말처럼, 인간의 속마음과 겉모습이 일치하지 않는 경우는 흔히 발생한다. 마음속에 적개심을 품고 있으면서도 상대에게 전혀 내색하지 않으며 우호적인 행동을 하는 사람이 있는가 하면, 이타적인 선행을 하면서 기부금을 횡령하는 경우도 있다. 직장 상사에게 매우 순종적이면서 부하 직원에게 매우 지배적인 사람이 있고, 직장에서는 부지런하고 성실하지만 가정에서는 게으르고 무책임한 경우도 있다. 사람들과 있을 때는 도덕적이지만 혼자 있을 때는 음란한 행동을 하기도 한다. 과연 이런 사람들의 진정한 모습은 무엇일까? 이들의 성격은 어떻게 이해할 수 있을까?

성격과 행동은 불가분(不可分)의 관계이다. 그리고 행동은 상황적 요인에 의해서 크게 영향을 받는 성격의 일부이다. 우리는 타인의 존재를 의식하며 행동하는 존재이다. 어떤 타인과 있느냐에 따라 행동이 달라진다. 개인이 어떤 상황에 특정한 행동을 하는 것은 그의 성격 때문일까? 아니면 상황 때문일까? 특정한 행동은 상황에 따라 달라진다는 상황론자와 성격이 행동을 예측한다는 성격론자들은 서로 다른 주장을 한다. 상황론자들은 성격은 존재하지 않으며 허구적인 개념으로, 개인의 행동은 상황에 따라 달라진다고 한다. 상황론자들은 상황에 따라 행동에 일관성이 없는 것이 성격의 개인차가 존재하지 않는다는 증거라고 제시한다. 반면 성격론자들은 개인은 상황마다 나름대로 일관성 있는 행동을 하며 성격을 개인의 행동을 예측하는 데 유용한 개념으로 본다. 개인은 출생부터 동일한 자극에 대해서 특정한 방식으로 반응하는 기질을 타고 태어나며, 성격발달은 성장과정의 생활경험을 통해 이루어진다고 본다. 이러한 상황론자와 성격론자들은 개인이 다양한 상황에서 일관성 있게 행동하는 것은 아니지만 성격 개념은 여전히 존재하며 특정한 상황에서 특정한 방식으로 행동한다고 잠정적으로 결론 내렸다. 예를 들면, 권위주의 성격을 지닌 사람은 상급자에게 순종적이고 굴종적인 행동을 하고 하급자에게는 지배적이고 독자적인 행동을 한다. 즉, 인간의 행동은 성격과 상황 모두에 영향을 받는다. 개인의 행동을 이해하거나 예측하려면 그의 성격 특성과 그가 행동하게 될 상황적 특성을 모두 고려해야 한다.

1) 행동에 영향을 미치는 요인

행동에 영향을 미치는 요인으로는 생물학적 이론, 통제소재, 사회인지 이론, 목표와 개인적 열망, 성격의 자기제시 이론 등이 있다. 이러한 요인들은 각각 행동의 형성과 표현에 다양한 방식으로 작용한다.

(1) 생물학적 이론

사람은 진화과정에서 다양한 환경에 적극적으로 행동해야 할 때와 행동을 억제해야 할 때를 잘 구분하며 살아간다. 먹잇감을 발견하면 전력 질주하여 먹잇감을 얻고, 위험에 직면하면 모든 행동을 중단하고 상황을 주시한다. 그레이(Gray, 1990)에 의하면 행동활성화체계, 행동억제체계는 성격의 기본적인 두 축으로 성격 5요인의 외향성과 신경과민성의 생물학적

활동 1-18 / 나의 행동 결정

완벽한 행동은 없다. 다음 문제를 읽고 스스로의 선택을 탐색해보자. 나의 결정과 그 이유를 살펴보며 새로운 관점을 발견해보자.

문제 1

모두에게 100만 원을 준 뒤, 다음 중 하나를 선택하도록 한다.

1. 내가 100만 원을 50% 확률로 추가로 받기
2. 모두가 50만 원씩 추가로 받기

문제 2

모두에게 200만 원을 준 뒤, 다음 중 하나를 선택하도록 한다.

1. 내가 100만 원을 50% 확률로 뺏기
2. 모두가 50만 원씩 뺏기

설명) 문제 1과 문제 2는 동일한 구조를 가진다. 둘 다 무조건 150만 원을 더 얻게 되는 안정적 선택과 50% 확률로 100만 원 또는 200만 원을 얻게 되는 도박적 선택 중 하나를 선택하는 것이다. 하지만 실제로 사람들은 문제 1에서 안정적인 50만 원을 선택하는 경우가 많고, 문제 2에서는 50% 확률의 도박적 선택을 선호하는 경우가 많다.

기반을 둔다고 한다. 행동활성화체계는 목표 추구 행동을 하도록 만드는 신경심리체계로 음식과 성, 유기체가 원하는 대상의 단서를 민감하게 파악하여 그것을 획득하기 위해 적극적으로 행동하는 것을 말한다. 행동억제체계는 위험 단서에 행동을 억제하는 신경심리체계로 현재 진행 중인 행동을 멈추고 주변 환경을 경계하거나 위험한 상황을 회피하게 만든다. 즉, 외향적인 사람은 보상획득을 위한 접근행동을 유발하는 행동활성화체계가 쉽게 활성화되며, 주변환경에 적극적으로 개입하고 대인관계 활동에서 기쁨을 얻는다. 반면 신경과민성을 지닌 사람은 처벌의 신호자극에 반응하여 행동을 억제하는 행동억제체계가 활성화되어 부정적인 결과에 주목하여 위축된 행동을 하는 것이다. 우리는 위험이 감지되면 맞서 싸우거나, 도망가거나, 얼어붙는 반응을 한다. 뇌의 경보시스템은 사소한 문제에도 과잉반응을 일으켜 사소한 사건에도 투쟁, 도망, 얼음 반응을 보인다. 이 반응은 스트레스를 야기하고 불안감과 온갖 신체 증상을 유발하기도 한다. 앞서 <활동 1-18>을 통해 나의 행동에 대해 탐색해보자.

(2) 통제소재

사람마다 동일한 상황에서 다르게 행동하는 이유는 각자가 판단하는 기대와 보상가치가 다르기 때문이다. 통제소재는 자신이 사건을 통제할 수 있다는 믿음을 의미하며, 이는 통제소재의 수준에 따라 행동이 달라진다. 즉, 통제소재는 어떤 행동을 했을 때 특정한 결과가 나타날 것이라는 기대와 함께 보상 가치 결정을 하는 주체가 자신인지 타인인지에 대한 믿음을 의미한다. 통제소재에는 내적 통제소재와 외적 통제소재가 있다. 내적 통제소재는 자신의 성공과 실패가 자신의 노력과 능력, 예를 들어 공부를 열심히 하는 것에 의해 결정된다고 믿는 것을 의미한다. 외적 통제소재는 자신의 성공과 실패가 운, 우연 등 외부요인에 의해 결정된다고 믿는 것을 의미한다.

(3) 사회인지이론

행동에 대한 연구가 계속되면서 행동에 영향을 미치는 요인으로 사회인지이론에 대한 관심이 증가하였다. 사회인지이론은 행동에 있어 자기효능감이 무엇보다 중요하다고 본다. 자기효능감은 자신이 과제를 완수하거나 목표를 달성할 수 있다는 신념이다. 자기효능감은 실제로 과제를 수행함으로써 목표를 성취하거나, 다른 사람의 성공 경험을 옆에서 지켜보는 대리적 경험, 부모나 친구를 포함한 주변 사람들이 자신의 능력에 대해 어떻게 표현하는지에 대한 언어적 설득, 어떤 과제를 하면서 유난히 불안하고 가슴이 두근거리는 정서적 경험 등에 영향을 받는다.

(4) 목표와 개인적 열망

한 사람을 이해하기 위해서는 그가 어떤 목표를 지니고 살아가느냐를 이해하는 것이 중요하다. 사람은 목표를 지향하는 존재이며, 한 사람의 성격은 어떤 목표를 일관된 방식으로 지향하느냐에 의해 이해될 수 있다. 개인적 열망은 개인이 평소 이루고자 하는 일관성 있는 목표나 패턴으로, 이는 성취, 친화, 권력, 건강과 같은 열망적 주제와 관련된다. 또한, 열망의 긍정성과 부정성, 성공 가능성, 헌신도와 같은 차원, 그리고 열망 간의 촉진, 갈등, 통합과 같은 관계에 따라 개인의 행복도가 달라질 수 있다. <활동 1-19>를 통해 나의 목표에 대해 탐색해보자.

활동 1-19 / 나의 목표 행동

성격은 개인이 일상생활에서 어떤 목표를 추구하며 어떻게 행동하는지를 통해서 이해할 수 있다.

1. 나는 어떤 목표 또는 어떤 열망을 지니고 살아가는가?

____

2. 이번 달 또는 이번 주에 반드시 이루고자 하는 목표나 열망이 있는가?

____

3. 나는 목표나 열망을 이루기 위해 하루 또는 일주일의 생활을 어떻게 하고 있는가?

____

(5) 성격의 자기제시 이론

사람은 자신의 진짜 감정이나 의도를 숨기는 위장술에 매우 능한 존재다. 감춰진 속마음도 쉽게 드러내지 않는다. 열길 물 속은 알아도 한 길 사람 속은 모른다는 말처럼, 인간의 속마음과 겉모습 사이에는 현저한 괴리가 있다. 한 사람을 이해하기 위해서는 그가 타인에게 전달하는 자기제시를 이해하는 것이 중요하다.

자기제시 이론에서 성격은 개인이 다른 사람에게 심어준 자신에 대한 인상이나 이미지를 의미한다. 상황적 요구에 반응하는 것, 자신을 응시하는 청중의 유형, 사회적 역할과 압력, 자신이 보여 주려는 자기제시에 따라 개인의 행동은 달라진다. 자기제시는 청중의 유형에 따라 공적 청중과 사적 청중으로 나눌 수 있다. 공적 청중은 다른 사람을 의식하는 것으로 자신의 행동을 관찰하고 평가하는 타인에 초점을 두는 것이라면, 사적 청중은 자신을 관찰하고 평가하는 자기 자신에 초점을 두는 것이다. 또한 성격의 자기제시는 청중에게 전달하고자 하는 자신의 이미지에 따라 유능하고 권력있는 독립적 존재로 제시하고자 하는 주체성, 따뜻하고 친밀한 협동적 존재로 제시하고자 하는 연대성으로 구분할 수 있다. 한편 자신을 사회적으로 바람직한 모습으로 나타내려는 반응양식에 따라 사회적 선호 반응으로 자기제시를 하기도 한다. 이처럼 자기제시는 성격의 중요한 요소이다.

다른 사람에게 자신을 보이는 모습과 방식은 제각기 다르다. 자신을 솔직하게 내보이는 사람이 있는가 하면, 자신의 내면을 숨기고 사회적으로 바람직한 행동을 하는 사람이 있다. 매우 유능하고 독립적인 사람이 있는가 하면, 협동적이고 따뜻한 사람으로 내보이는 사람도 있다. 우리의 내면적 성격은 자신만이 알 수 있으며, 타인은 개인이 내보이는 외현적 행동을 통해 그의 성격을 추측할 수 있을 뿐이다. 사람은 자신의 부정적인 모습을 숨긴 채 타인에게 긍정적인 모습을 보여주고자 인상관리를 하며 살아간다. 이러한 인상관리가 의식적이고 통제적인 조절이라면 자기기만은 무의식적이고 자동적인 조절이다. 자기기만은 긍정적인 자기상을 유지하기 위한 내면적인 방어과정으로 이기주의적 편향과 도덕주의자 편향으로 살펴볼 수 있다. 이기주의자 편향은 지배성, 두려움 없음, 정서적 안정성, 지성 등으로 주체성과 관련한 특질에 대해 비현실적인 자기지각을 가지고 있는 것을 의미한다. 도덕적 편향은 사회적으로 일탈된 충동을 부정하고 자신이 고결하고 성자 같은 속성을 지녔다고 주장하는 것을 의미한다. 모든 사람은 저마다 인상관리를 하고 있기 때문에 우리는 다른 사람의 진정한 모습을 완전히 알 수 없다. 우리는 개인의 행동을 통해 그의 성격을 추론할 따름이다. 사람마다 자기제시의 노력과 조절 능력은 다르고 동기도 다르다. 또한 사람마다 자기제시의 왜곡 정도가 다르고 인상관리 방약도 다르기 때문에, 나와 다른 사람을 잘 이해하기 위해서는 성격의 자기제시를 잘 이해해야 한다.

8 성격과 관계

우리는 관계를 통해 회복하기도 하고 관계를 통해 고통받기도 한다. 인간관계는 인생의 가장 중요한 영역 중 하나일 뿐만 아니라 개인의 성격에 의해 크게 영향을 받는 영역이다. 우리 인생에서 가장 큰 행복은 누군가를 사랑하고 누군가로부터 사랑받고 있다는 확신에서 나온다. 사랑받는 내 모습이 이쁠 때, 우리는 행복감을 경험한다. 한 연구에 의하면 행복감을 가장 일관성 있게 잘 예측하는 요인은 인간관계이다. 인생에서 가장 소중한 것이 무엇이냐고 물었을 때, 가장 흔히 들을 수 있는 대답은 인간관계이다. 우리가 원하는 것은 사랑과 소속감이며, 이로 인해 삶의 많은 것이 좌우된다. 하지만 인간관계는 행복의 주된 원천인 동시에 불행을 초래하는 가장 큰 원천이기도 하다. 아무리 원만한 관계라 해도, 모든 관계에는 예의상 억누르거나 숨겨진 적대감이 내포되어 있다.

살아가면서 외로움을 느껴보지 않은 사람은 없다. 즉, 우리는 나약하고 외로운 존재이기에 무리를 지으며 살아간다. 타인과 교류하며 감정을 나눌 때, 우리는 자신을 여유롭고 매력있는 사람으로 느낀다. 그래서 우리는 다양한 사람들과 긍정적인 관계를 형성하려 노력한다. 하지만 현대사회에서는 깊고 친밀한 인간관계를 형성하는 일이 쉽지 않다. 그래서 많은 현대인들은 외로움을 안고 살아간다. 이러한 외로움이 나만 겪는 고통이라고 생각하면 더 참기 힘든 고통이 된다. 인간의 외로움은 주관적으로 느끼는 사회적 고립감으로 개인의 사회적 욕구가 충족되지 않을 때 경험하게 되는 심리적인 고통이다. 외로움은 현대인의 가장 흔한 심리적 문제 중 하나이다. 우리에게 중요한 타인이 결여되어있거나 그들과 심각한 갈등을 겪게 되면 사람은 외로움을 느낀다.

인간은 타자와 분리된 근본적으로 고독한 존재이며, 진정으로 고독을 받아들인 자만이 참된 관계 맺기가 가능하다. 이러한 외로움과 소외는 대인관계적 소외, 개인내적 소외, 실존적 소외로 나누어 살펴볼 수 있다. 대인관계적 소외는 다른 사람과 실질적으로 소원한 관계로 인한 실질적 외로움을 의미한다. 개인내적 소외는 개인의 내면적 요소가 자아와 통합하지 못하고 분리된 상태, 즉 불쾌한 감정이나 위협적인 요구가 억압됨으로써 발생하는 소외이다. 실존적 소외는 개인이 아무리 노력해도 타인과 완전히 연결될 수 없는 근본적인 간격에서 비롯되는 소외를 의미한다. 우리는 실존적 소외에 직면하지 못할 경우 깊은 두려움에 휩싸이며, 이를 회피하기 위해 타인을 고통에 대한 방패로 활용하거나 소유적으로 지배하고 집착하는 태도를 보일 수 있다. 중요한 점은 어떤 관계도 이러한 소외를 완전히 제거할 수는 없다는 것이다. 결국, 우리는 모두 실존적으로 혼자인 존재이다.

1) 관계의 이해

우리는 태어나는 순간부터 대인관계를 시작한다. 가족이 생기고 친구와 교류하면서 사회경험을 쌓아간다. 우리가 속한 사회 속에서 타인의 인정을 받으며 성장하고 성숙해지는 것이다. 사회와 단절된 개인은 진정한 인간으로 온전히 발전하기 어렵다.

(1) 의미있는 타인

우리는 평생 동안 수많은 사람들을 만나 인간관계를 맺으며 살아간다.

우리가 살아가면서 맺는 인간관계는 얼마나 될까? 우리가 인간관계를 맺는 사람들은 각기 우리 삶에 미치는 영향력에 차이가 있다. 우리 삶에 중요한 영향을 미치는 사람일수록 우리 각자에게 의미 있는 타인이 된다. 의미 있는 타인은 개인의 삶에서 네 가지 주요 역할로 구분할 수 있다. 첫째, 사회적 지지자 역할을 하는 사람이다. 사회적 지지자는 정서적, 물질적, 정보적 지원을 제공하며, 이를 통해 개인의 삶에 긍정적인 영향을 미치는 사람이다. 둘째, 자기 평가에 중요한 영향력을 미치는 사람이다. 이들은 개인의 자기 인식과 자아존중감에 직접적인 영향을 주며, 개인이 자신의 가치를 평가하는 데 중요한 기준이 되는 사람이다. 셋째, 서로 유사성이 많은 사람이다. 이들은 가치관, 신념, 경험 등을 공유하며, 개인의 정체성과 소속감을 강화하는 데 중요한 역할을 한다. 넷째, 서로 상호적 영향력을 주고받는 사람이다. 이들은 개인과의 상호작용을 통해 서로에게 영향을 미치며, 지속적인 관계를 유지한다. 개인마다 의미 있는 타인을 평가하는 기준은 각자의 삶의 맥락과 필요에 따라 달라질 수 있다. 일반적으로 부모, 친구, 연인, 선생님 등과 같이 개인의 자기관과 세계관에 중요한 영향력을 주었거나 현재 주고 있는 사람이 의미 있는 타인이 된다. 또한 사랑의 깊은 상처를 주고 떠나간 사람처럼, 개인의 삶에 부정적으로 오래도록 중요한 영향을 미치는 부정적인 의미에서 중요한 타인도 있다. 이들은 개인의 삶에 중요한 영향을 미치지만, 그 영향은 고통스럽거나 상처로 남을 수 있다. 건설적이지 않고 나에게 부정적인 영향을 미치는 관계는 빨리 정리하는 것이 좋다. 대신, 그 자리를 진정한 실력과 여유를 가진 사람들, 그리고 자기 분야에서 성과를 쌓은 사람들과의 관계로 채우는 것이 바람직하다. 이러한 관계는 개인의 성장과 긍정적인 변화에 도움이 된다. <활동 1-20>, <활동 1-21>을 통해 나의 관계에 대해 탐색해보자.

활동 1-20 / 나의 관계

나의 인간관계는 어떠한가?
나의 성격이 인간관계에 어떤 영향을 미치고 있는지 살펴보자.

1) 나는 나의 아버지, 어머니와 어떤 관계를 맺고 있는가?

____

2) 나는 부모와 얼마나 친밀한가? 나는 부모와 어떤 갈등을 지니고 있는가?

____

3) 나의 친구관계는 어떠한가? 내가 맺는 친구관계의 넓이와 깊이는 어떠한가?

____

4) 나는 이성친구와 어떤 스타일의 관계를 맺고 있는가?

① 서로에게 열정적으로 몰두하는 관계인가? 아니면 뜨겁지는 않지만 친밀하고 편안한 관계인가?

____

② 나와 이성친구는 성격에 있어서 어떤 유사점와 차이점이 있는가?

____

③ 만약 이성 친구를 사귄 경험이 없다면, 나의 어떤 성격특성과 관련이 있는가?

____

④ 이성친구와 갈등으로 헤어졌다면, 어떤 성격적 차이에서 비롯되었는가?

____

활동 1-21 / 조하리의 창

나의 인간관계는 어떤 모습을 띠고 있는가? 내 인간관계는 어떤 유형에 속하며, 나는 타인에게 나의 모습을 잘 드러내고 있는가? 또한, 다른 사람이 나를 어떻게 생각하는지 잘 알고 있는가? 다음 활동을 통해 이러한 점들을 살펴보자.

1. 나는 다른 사람에게 나에 관한 이야기를 잘 하는가? 나는 다른 사람에게 나의 모습을 잘 나타내 보이는가? 나는 다른 사람에게 나의 속마음을 잘 내보이는가?
(전혀 아니다(1점) ~ 매우 그렇다(9점))

2. 다른 사람이 나에 대해 어떤 생각을 가지고 있는지 알려고 노력하는가? 나는 다른 사람이 나에 관해서 하는 말에 귀를 기울이는가? 다른 사람이 나를 어떻게 평가하고 있는지 잘 알고 있는가? (전혀 아니다(1점) ~ 매우 그렇다(9점))

피드백 얻는 정도

자기 공개 정도

	1	2	3	4	5	6	7	8	9
1									
2									
3									
4									
5									
6									
7									
8									
9									

· 열린 창 : 나도 알고 남도 아는 영역으로 공유된 성격과 정보가 포함
· 보이지 않는 창 : 내가 모르지만 타인이 아는 나의 특성
· 숨겨진 창 : 내가 알고 있지만 타인이 모르는 부분
· 미지의 창 : 나도 모르고 타인도 모르는 미지의 자아

2) 성격과 인간관계

사람마다 인간관계를 맺는 방식은 서로 다르다. 어떤 사람은 넓고 다양한 인간관계를 맺는가 하면, 다른 사람은 소수의 사람과 깊은 인간관계를 맺는다. 또한 어떤 사람은 주변 사람과 원만한 인간관계를 맺는 반면, 어떤 사람은 갈등을 경험하기도 한다. 인간관계는 성격에 의해 많은 영향을 받는다.

(1) 신경과민성

신경과민성은 우울, 불안, 분노와 같은 부정적 정서를 쉽게 느끼는 성격 특성으로, 이로 인해 인간관계에서 예민하고 불안정한 반응을 보일 수 있다. 이러한 특성으로 인해 사소한 일에도 상처를 쉽게 받아 인간관계의 질을 저하시킬 가능성이 크다. 그러나 신경과민성은 부정적인 측면과 실패 가능성을 민감하게 인지하여 이를 예방할 수 있는 장점도 지니고 있다. 이러한 민감성 덕분에 위험을 사전에 감지하고 대비함으로써 보다 안전한 결과를 도출할 수 있다. 즉, 신경과민성은 인간관계에 부정적 영향을 미칠 수 있는 동시에 위험을 관리하고 예방하는 데 유리한 측면도 가지고 있다.

(2) 외향성

외향성은 다른 사람과의 교류와 인간관계적 자극을 추구하는 성향으로, 외향적인 사람들은 타인에게 먼저 다가가고, 대화를 활발히 나누며, 눈을 마주치는 등의 행동을 통해 적극적으로 사회적 상호작용을 한다. 이러한 성향으로 인해 외향적인 사람들은 폭넓은 인간관계를 형성하는 경향이 있다. 그러나 외향성은 인간관계에 양면적인 영향을 미친다. 한편으로는 인간관계에서 높은 만족감을 경험하지만, 다른 한편으로는 깊이 있는 관계에서 불안정성을 느낄 수 있다. 이로 인해 외향성은 인간관계에서 넓은 네트워크를 형성하는 데 유리하지만, 친밀하고 안정적인 관계를 유지하는 데는 어려움을 겪을 수 있다.

(3) 개방성

개방성은 호기심이 많고 새로운 체험을 선호하는 성향으로, 개방성이 높은 사람들은 유머 감각이 뛰어나고 이성과 친밀한 관계를 맺는 능력이 탁월하다. 이들은 새로운 사람과 쉽게 친해지는 경향이 있지만, 이러한 관계를 장기적으로 유지하는 데는 한계가 있을 수 있다. 즉, 개방성이 높은 사람들은 처음에는 관계를 잘 형성하지만, 그 관계를 지속적으로 유지하는 데 어려움을 겪을 수 있다.

(4) 우호성

우호성은 다른 사람과 협력하고자 하는 우호적인 성향으로, 인간관계의 질을 높이는 중요한 요인이다. 우호성이 높은 사람들은 따뜻하고 부드러우며, 공감적이고 이타적인 행동을 많이 한다. 반면, 우호성이 낮은 사람들은 적대적이고 호전적인 성향을 보일 수 있으며, 타인의 감정을 이해하는 공감 능력이 부족할 가능성이 있다.

(5) 성실성

성실성은 자기조절을 잘하고 책임감이 강한 성취지향적 성향이다. 성실성이 높은 사람들은 규칙적인 생활을 하고, 효율적으로 열심히 일하기 때문에 다양한 분야에서 성공을 거두는 경향이 있다. 그러나 성실성이 지나치게 높을 경우, 일과 효율성에 집착하여 인간관계를 소홀히 하거나, 사소한 규칙에 과도하게 집착해 인간관계에서 갈등을 경험할 수 있다. 반면, 성실성이 낮을 경우에는 산만하고 일관성이 부족하며, 책임감이 결여되어 신뢰로운 인간관계를 유지하기 어려울 수 있다.

인간관계는 개인이 처한 사회적 환경과 상황적 요인에 영향을 받지만, 성격에 의해 많은 영향을 받는다. 성격 특질은 강점과 약점을 동시에 지니고 있으며, 본래부터 좋은 성격이나 나쁜 성격은 존재하지 않는다. 따라서 자신의 성격 특성을 잘 이해하고, 강점을 발휘할 수 있는 사회적 상황과 관계를 형성하는 것이 바람직하다. 그러나 더 중요한 것은 주어진 상황과 과업에 적응하기 위해 자신을 유연하게 변화시키는 노력이다. 성격 5요인과 같은 기본적인 성격 특질은 쉽게 변화하기 어렵지만, 세부적인 동기, 인지, 행동, 정서적 반응의 대처 방식은 변화시킬 수 있다. 즉, 건물의 골조를 바꾸기는 어렵지만 인테리어를 변경할 수 있는 것처럼, 성격을 구성하는 인지, 행동, 동기, 정서 요소는 상당 부분 변화가 가능하다. 예를 들어, 내향적인 사람이 외향적으로 변하는 것은 쉽지 않지만, 대인관계 기술을 학습함으로써 원만한 인간관계를 형성할 수 있다. 또한, 신경과민성을 급격히 낮추기는 어렵지만, 자신의 감정을 객관적으로 바라보는 훈련, 불안과 긴장을 완화하는 기술, 상황을 긍정적으로 해석하는 인지적 훈련을 통해 정서 조절 능력을 향상시킬 수 있다.

9 성격과 직업

우리는 왜 직업을 가져야 하는가? 라는 질문에 정답은 없다. 우리는 지극히 사회적인 존재이고, 우리의 삶은 사람들로 이루어진 사회 속에서 자신의 자리를 찾는 과정으로 이루어진다. 우리는 일을 할 때, 세상과 유기적으로 상호작용할 때 만족감을 느낀다. 일과 사랑, 즉 직업 활동과 인간관계는 인생에 중요한 두 축이다. 현대인은 가장 많은 시간을 직장에서 보낸다. 이처럼 직업에서 만족감을 얻지 못하는 사람은 결코 행복한 삶을 누릴 수 없다. 직업이란 그저 단순한 돈벌이와 생존 수단이 아니라 우리의 존재적 의미와 관련이 있다. 직업은 우리 삶에 있어서 매우 중요한 삶의 영역으로 휴식, 놀이, 여가활동을 제외한 생산적인 활동을 의미한다. 한 연구결과에 따르면, 직업과 행복은 밀접한 관계가 있다. 직업이 있는 사람, 특히 전문직이며 숙련적인 직업을 가진 사람은 행복감을 경험할 가능성이 높다. 하지만 직업의 유형보다 더 중요한 것은 직업에 대한 만족도이다. 직업 만족도는 삶의 만족뿐만 아니라 정신건강에도 영향을 준다. 행복한 사람은 직업 활동에서 더 생산적이며 직업에서 생산적인 성과를 낸다.

사람마다 직업에 부여하는 의미는 다르다. 사람들은 자신의 일을 생업, 경력, 소명, 타인의 인정, 자신의 인정 등으로 인식한다. 생업은 일 자체보다는 일로 인한 경제적 소득에 초점을 둔다. 즉, 직업이 생계유지의 수단인 것이다. 이들의 직업 의미는 개인이나 가족을 부양하는 수단이다. 경력은 사회적 지위와 명성으로 일을 통해서 성취동기와 경쟁욕구를 충족할 뿐만 아니라 사회적 지위와 명성을 얻고자 하는 것이다. 이들의 직업 의미는 자신의 목표를 성취하고 개인적 자긍심을 갖는 것이다. 소명은 인생의 의미로 자신의 직업을 통해서 사회적으로 유용하고 의미 있는 일을 하고 있다고 생각하는 것이다. 이들에게 직업의 의미는 자신뿐만 아니라 타인을 위한 것으로 공동체에 기반을 둔 개인의 성취감을 갖는 것이다.

1) 긴즈버그(Ginzbeg)의 직업선택 단계

인간의 주요한 발달 과업 중 하나는 직업을 탐색하고 선택하는 일이다. 직업에서의 만족은 인생의 행복을 결정하는 중요한 요인이기에 어떤 직업과 어떤 직장을 선택하느냐는 무엇보다 중요하다. 인생에서 가장 중요하고 어려운 문제 중 하나가 직업선택이다. 긴즈버그(Ginzberg)는 직업선택 단계를 공생적 단계, 시험적 단계, 현실적 단계로 설명하였다. 공생적 단계는 대통령, 과학자, 우주인 등 현실적인 고려 없이 자신의 소망과 공상에 따라 직업을 선택하는 단계이다. 시험적 단계는 과도적 과정으로 자신의 흥미, 능력, 가치 등을 평가하며 현실적인 가능성을 고려하여 직업을 선택하는 단계이다. 현실적 단계는 직업을 광범위하게 탐색하고 특정한 과업을 집중적으로 고려하여 이와 관련된 구체적인 직업을 선택하는 단계이다. <활동 1-22>를 통해 나의 직업 선택에 대해 탐색해보자.

활동 1-22 / 나의 직업 선택

직업선택은 인생에서 가장 중요한 선택 중 하나로 개인의 삶의 방향과 만족도에 큰 영향을 미친다. 다음 질문을 통해 나의 직업 선택에 대해 탐색해보자.

1. 나는 어떤 직업을 선택하려고 하고 있는가? 구체적으로 내가 원하는 직업의 구체적인 모습과 목표는 무엇인가?

---

2. 직업 선택을 위해 구체적으로 어떤 준비를 하고 있는가? 구체적으로 직업과 관련된 지식, 기술, 경험을 쌓기 위해 어떤 노력을 하고 있는가?

---

3. 자신은 현재 직업선택을 위한 어떤 단계에 있다고 생각하는가? 구체적으로 직업 탐색, 준비, 결정 단계 중 어디에 위치해 있는지 스스로 평가해보자.

---

4. 나의 직업 선택과 관련하여 나의 성격특성, 강점, 인지, 정서, 행동, 동기 등은 어떻게 영향을 미치고 있는가?

이러한 요소들이 나의 직업 선택에 어떤 방식으로 영향을 미치는지 분석함으로써, 더 나은 선택을 할 수 있을 것이다.

2) 수퍼(Super)의 진로자기개념 이론

수퍼(Super)는 개인의 자기개념이 직업선택에 핵심적인 역할을 한다고 보았다. 자기개념은 자기 자신에 대한 주관적 인식과 평가를 반영하는 인지적 관념으로 나와 내가 아닌 것을 구분하기 위해 물질적 자기, 정신적 자기, 사회적 자기의 구조를 가진다. 수퍼(Super)는 청년기와 성인기 동안에 직업과 관련된 자기개념이 구체화 단계, 명료화 단계, 실행적 단계, 안정화 단계, 공고화 단계 등으로 다섯 단계 변화가 일어난다고 보았다. 구체화 단계는 자기개념이 적합한 직업을 구체화하는 단계이며, 명료화 단계는 직업의 범위를 좁혀 직무를 실험적으로 경험하는 단계이다. 실행적 단계는 학교 교육을 마치고 실제적인 직업에 종사하는 단계이고, 안정화 단계는 자기개념에 적합한 지속적 직업을 선택하는 단계이다. 마지막으로 공고화 단계는 선택한 직업영역에서 발전과 성취를 이루는 단계이다.

성인기 초기에 직업을 선택하게 되면 대부분의 사람들은 자신의 직업에 적응하려 노력한다. 새로운 역할에 자신을 맞추어 나가는 적응과정이 발달에 핵심적인 과제이다. 이러한 과정에서 직업적응에 실패하거나 재조정이 필요한 경우 직업을 그만두거나 이직을 하게 된다. 반면 직업 적응에 성공하면 나름대로 성취와 절정기를 이룬 후 은퇴하게 된다.

3) 직업만족

직업만족은 자신의 직업과 직무에 대한 긍정적 평가와 정서상태로 개인이 자신의 직업에서 원하는 것과 실제로 경험하는 것 사이의 차이에 의해 결정된다. 또한 다양한 성격특성이 직업 만족에 영향을 미치고 있는 것으로 보고된다. 직업만족과 성격과의 관계를 살펴보면, 외향성은 동료와의 사교적인 대인관계가 긍정정서를 통해 직업만족도를 높이는 것으로 알려져 있다. 성실성은 직무수행에 긍정적 영향을 미침으로써 직장에서의 성취감과 보상을 통해 직업만족도가 높아지는 것으로 보인다. 개방성이 높은 사람은 참신성이 부족한 업무를 반복하는 관습적인 직업분야에서 만족도가 낮은 것으로 보인다. 이처럼 성격의 특성은 직업만족과 관련 있다는 것을 알 수 있다. 직업만족을 설명하는 모델에는 하향모델, 상향모델이 있다. 하향모델은 직무에 대한 개인의 해석이 중요한 것으로 이를 결정짓는 데 있어 개인의 성격, 신념, 가치관이 핵심적인 역할을 한다. 개인이 주어진 직무환경을 어떻게 해석하느냐에 따라 직업만족도가 결정되며, 신념, 가치관과 같은 개인적 요인이 직장에서 일어나는 여러 가지 사건들의 해석에 영향을 미침으로써 직업만족에 영향을 미친다. 상향모델은 긍정적인 직무경험의 중요성을 강조하며, 직무 유형과 난이도, 보상의 적절성, 직무환경과 같은 환경적 요인이 직업만족에 영향을 미친다고 본다. 직업만족의 개인적 특성을 설명하기 위한 핵심자기평가모델은 직업만족을 높이는 개인적인 특성은 높은 자존감, 높은 자기효능감, 내부적 통제소제, 낮은 신경과민성이 직업 만족도를 높이는 것으로 본다.

4) 직무수행

직무수행은 개인이 자신의 직무를 잘 수행하는 정도로 직업적 성취와 성공의 중요한 지표이다. 직무수행은 다른 요인에 의해 결정되는 성과와는 구별된다. 왜냐하면 성과는 개인의 수행에 의한 것이기도 하지만 여러 가지 다른 요인들도 영향을 미치기 때문이다.

직무수행의 다양한 차원을 살펴보면, 과업 특정 행동, 불특정 행동, 의사소통, 개인의 노력, 개인적 규율, 동료지원, 감독 및 리더십, 경영 및 행정 등이 있다. 과업 특정 행동은 개인이 특정한 직무나 과업을 해결하기 위해 나타내는 일련의 활동을 의미한다. 불특정 행동은 영업사원이 물건을 판매하기 위해 영업을 하기도 하지만 사무실을 깨끗하게 정돈하는 행동을 하는 것과 같은 활동을 의미한다. 의사소통은 개인의 업무와 관련된 내용을 효과적으로 전달하는 행위를 의미하며 개인적 노력은 개인이 직무와 과업에 열심히 헌신하는 정도를 의미한다. 개인적 규율은 근무시간을 비롯하여 직장의 규칙을 잘 준수하는 정도를 의미하며, 동료지원은 조직을 위해서 작장동료에게 자발적으로 도움을 제공하는 것을 의미한다. 감독 및 리더십은 부하직원에 대한 감독행위로 업무 진행 상황을 평가하고 보상과 처벌을 제공하는 행위를 의미하며, 경영 및 행정은 집단이나 조직을 제시하고 인도하는 행위로서 조직의 목표를 설정하고 목표 달성을 위한 외부적 상황에 대응하는 일련의 행위를 의미한다. 이러한 직무수행은 직무성과와 생산성을 결정하는 중요한 요인이며 승진을 비롯한 보상의 근거가 되기도 한다.

5) 성격과 직업

성격 5요인과 직업적 성격 유형은 밀접한 관련이 있다. 개인의 성격적 특성이 직업 선택, 직무 수행, 직업 만족 등에 중요한 영향을 미친다.

(1) 신경과민성

정서를 조절하는 능력은 과업 수행 중 방해요인을 극복하여 주의 집중을 유지하는 데 도움이 된다. 그러나 지나치게 높은 정서적 안정성은 방심과 자만으로 이어져 직무수행에 부정적인 영향을 미칠 수 있다. 낮은 신경과민성은 일반적으로 직무수행을 잘 예측하는 성격 요인으로 작용한다. 반면, 신경과민성이 높은 사람들은 부정적인 상황과 실패 가능성을 민감하게 인지하고 이를 예방함으로써 성공할 수 있다.

(2) 개방성

개방성은 호기심이 많고 새로운 경험과 가치에 대해 열린 성향을 말한다. 개방성이 높은 사람은 상상력이 풍부하고 도전적이며, 새로운 것에 잘 적응하고 스트레스 상황에서도 효과적으로 대처한다. 이러한 특성 덕분에 개방성은 이직이나 부서 이동 같은 새로운 과업에서 높은 업무성과로 이어질 수 있다.

(3) 우호성

우호성은 타인을 이해하고 배려하며, 관대하고 협력적인 성향을 나타낸다. 우호성이 높은 사람은 공감 능력이 뛰어나고, 다른 사람과의 협력관계를 잘 형성하며 유지한다. 이러한 성향은 주변 사람에게 호감을 얻는 데 도움이 되며, 팀워크가 중요한 상황에서 특히 긍정적인 영향을 미친다. 직무수행과 관련해서도 우호성은 긍정적인 상관관계를 보이며, 협업이 요구되는 업무에서 높은 성과를 내는 데 기여할 수 있다.

(4) 성실성

성실성은 직업적 성취와 직무수행을 가장 잘 예측하는 성격 요인으로, 자기조절 능력이 뛰어나고 책임감이 강하며, 일을 열심히 하고 효율적으로 수행하는 특성을 지닌다. 이러한 성실성은 직무수행에 긍정적인 영향을 미친다. 그러나 성실성이 지나치게 높을 경우, 일과 효율성에 과도하게 집착하여 인간관계를 희생하거나 사소한 규칙을 지나치게 고수해 오히려 직무수행을 저하시킬 수 있다.

(5) 외향성

외향성은 대인관계의 폭이 넓고 활력적이며, 변화 상황에 대한 적응력이 뛰어나 직무수행에 긍정적인 영향을 미친다. 외향성이 높은 사람은 조직 변화 상황에서 활동적이고 모험을 추구하는 성향 덕분에, 내향적인 사람보다 변화에 더 긍정적인 태도를 보이며, 성공적인 조직 변화를 위해 더 많은 노력을 기울인다.

직업 활동에 필요한 학습이 완료된 직무 안정단계에서는 성실성과 외향성이 직무수행에 정적인 영향을 미치지만, 이직이나 부서이동과 같은 직무전이 단계에서는 우호성과 개방성이 직무수행에 정적인 영향을 미친다.

6) 직업적 성취 유형

사회적 성공은 누구나 열망하는 목표이다. 자신의 분야에서 인정받고, 승진하여 안정된 길을 걸으며 남 부럽지 않은 삶을 살아가고 싶어 한다. 직업적 성취는 네 가지 유형으로 나누어 살펴볼 수 있다. 이는 전문 영역의 거장, 새로운 영역의 창시자, 사회에 영향력을 미치는 인물, 그리고 내면을 성찰하는 인물로 구분된다. 전문영역의 거장은 자신의 직업 분야에서 탁월한 능력과 성취를 통해 최고 또는 일류의 전문가가 되는 것을 의미한다. 예를 들어, 음악 작곡 분야에서 베토벤이 남긴 업적처럼, 거장은 한 분야에서 독보적인 위치를 차지하며 그 분야를 대표하는 인물이다. 그들의 성과는 후대에도 길이 남아 전문성의 정점으로 평가받는다. 새로운 영역의 창시자는 기존에 없던 새로운 분야나 학문을 개척하는 사람들이다. 프로이트(Freud)가 정신분석이라는 새로운 심리학 영역을 창시한 것이 대표적인 예이다. 이들은 기존의 틀을 깨고 새로운 길을 열어가며, 학문적 또는 직업적 지평을 넓히는 데 중요한 역할을 한다. 사회에 영향력 있는 인물은 우리 사회를 더 평화롭고 풍요롭게 발전시키는 데 기여하는 사람들이다. 그들은 자신의 직업적 활동을 통해 사회적 변화를 이끌고, 공익을 증진시키며, 대중에게 긍정적인 영향을 미친다. 이들의 영향력은 사회 전반에 걸쳐 나타나며, 공동체의 복지와 발전에 중요한 기여를 한다. 내면을 성찰하는 인물은 내면적인 삶을 깊이 탐색하고 성찰하는 인물로, 제임스 조이스가 대표적이다. 조이스는 『율리시스』와 같은 작품을 통해 인간의 내면세계를 탐구하고 표현했다. 이 유형의 인물은 자신과 인간 존재에 대한 깊은 이해를 바탕으로 창작 활동을 펼치며, 개인의 내적 경험과 성찰을 예술이나 문학을 통해 드러낸다. 이러한 네 가지 직업적 성취 유형을 통해, 직업적 성공이 단순히 외적 성과나 사회적 지위에 국한되지 않으며, 다양한 방식으로 나타날 수 있음을 강조한다. 각 유형은 저마다의 독특한 방식으로 세상에 기여하며, 인간의 창조성과 성취의 다채로운 면모를 보여준다.

7) 직업적 성취의 조건

직업적 성취를 이루기 위해서는 여러 가지 중요한 조건이 필요하다. 지속적이고 반복적인 노력, 멘토나 스승의 역할, 적절한 시기와 장소, 그리고 문화적 분위기 등이 직업적 성취를 이루는 데 있어 핵심 요소들이다. 지속적이고 반복적인 노력을 살펴보면, 직업적 성취는 단기간에 이루어지지 않으며, 꾸준하고 반복적인 노력이 필요하다. 이러한 노력은 전문성을 쌓고 목표를 달성하는 데 핵심적인 역할을 한다. 이 과정에서 끊임없는 자기계발과 학습이 필수적이며, 실패와 좌절을 극복하는 인내심도 요구된다. 성취를 이루기 위해서는 오랜 시간 동안 한 분야에 집중하며, 지속적으로 자신의 역량을 발전시키는 것이 중요하다. 또한, 훌륭한 멘토나 스승의 존재는 직업적 성취에 큰 영향을 미친다. 경험이 풍부하고 지혜로운 멘토는 전문적인 지식과 기술을 전수할 뿐만 아니라, 도전과 시련을 극복하는 데 필요한 조언과 지원을 제공한다. 이들은 또한 중요한 순간에 방향을 제시해주고, 자신의 성장을 가속화할 수 있는 기회를 만들어 준다. 신뢰로운 관계 속에서 배우는 것은 직업적 성공의 중요한 요인이다. 직업적 성공은 때로 적절한 시기와 장소에서의 기회를 포착하는 능력과도 관련이 있다. 사회적, 경제적 변화에 민감하게 반응하고, 자신의 능력을 최대한 발휘할 수 있는 환경을 찾는 것이 중요하다. 올바른 선택과 타이밍이 결합될 때, 성취의 가능성은 더욱 커진다. 사회적·문화적 분위기도 직업적 성취에 영향을 미친다. 특정한 문화적 환경이 창의성, 혁신, 그리고 성장을 장려한다면, 그 환경에서 활동하는 사람들은 더 큰 성과를 이룰 가능성이 높다. 자신의 가치를 인정받고, 발전할 수 있는 문화적 분위기를 찾는 것이 성공의 또 다른 요소이다.

이러한 조건들을 우리 자신에게 적용해보면, 먼저 자신의 흥미와 능력을 확인하고 그에 적합한 전문 영역을 선택하는 것이 무엇보다 중요하다. 자신이 열정을 가지고 몰두할 수 있는 분야를 선택하는 것은 성공의 출발점이 된다. 자신에게 맞지 않는 분야를 선택하면 어려움이 계속되고 실패할 가능성이 높아져 의욕을 잃을 수 있다. 자신에게 적합한 것을 찾아야 건강하고 성장할 수 있다. 또한, 훌륭한 스승이나 멘토를 찾아 그들과 신뢰로운 관계를 맺고 배움을 이어가는 것이 필수적이다. 이를 통해 지식과 경험을 축적하고, 직업적 도전에 대비할 수 있다. 마지막으로, 많은 시간을 투자해 지속적으로 노력하며, 주어진 환경에서 최선을 다해 기회를 포착하는 것이 성공을 향한 중요한 발걸음이 될 것이다.

10 성격과 스트레스 대처

스트레스는 어디에나 존재하며 이제는 우리 삶의 한 부분으로 여겨진다. 모두가 스트레스를 주고받으며, 부정적인 감정이 스트레스라는 단어로 통칭될 정도다. 그렇다면, 스트레스는 어디에서 오는 것일까? 한 개인의 심리적 문제 원인은 그 사람의 과거 경험에 크게 영향을 받는다. 과거가 단지 지나간 시간이 아니라 다가올 미래를 빼앗는 시간이 될 수도 있다. 유아기, 아동기를 보내면서 부모와 중요한 타인으로부터 원하는 사랑을 경험하지 못한 경우 심리적인 어려움을 경험하는 경우가 있다. 좌절된 경험에서 제대로 해결하지 못한 감정은 우리의 무의식 안에 숨겨진다. 억압되어 무의식에 숨어있는 감정들은 현재 심리적인 어려움의 원인이 되는 경우가 많다. 과거의 경험에 머물며 힘들어하기보다는 성장하기 위해서 좌절된 과거 경험을 회상하고 무의식 속에 숨겨진 감정을 되찾아야 한다.

좌절도 자산이 될 수 있다. 적당한 좌절은 성장 과정에서 필요하다. 이를 통해 인내심과 문제 해결 능력을 기르고 더 나은 자신으로 발전할 수 있다. 하지만 너무 많은 좌절을 하면 오히려 일어날 힘이 없어지기도 한다. 적당한 좌절은 성장의 원동력이 될 수 있지만, 과도한 좌절은 무력감과 자신감 상실로 이어질 수도 있다. 적당한 좌절이란 사람이 견딜 수 있을 정도의 좌절을 경험하고 견뎌보는 것이다. 또한 적당한 좌절과 이를 극복할 수 있도록 돕는 안전기지 형성은 자존감 형성에 중요한 역할을 한다. 안정적인 관계 속에서 적당한 좌절을 경험하며 극복할 때, 사람은 스스로에 대한 신뢰와 자신감을 쌓아가게 된다. <활동 1-23>, <활동 1-24>를 통해 나의 스트레스에 대해 탐색해보자.

활동 1-23 / 스트레스 이해

1. 나에게 무엇이 더 스트레스인가? 내가 느끼는 스트레스 원인을 구체적으로 살펴보고, 가장 큰 영향을 미치는 요소를 탐색해보자.

놀이기구를 타는 것	vs	놀이기구를 타려고 줄 서 있는 것
지속적으로 기다리는 것	vs	열심히 하고 있는데 재촉 받는 것
매일 아침 교통 정체에 있는 것	vs	앞차가 급하게 정지해 추돌한 것
시작 못하는 것	vs	끝내지 못하는 것
과거를 후회하는 것	vs	미래를 걱정하는 것

놀이기구를 타는 것은 신체적 스트레스 반응을 유발하며, 줄을 서는 것은 심리적 스트레스 요인과 관련이 있다. 기다림과 재촉은 예측 가능성과 통제 가능성의 수준에 따라 스트레스 반응이 달라진다. 교통 정체는 지속적인 긴장 상태를 초래하는 만성 스트레스, 갑작스러운 정지나 추돌은 급성 스트레스와 연결된다. 또한, 시작하지 못하는 것과 마무리하지 못하는 상황, 그리고 후회와 걱정은 스트레스가 생명체의 삶에서 근본적으로 피할 수 없는 요소임을 시사한다. 이는 생명체가 끊임없이 미래를 계획하고 과거를 되돌아보는 과정에서 스트레스가 자연스럽게 발생한다는 것을 의미한다. 이러한 상황들은 미완성에 대한 불안, 결과에 대한 책임감, 실패에 대한 두려움 등 다양한 심리적 요인에서 기인하며, 생명체의 생존 본능과 긴밀히 연결되어 있다.

활동 1-24 / 나의 스트레스

1. 내가 가장 많이 받는 스트레스는 무엇인가?

____

2. 내가 자주 겪는 스트레스 증상은 무엇인가?

____

3. 나의 스트레스에 영향을 미치는 요인은 무엇인가?

나의 스트레스 상황	증상	요인(정서, 인지, 행동)

1) 스트레스의 이해

스트레스는 반응으로서의 스트레스, 자극으로서의 스트레스, 자극과 반응을 모두 고려한 상태에서 자극이나 사건에 대한 개인의 지각과 평가를 강조한다. 스트레스는 큰 사건이 아닌 사소하고 일상적인 일이며, 사람마다 다르게 해석하기도 하고, 다양한 주변 환경에 많은 영향을 받는다. 또한 나 스스로 스트레스를 만들어내기도 한다.

우리는 스트레스를 받으면 좌절, 갈등, 압력, 변화 등 다양한 반응을 경험하게 된다. 좌절은 목표를 추구하는 것이 방해받는 상황에서 일어난다. 갈등은 두 개 이상의 대립된 가치나 목표 사이에 선택을 해야 하는 상황에서 발생하는 심리적 어려움을 의미한다. 이는 개인이 어떤 결정을 내리거나 행동을 취해야 할 때 서로 상반되는 욕구나 필요 사이에서 고민할 때 나타난다. 갈등의 유형에는 접근–접근 갈등, 접근–회피 갈등, 회피–회피 갈등이 있다.

접근–접근 갈등은 두 가지 모두 긍정적이고 매력적인 선택지 사이에서 발생한다. 예를 들어, 두 가지 모두 흥미롭고 유익한 활동 중 하나를 선택해야 할 때 생기는 갈등이다. 각각의 선택지가 모두 매력적이기 때문에 하나를 선택하는 것이 어려워지고, 그로 인해 심리적 갈등이 발생한다. 예를 들어, 두 가지 훌륭한 직업 제안 중 하나를 선택해야 하는 상황이 접근–접근 갈등이다. 접근–회피 갈등은 하나의 선택지가 긍정적인 측면과 부정적인 측면을 동시에 가지고 있을 때 발생한다. 즉, 어떤 행동을 취하고 싶지만 그 행동에는 동시에 바람직하지 않은 결과가 따를 수 있는 경우이다. 예를 들어, 새로운 도전적인 직업을 선택하고 싶지만, 그로 인해 현재의 안정된 생활을 포기해야 할 때의 갈등이 이에 해당한다. 이 갈등은 욕구와 두려움 사이에서의 심리적 압박을 유발한다. 회피–회피 갈등은 두 가지 모두 피하고 싶은 선택지 사이에서 발생한다. 즉, 두 가지 모두 불쾌하거나 고통스러운 선택지 중 하나를 선택해야 할 때 나타난다. 예를 들어, 고된 일을 계속해야 할지 아니면 직장을 그만두고 경제적 어려움을 감수할지를 고민하는 상황이 이에 해당한다. 이 갈등은 무엇을 선택하든지 간에 불만족스러운 결과를 가져올 수 있다는 점에서 매우 스트레스가 크다. 갈등은 일상적인 경험에서 흔히 나타나며, 이러한 갈등의 유형은 개인이 결정을 내리고 삶의 중요한 문제를 해결하는 데 중요한 영향을 미친다. 각각의 갈등 상황에서는 개인이 어떤 결정을 내리느냐에 따라 그 결과와 경험이 크게 달라질 수 있으며, 갈등을 어떻게 해결하느냐에 따라 개인의 심리적 상태와 전반적인 삶의 질에도 영향을 미칠 수 있다. 압력은 개인이 어떤 식으로 행동하기를 바라는 기대나 요구를 말하며 삶의 변화 또한 스트레스를 유발하는 중요한 요인이다.

2) 스트레스 발생의 심리적 과정

스트레스는 일상생활에서 발생하는 다양한 사건과 상황으로부터 시작된다. 예를 들어, 친구들과의 토론이 있을 때, 이 토론 자체가 스트레스를 유발할 수 있는 사건환경적 요인으로 작용할 수 있다. 이 상황에서 사람은 본능적으로 자신의 의견이 받아들여지기를 원하지만 그렇지 않을 경우 스트레스를 경험할 가능성이 높아진다. 사건환경적 요인에 의해 촉발된 스트레스는 종종 비현실적인 기대와 관련이 있다. 예를 들어, 내 생각이 항상 옳다 또는 친구라면 내 생각에 동조해야 한다와 같은 기대는 실제로 일어나기 어려운 경우가 많다. 이런 비현실적 기대를 가지게 되면, 현실에서 이러한 기대가 충족되지 않을 때 스트레스를 경험하게 된다. 비현실적 기대는 인지적 오류로 이어질 수 있다. 흑백논리적 사고나 선택적 여과와 같은 인지적 오류는 특정 상황을 비합리적이거나 왜곡된 방식으로 해석하게 만든다. 예를 들어, 친구가 내 의견에 동의하지 않는다면 그것을 단순히 의견 차이로 받아들이기보다는, 친구가 나를 무시하거나 배척한다고 생각할 수 있다. 이런 인지적 오류는 스트레스를 더욱 심화시킨다. 인지적 오류로 인해 발생한 왜곡된 해석은 과장된 부정적 정서로 이어질 수 있다. 예를 들어, 내 주장이 묵살되었다거나 친구들이 나를 무시했다는 식의 생각이 들게 되면, 사람은 강한 좌절감이나 분노, 슬픔과 같은 부정적인 감정을 느끼게 된다. 이런 감정들은 스트레스 반응을 더욱 심화시키고, 심리적 안정을 해치게 된다. 부정적인 감정을 장기간 억누르면 감정적인 행동이 일어나기 쉽다. 과장된 부정적 정서를 느낀 사람은 이로 인해 스트레스를 해소하거나 상황을 벗어나기 위해 다양한 대처행동을 취하게 된다. 대처행동은 크게 기분전환, 상황회피, 문제해결 등으로 나뉠 수 있다. 기분전환은 일시적으로 스트레스 상황을 잊게 해주는 활동을 하는 것이고, 상황회피는 해당 상황 자체를 피하는 것을 의미한다. 문제해결은 스트레스의 원인이 된 상황을 분석하고 이를 개선하거나 바꾸기 위한 노력을 하는 것이다. 각 대처행동은 개인의 성격, 경험, 그리고 상황에 따라 다르게 나타날 수 있다.

이러한 심리적 과정은 일상생활에서 흔히 경험하는 스트레스의 발생과정을 설명하는 데 유용하다. 각 단계에서 개인이 어떻게 반응하고 대처하느냐에 따라 스트레스의 강도와 지속 시간이 달라질 수 있다. 이러한 과정을 이해함으로써 우리는 스트레스를 보다 효과적으로 관리하고 긍정적인 심리적 상태를 유지하는 데 도움을 받을 수 있다.

3) 스트레스의 대처

모든 문제의 해결은 내 마음이 괜찮아지는 것이다. 스트레스를 완전히 없애는 것이 아니라, 잊어버리는 것이 아니라, 스트레스에 얽매이지 않고 그것으로부터 자유로워지는 것이 중요하다. 즉, 생각과 감정을 그냥 있는 그대로 관찰하고 흘려보내면 된다. 스트레스를 대처하는 방식은 많다. 스트레스를 대처하는 방식에는 크게 적응적 대처와 부적응적 대처로 나눌 수 있다. 부적응적 대처에는 포기하기, 회피하기, 타인에게 표출하기, 쾌락 추구하기, 자신 탓하기 등이 있다. 많은 사람들이 이러한 방법을 자주 사용하지만 이는 부적응적 스트레스 대처 방식으로 단기적인 효과에 그치며, 장기적으로 부작용을 초래할 수 있다. 적응적 대처에는 평가중심적 대처, 문제중심적 대처, 정서중심적 대처 등이 있다. 이 세 가지 대처 방법은 스트레스 상황에 대해 다양한 접근 방식을 제공하며, 상황에 따라 적절한 대처 방법을 선택하여 사용하는 것이 중요하다. 각 방법은 서로 보완적일 수 있으며, 다양한 스트레스 상황에서 효과적인 대처를 위해 적절히 조합하여 활용할 수 있다. <활동 1-25>를 통해 스트레스 대처에 대해 탐색해 보자.

활동 1-25 / 스트레스 대처

스트레스는 감정, 행동, 사고의 패턴을 변화시키는 법을 배움으로써 줄일 수 있다.

1. 내가 많이 사용하는 스트레스의 부적응적 대처는 무엇인가? 그러한 방법들의 문제점은 무엇인가?

나의 스트레스 대처	문제점	대안

2. 스트레스 적응적 대처방법 중 효과가 좋은 것은 어떤 방법인지 탐색해보자.

___

(1) 평가중심적 대처

평가중심적 대처는 스트레스를 유발하는 상황에 대한 개인의 인식과 평가를 변화시키는 데 중점을 둔다. 즉, 스트레스 상황을 어떻게 인식하고 해석하는지를 변화시켜 스트레스의 영향을 줄이려는 접근이다. 평가중심적 대처는 스트레스 상황에 대한 인식을 변화시킴으로써 스트레스의 주관적 영향을 줄일 수 있으며, 스트레스 상황 자체가 아닌 그에 대한 태도와 반응을 조절한다. 평가중심적 대처에는 인지적 재구성, 문제의 의미를 변화시키는 것, 자기 효능감을 향상시키는 방법이 있다. 인지적 재구성은 스트레스 상황을 보다 긍정적이거나 현실적인 시각으로 재구성하여 스트레스의 부정적인 영향을 줄인다. 예를 들어, 실패를 개인적인 결점으로 받아들이기보다는 학습의 기회로 보는 것이다. 문제의 의미 변화는 스트레스 상황의 의미를 바꾸어 자신이 감당할 수 있는 범위 내로 인식하거나, 이 상황에서 배울 점을 찾으려고 노력한다. 자기 효능감 향상이 자신이 상황을 효과적으로 처리할 수 있는 능력이 있다고 믿게 함으로써, 스트레스 상황을 보다 잘 관리할 수 있다.

(2) 문제중심적 대처

문제중심적 대처는 스트레스의 원인이나 문제를 직접적으로 해결하려는 접근이다. 즉, 문제를 분석하고 해결책을 찾아 실행함으로써 스트레스를 감소시키려는 방식이다. 문제 중심적 대처는 문제의 원인을 직접적으로 해결함으로써 스트레스의 근본적인 원인을 제거할 수 있으며, 문제 해결의 과정에서 자신감을 얻을 수 있다. 문제중심적 대처는 문제 원인 파악, 정보 수집, 계획적 행동 등의 과정을 거친다. 문제 해결은 스트레스의 원인을 파악하고, 이를 해결하기 위한 구체적인 계획을 세우고 실행하는 것이다. 예를 들어, 업무에서 과중한 일을 처리하기 위해 우선순위를 재조정하거나, 필요한 자원을 요청하는 것이다. 정보 수집은 문제 해결을 위해 필요한 정보를 수집하고, 이를 바탕으로 효과적인 해결책을 모색한다. 계획적 행동은 문제를 해결하기 위한 구체적인 단계별 계획을 세우고, 이를 체계적으로 실행한다.

(3) 정서중심적 대처

정서중심적 대처는 스트레스로 인한 감정적 고통을 완화하려는 접근이다. 스트레스 상황 자체를 해결하기보다는 감정적 반응을 조절하거나 완화하는 데 중점을 둔다. 정서중심적 대처는 스트레스 상황에 대한 감정적 반응을 완화함으로써 스트레스를 더 잘 견디고, 감정적 안정감을 찾을 수 있다. 정서중심적 대처에는 감정 표현, 완화 기법, 사회적 지원 등이 있다. 감정 표현은 감정을 솔직하게 표현하고, 이를 통해 감정적 해소를 도모한다. 예를 들어, 친구나 가족과 대화하거나 일기를 쓰는 것 등이다. 스트레스 완화 기법은 이완 훈련, 명상, 심호흡 등을 통해 감정적 스트레스를 완화한다. 사회적 지원은 지지적인 관계를 통해 감정적 지지를 받으며 스트레스를 관리하는 것이다. 친구나 가족의 도움을 받아 감정을 이해하고 지지를 받는다.

Post Test / ALL ABOUT ME

나는?

생물학적 나는?

나의 대인관계(소통)는?

나의 강점은?

나의 정서, 인지, 행동은?

나의 취약점은?

지금 내 인생은 어떤가?

II

나, 우리, 그리고 미래:
청년을 위한 진로 탐색과
성장의 길

“우리”

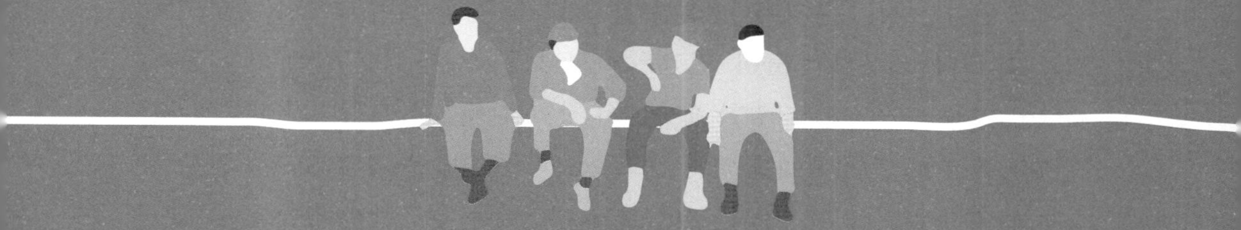

/

인간이 사회적 동물이라는 말은 인간이 본래 사회적 관계 속에서 살아가는 존재임을 의미한다. 다시 말해, 사람은 원래부터 타인과 관계를 맺으며 살아가도록 되어 있다는 것이다. 이는 마치 팬더가 본래 대나무만 먹는 동물이기 때문에 대나무만 먹는 것과 같다. 팬더에게 다른 음식을 먹어보라고 권하는 것이 무의미하듯, 인간의 사회적 성향 역시 타고난 본성으로 볼 수 있다. 많은 사람들이 '인간은 사회적 동물이다'라는 말에 쉽게 동의하는 이유는, 인간이 다양한 모습에서 사회적 특성을 드러내기 때문일 것이다. 실제로, 인간관계를 맺지 않고 살아가는 사람은 거의 없으며 인간관계를 맺지 않거나 맺지 못한 사람들도 내면에는 인간관계 맺기를 원한다는 것에 동의할 수밖에 없을 것이다. 인간의 본질 중 하나가 '사회적 존재'인 만큼, 인간에게 있어서 인간관계는 중요하다.

프로이트(Freud)가 정신적으로 건강한 삶의 두 요소로서 일과 사랑을 언급하였고, 현실치료를 창시한 글래서(Glasser, 2000)가 인간의 기본적 욕구(생존, 사랑, 권력, 자유, 재미)를 설명하면서 이러한 욕구들을 충족시키기 위해서는 타인이 존재해야 하기 때문에 사랑의 욕구가 가장 기본이 된다고 주장하였듯이, 타인과의 인간관계는 우리들의 삶의 만족에 큰 영향을 미친다. 이러한 인간관계와 관련된 요인 중에서 타인을 이해하는 데 있어 대인동기, 대인신념, 대인지각, 대인사고, 대인감정, 대인행동 등의 요인은 대인관계의 현재 상태를 평가하고 앞으로의 대인관계를 예측하는 데에 중요한 정보를 제공한다. 따라서 인간관계의 이론적 측면이 고려되어야 할 필요성이 여기에 있다.

1 대인동기

동기란 인간에게 어떤 행동을 시작하도록 하고, 그 행동을 지속시키며, 특정한 목표를 향하도록 행동의 방향성을 부여하는 마음의 힘을 의미한다. 즉, 어떠한 행동의 목적이나 원인으로 인간을 움직이도록 하는 내적인 원동력이라고 할 수 있다. 결국 우리들이 하는 대부분의 행동들은 나름의 목적과 원인이 존재하며, 이로 인해 발생하는 동기를 충족시키기 위한 것이라고 할 수 있을 것이다. 인간이 행동을 취하도록 동기화시킨다는 점에서 동기는 흔히 요구 또는 욕구(need)라는 개념으로 사용되기도 한다. 이러한 동기의 의미를 생각해 볼 때 대인동기는 인간관계를 시작하도록 이끌고 개인의 사회적 행동의 이유를 설명해주는 개념이라고 볼 수 있다.

1) 동기의 위계적 발달

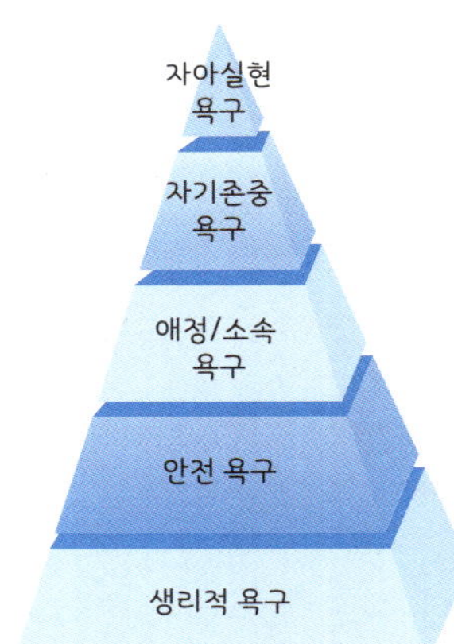

이러한 인간의 행동을 촉발하는 내면적 요인인 동기에 대해서 여러 심리학자들이 그동안 관심을 기울여 왔는데, 그중에서 매슬로우(Maslow, 1943)는 동기의 위계적 발달이론을 제안하였다. 그에 따르면, 인간에게는 생리적 욕구, 안전에 대한 욕구, 소속감과 애정의 욕구,

자기존중의 욕구, 자기실현의 욕구라는 기본적인 다섯 가지 욕구가 존재하며, 이 욕구들은 하위의 욕구가 충족이 되어야 상위 욕구가 발현되는 위계적 관계에 있다. 가장 하위에 해당하는 생리적 욕구는 물, 음식, 수면과 같이 우리가 생존하기 위해 필요한 가장 기본적인 동기를 말한다. 안전에 대한 욕구는 질서 있고 안정적이며 예측 가능한 환경, 즉 편안한 안식처에 대한 욕구를 의미한다. 소속감과 애정에 대한 욕구는 다른 사람과 친밀한 관계를 맺기 원하며 의미 있는 특별한 집단에 소속되기를 갈망하는 욕구이다. 자기존중의 욕구는 자신이 가치 있는 존재라는 것을 자기 자신과 타인으로부터 인정을 받기 원하는 욕구이다. 가장 최상위에 있는 욕구인 자기실현의 욕구는 지금보다 더 나은 사람이 되고 싶은 성장욕구로서 지적인 욕구, 심미적 욕구, 잠재력 발현의 욕구를 의미한다.

매슬로우는 이와 같이 인간이 가지고 있는 기본적인 다섯 가지의 동기를 위계적으로 구분하여 설명하면서 하위의 동기가 충족되지 않으면, 상위의 동기가 발현되기 어렵다고 하였다. 예를 들어, 학업의 고유한 목적(지적인 욕구)인 자기실현의 동기가 발현되기 위해서 그 하위의 욕구들이 충분히 충족되어야 하는데, 수면부족(생리적 욕구)을 겪고 있거나, 가정불화로 집이 안전한 환경으로서의 역할을 하지 못하거나(안전욕구), 교우관계에서 심각한 갈등을 겪으면서 외톨이가 되어 있거나(소속감의 욕구), 부모나 교사로부터 충분히 존중받지 못한다(존중욕구)고 느끼고 있다면 자기실현의 욕구로서의 학업에 대한 동기화가 이루어지기는 어려울 것이다. 이처럼 인간의 동기는 서로 위계적인 관계를 지니며 상위의 동기로의 발달은 하위 동기의 충족을 전제로 이루어진다.

2) 대인동기의 종류

매슬로우(Maslow) 이외에도 많은 연구자들은 인간 동기의 다양한 측면들을 확인하고자 연구하여 왔다. 인간의 다양한 동기들에는 유기체로서의 생존을 위한 동기, 쾌락을 추구하는 동기, 부정적인 것을 회피하려는 동기, 성적인 동기, 친밀한 관계를 형성하려는 동기, 권력을 쟁취하고자 하는 동기, 타인에게 의존하려는 동기, 자아존중감의 동기 등이 있다(Argyle & Henderson, 1984). 이 중에서 인간의 사회적 행동을 유발하며 다른 사람과의 관계를 매개로 하는 동기를 대인동기라고 한다. 대인동기는 대인관계의 구조에 있어서 인간관계를 형성하려는 행동을 불러일으키고 대인관계의 목표를 결정하게 하며, 관계목표를 위한 사회적 행동을 지속하게 한다. 인간관계에 임하는 개인의 내면적인 욕구인 대인동기는 사람마다 중요시하는 종류가 다르며, 개인 내에서도 이러한 다양한 대인동기들에 대한 충족욕구가 다르다. 인간의 주요한 대인동기의 종류는 다음과 같다.

(1) 생물학적 동기

생존에 필요한 의식주를 해결하기 위해서 인간관계를 형성하고 유지하려는 동기이다. 타인과의 협동 또는 타인을 이용함을 통해 기본적 생존의 요건을 충족시키는 것이 용이하다고 판단하기 때문에 발생한다.

(2) 의존동기

다른 사람에게 의지하고 보호받으려는 동기이다. 인간은 홀로 생존하기 어려운 상태로 태어나는 존재이다. 따라서 기본적으로 발달 초기에는 타인에게 의지하려는 본능을 지니고 있다.

(3) 친화동기

인간은 자신을 둘러싸고 있는 타인들과 친밀한 관계를 맺고자 하는 동기를 가지고 있다. 이러한 사회적 관계를 통해 지지집단을 형성하고 사회적 정보(자신과 타인의 비교 등)를 획득하기도 한다. 친화동기는 대등한 관계에서 친밀함을 추구하려는 데 반해, 의존동기는 자신보다 우월한 타인에게 의존하려는 동기라는 측면에서 서로 구분된다.

(4) 지배동기

타인의 행동이나 사회적 관계를 통제하고 조종하려는 동기이다. 이는 인간사회의 위계적 권력구조에서 상위로 나아가려고 하는 권력욕구와 일맥상통하는 측면이 있다. 이러한 지배동기는 부모-자녀관계, 선후배관계, 연인관계, 정치적 관계 등 다양한 인간관계에서 나타난다.

(5) 성적동기

일반적으로 연인관계에 큰 영향을 주는 동기이다. 이것은 종족을 보존하려는 생물학적 본능과도 연관이 있으며, 성적인 쾌락 또는 성적 관계를 통한 친밀감을 추구하면서 나타나는 타인에 대한 구애행동과 관심 등을 유발하는 동기이다.

(6) 자아존중감의 동기

자아존중감의 동기는 자기 자신이 가치 있는 존재이며 자신이 할 수 있는 능력이 사회적으로 유의미한 것임을 확인받고자 하는 동기이다. 이것은 다른 사람들로부터의 긍정적 반응과 평가를 바탕으로 충족되어 간다.

(7) 자아정체감의 동기

사회적 관계에서 자신만의 독특성 및 일관성을 확인하여 명료한 자기개념을 확립하려는 동기이다. 이러한 동기를 충족시키기 위해서 인간은 다양한 행동을 시도하고 다양한 자극을 추구하기도 한다.

3) 부적응적인 대인동기와 인간관계

지배동기가 지나치게 강하여 자녀나 연인을 과도하게 통제하려 하거나 친화동기가 지나치게 부족하여 스스로 사회적 관계에서 고립되는 것처럼 특정 대인동기가 지나치게 강하거나 약한 것은 인간관계에서 부적응적일 수 있다. 한편 모든 사람이 자신을 좋아하고 인정해야 한다는 생각을 가지거나 친구를 사귀고 싶어 하면서 자기 이야기만 하는 등의 비현실적이고 부적응적인 대인동기와 방법을 가지고 있는 경우도 인간관계에서 만족스럽지 못한 상황을 초래할 가능성이 크다. 따라서 부적응적인 대인동기를 개선하기 위해서는 첫째, 인간관계와 관련된 자신의 주요 동기가 무엇인지를 확인해야 한다. 둘째, 확인된 자신의 대인동기가 지나치게 강하거나 약한지를 판단하는 것이 필요하다. 이것은 인간관계에서 자신 때문에 타인이 불편감을 호소하거나 자기 스스로 만족감을 충족시키지 못하고 있는지 여부로 알 수 있다. 셋째, 자신의 대인동기를 충족시키고자 활용하고 있는 행동화의 방법이나 생각이 적절한 것인지를 확인해야 한다. 예를 들어, 자아정체감의 동기를 가지고 있으면서 아무런 시도도 하지 않고 있다면 자아정체감의 동기를 충족시키기 위한 행동이 적절하지 못하다고 볼 수 있다.

활동 2-1 / 나의 대인동기

1. 현재 내가 사람들을 만나고 관계를 형성 및 유지하는 주된 이유는 무엇인가? 이와 관련한 에피소드와 함께 적어보자.

2 대인신념

신념이란 개인이 옳다고 믿는 지식이나 믿음을 의미한다. 이러한 신념은 개인이 자신의 행동을 결정하고 타인의 행동을 판단하는 기준으로서의 역할을 하기 때문에 매우 중요하다. 다시 말해, 우리는 의식하든 의식하지 못하든 종교적 신념, 정치적 신념, 학문적 신념 등의 다양한 신념을 바탕으로 행동하고 있는 것이다. 이와 같은 신념의 의미를 생각해 볼 때, 대인신념이란 개인이 인간관계와 관련하여 가지고 있는 자신과 타인에 대한 지식이나 믿음이라고 볼 수 있으며, 타인과의 관계를 형성하고 유지하는 데에 있어서 커다란 영향을 미치는 심리적 요인이라고 할 수 있다.

1) 자기에 대한 신념

자신에 대한 신념은 '나는 누구인가?'라는 물음에 대한 자기 자신의 관점이나 인식을 의미하며, 자기개념(self-concept)이라고도 일컫는다. 자신이 어떤 사람인지를 스스로를 인식하는 자기개념은 인간관계에서 중요한 대인신념이라고 할 수 있다. 왜냐하면 자신이 어떤 사람인지를 이해해야 타인을 온전하게 지각할 수 있으며 진솔한 자신을 사회적으로 표현할 수 있기 때문이다. '너 자신을 알라'는 우리가 익히 들어본 바 있는 고대 그리스의 격언이 있다. 여기에는 타인을 이해하기에 앞서 먼저 자기 자신을 온전히 안다는 것이 매우 중요하다는 의미가 담겨져 있다. 많은 사람들이 자기 자신을 다 안다고 생각하지만, 실제로는 자기 자신을 온전히 알지 못하거나 알려고 하지 않는 사람들이 많다.

인간관계에 있어서 자기개념이 중요한 이유를 보다 구체적으로 살펴보면 두 가지 정도로 정리할 수 있다. 첫째, 자기개념은 우리가 세상을 바라보고 이해하는 인식의 틀(schema)의 역할을 한다. 우리는 우리가 가지고 있는 인식의 틀에 부합하는 정보와 자극은 쉽게 인정하지만 그렇지 않은 정보는 외면하거나 왜곡하는 경향성이 있다. 예를 들어, 자신은 매우 불성실하다는 자기개념을 가지고 있다면, 성실함이 요구되는 활동을 피하려 하거나 타인이 성실하다는 피드백을 주더라도 이를 받아들이지 못하고 상대방이 자신을 잘 모른다고 판단할 가능성이 크다. 그러나 인식의 틀이 지나치게 경직되지 않고 유연하다면 우리는 타인으로부터 얻게 되는 정보들을 유용하게 활용할 수 있다. 예를 들어, 공부를 하는 학습활동에 있어서는 자꾸 미루는 행동을 하는 등의 불성실한 모습을 가지고 있지만 운동을 하는 등의 신체활동에 있어서는 매우 성실하고 꾸준히 해내는 모습을 가지고 있다면, '나는 모든 면에서 불성실하다'는 자기개념을 수정하여 학습활동과 신체활동을 구분지어 자기를 이해할 수 있게 되고, 이러한 방식으로 자기개념은 점점 확장되고 세분화될 수 있을 것이다.

둘째, 자기개념은 자신의 미래 행동의 방향을 결정하는 참조근거가 되기도 한다. 우리는 과거의 경험, 현재의 모습, 그리고 미래에 대한 기대를 바탕으로 미래의 자기와 관련된 사회적 관계를 형성하면서 정보를 수집하고 자기의 역할모델이 될 수 있는 사람에게 관심을 갖게 된다. 예를 들어, 유명한 가수가 되고 싶어 하는 사람은 과거에 노래를 부르면서 사람들에게 인정받고 주목받았던 경험과 현재 노래를 즐기는 자신의 모습, 그리고 가수로서 성공했을 때의 자기 모습을 기대하면서 가수가 되기 위한 다양한 음악계의 사람들과 교류하면서 정보를 얻고 좋아하는 가수를 역할모델로 삼는 등의 노력을 하게 될 것이다. 이와 같은 과정을 통해 우리는 미래에 대한 목표를 세우고 이를 이루기 위해 노력하는 행동들을 하게 된다.

2) 타인에 대한 신념

인간은 자신의 경험과 습득한 정보를 바탕으로 인간의 근본적 성향에 대해 나름의 평가를 내린다. 예를 들면, 태어나서 처음 만나게 되는 세상인 부모부터 시작해서 주변의 사람들에게 따뜻한 애정과 관심을 별로 받아 본 적이 없는 사람은 인간을 신뢰롭거나 긍정적인 존재로 판단하기 어려울 것이다. 또한 우리는 학력, 연령, 사회경제적 계층, 출신지역, 인종 등에 따라 집단을 구분하게 되고 집단에 대한 특정한 관점을 유지하기도 한다. 이러한 인간 본성에 대한 판단과 특정한 집단에 대한 선입견은 일종의 대인신념으로 작용하여 우리의 인간관계에 영향을 미친다. 따라서 자기에 대한 신념과 마찬가지로 자신이 이미 가지고 있는 타인에 대한 신념에 부합하는 정보만을 수용하고 그렇지 않은 정보는 간과하거나 부인하려 한다면 이것은 우리의 대인관계에 부정적인 영향을 끼치게 될 것이다. 그러므로 타인에 대해 내가 어떤 신념을 가지고 있는지를 정확하게 이해하는 것은 우리의 대인관계를 진실하게 하는 데 매우 중요하다.

(1) 인간에 대한 신념

우리는 타인을 바라볼 때 기본적으로 '인간이란 무엇인가?'라는 인간에 대한 신념에 근거하여 타인의 행동과 특성을 판단한다. 인간은 본래 악한 존재인가 또는 선한 존재인가에서부터 시작하여 다양한 인간에 대한 신념을 바탕으로 타인의 행동을 해석하고 예측하며 관계를 형성한다. 가령 인간은 기본적으로 '선하다/ 신뢰롭다/ 합리적이다/ 이타적이다' 등의 인간에 대한 긍정적 신념을 가지고 있다면 대인관계에서 우리의 행동은 타인에 대해 호의적이고 접근적인 태도를 보이게 될 것이며 타인의 행동에 대해서 가능한 긍정적인 해석을 하려는 경향을 보인다. 그러나 반대로 인간은 기본적으로 '악하다/ 이기적이다/ 믿을 수 없다/ 불안정하다' 등의 인간에 대한 부정적 신념을 가지고 있다면 대인관계에서 우리의 행동은 타인에 대해 회피적이고 적대적인 태도를 보이게 될 것이며 타인의 행동에 대해서 부정적으로 해석하려는 경향성을 나타낼 가능성이 커진다. 물론 인간에 대한 신념이 모든 면에서 이분법적으로 구분되는 것은 아니며, 무조건 긍정적인 신념만을 가지는 것이 올바른 것이라고 주장할 수도 없을 것이다. 그러나 타인과의 관계에서 인간에 대해 기본적으로 내가 가지고 있는 신념은 무엇이며 이것이 대인관계에 어떤 영향을 주고 있는지에 대해서는 자각할 필요가 있다.

(2) 집단에 대한 신념

우리는 학력, 연령, 성별, 출신지역 등과 같은 다양한 기준을 바탕으로 타인을 범주화하고 범주화된 집단은 유사한 특성을 공유할 것으로 판단하는 경향이 있다. 이것을 우리는 고정관념이라고 부르기도 한다. 예를 들면, '남자는 강인해야 하고, 여자는 고분고분해야 한다'와 같은 생각은 성별에 따른 고정관념이라고 할 수 있다. 고정관념은 대인지각 과정의 일부이지만 타인의 행동을 예측하고 해석하는 과정에 영향을 미치는 대인신념으로도 작용한다. 즉, 우리가 특정한 집단에 대해 가지고 있는 신념은 특정 집단에 속한 사람을 평가하고 그들에게 대응하는 우리의 행동방식에 영향을 미친다. 대인신념으로서 특정한 집단에 대해 가지고 있는 우리의 고정관념은 타인에 대한 객관적인 평가를 방해하는 경직된 사고를 유발하여 상대방을 온전하게 이해하지 못하게 하고 대인관계에 부정적인 영향을 끼친다. 따라서 인간관계에서 특정한 집단에 대해 가지고 있는 자신의 고정관념은 무엇인가를 파악하고 그러한 경직된 사고로부터 벗어나 상대방을 있는 그대로 바라볼 수 있도록 노력해야 할 것이다.

활동 2-2 / 내가 가지고 있는 대인 신념

1. 내가 가진 나에 대한 신념은 무엇인가?

2. 내가 가진 타인에 대한 신념은 무엇인가?

3 대인지각

지각이란 인간의 감각기관을 통해 외부로부터 얻어진 자료의 집합들을 선택하고 해석하여 의미 있는 관념으로 의식하게 되는 것을 말한다. 따라서 지각은 인간의 감각기관을 통하여 감지되기는 하지만 감각보다는 복잡하며 내면의 정보를 의미화하는 과정이라고 할 수 있다. 예를 들어, 글을 모르는 유아에게 노트에 적힌 글자들은 단지 얼룩의 연속에 불과할 뿐이지만 글을 아는 어른에게는 오늘 구매해야 할 상품의 목록이 된다. 즉, 같은 감각적 정보라 하더라도 정보의 의미는 그것을 지각하는 사람이나 상황에 따라 다르다. 오른쪽의 시각적 자극은 그 자극정보를 받아들인 사람이 오른쪽에서 왼쪽으로 읽었다면 가운데에 있는 것은 숫자 '13'으로 지각될 것이고, 그 자극정보를 위에서 아래로 읽었다면 알파벳 'B'로 지각될 것이다. 이와 같이 감각기관으로부터 얻어진 같은 자극정보라고 하더라도 그것을 지각하는 사람의 선택, 성향, 경험, 지각하는 맥락 등에 따라서 지각은 달라질 수 있다. 이러한 지각이 타인에 대한 이해와 관련될 때 이것을 대인지각이라고 한다.

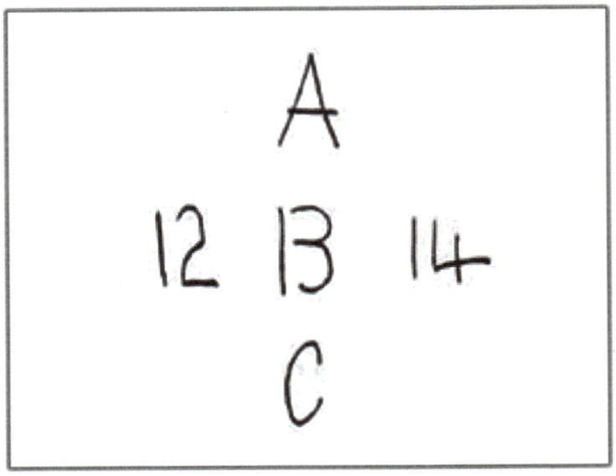

1) 인상형성

인간관계는 일반적으로 관찰 가능한 몇 가지의 정보와 상대방에 대한 타인들의 이야기 등을 바탕으로 상대방을 나름대로 의미화하고 추측하는 대인지각으로부터 시작된다. 이러한 대인지각 과정으로터 형성된 상대방에 대한 느낌 또는 의미들을 우리는 보통 인상(impression)이라고 한다. 예컨대 '차가워 보인다', '진실해보인다', '특이한 것 같다' 등의 타인에 대한 인상이 우리에게 형성된다. 이렇게 한번 형성된 인상은 잘 바뀌지도 않거니와 상대방에 대한 나의 행동에 영향을 미치게 되므로 인간관계에서 상당히 중요하다. 이러한 인상이 형성되는 과정은 보통 상대방의 존재를 인식하는 주목단계, 상대방에 대한 정보를 나의 경험과 지식에 근거하여 의미를 재구조화하는 조직화 단계, 시간을 두고 알게 된 상대방의 다양한 특성들을 통합하여 상대방에 대한 종합적 인상을 형성하는 통합단계로 구분해 볼 수 있다.

(1) 주목단계

우리는 사회생활을 하면서 수많은 사람들을 만나지만 어떤 이는 나의 시선을 끌지 못하고 스쳐 지나가고 어떤 사람은 의미 있는 사람으로 나의 주목을 받게 된다. 누구를 주목할 것인지에 영향을 주는 것으로는 신체적 매력, 언행, 독특한 비언어적 단서들이 있을 것이다. 주목단계에서는 피상적 수준의 접촉이 이루어지며 인간관계를 형성하기 위한 행동들이 나타난다. 그래서 우리는 누군가를 처음 만나는 자리에서 상대방에게 주목을 받고 좋은 첫인상을 남기기 위해 외모를 꾸미거나, 예의를 갖추어 이야기하거나, 기억에 남을 만한 행동들을 하는 경향이 있다.

(2) 조직화 단계

우리는 누군가를 만나고 알아갈 때 나 자신의 과거경험과 지식을 바탕으로 상대로부터 받아들인 정보를 서로 묶어 조직화하기 시작한다. 이러한 조직화의 과정에서 우리는 상대를 의미 있는 형태로 의식하기 위하여 다른 내용을 첨가하거나 의미화에 방해가 되는 요소는 축소하는 경향성을 나타낸다. 그런데 첨가와 축소의 조직화 과정은 기존의 나의 경험이나 지식을 토대로 한 것이기 때문에 상대방에 대한 왜곡된 판단을 내릴 가능성을 높일 수 있다. 예를 들어, 최근에 알게 된 상대방이 어떤 환경단체에 10만 원을 기부했다는 것을 내가 알게 되었다면, 나는 그를 이타적이라고 평가할 것인가? 아니면 그가 다른 사람에 잘 보이려고 기부행위를 하는 것이라고 생각할 것인가? 또는 운동권이라고 판단할 것인가? 그가 한 기부행위에 대해서 어떤 식으로 평가하든 그것은 나의 과거경험과 내가 가지고 있는 지식의 수준에 근거할 가능성이 큰 것이다. 그렇기 때문에 우리는 상대방의 어떤 행동을 이해하려 할 때, 내가 무엇에 근거해서 그 행동을 해석하며, 또 그 해석과정에서 발생할 수 있는 왜곡은 무엇인가를 주의 깊게 살피려는 노력을 해야 한다.

(3) 통합단계

인간관계가 지속되면, 우리는 상대에 대한 더욱 많은 정보들을 알게 되는데 이러한 정보들은 상대에 대한 우리의 인상에 개별적으로 영향을 주기보다는 통합된 하나의 인상을 형성하도록 하는 경향이 있다. 다시 말해, 어떤 이가 수업시간에 늦지 않고 꼬박꼬박 출석하면서 친구들에게 친절하고 다양한 동아리 활동을 하고 기숙사에서 생활하고 있다는 정보들을 알게 되어도, 그에 대해 떠올릴 때 이러한 정보를 하나하나 기억하기보다는 '호감이 가는 성실한 친구'라는 통합적 인상을 갖게 된다. 이러한 정보들이 하나의 인상으로 통합되는 방식은 합산과 평균원리에 의해 설명되기도 한다(Anderson, 1965). 이것은 타인을 하나의 인상으로 통합하는 데 있어서 정보들을 기계적으로 합산하여 인상을 형성하는 것과 정보의 가치를 활용된 정보의 숫자로 나누어 그 평균치로 인상을 형성하는 경우가 있다는 것을 의미한다.

2) 대인지각에서 발생하는 오류

앞서 언급한 것처럼 지각은 지각하는 사람의 선택, 성향, 과거경험, 지각하는 상황 등의 다양한 요인에 의해 영향을 받는다. 따라서 우리는 상대방을 가능한 정확하게 알고 싶지만 때로는 제한된 정보로 타인을 지각하는 데 한계가 존재하기 때문에 대인지각에서 오류가 발생할 수 있다. 여기에서는 대인지각의 과정에서 발생할 수 있는 대표적인 오류들을 살펴보도록 하겠다.

(1) 상동적 태도(Stereo Typing)

상동적 태도는 경직된 사고방식에 의해 형성된 기준을 가지고 타인을 평가하는 오류이다. 다시 말해, 과거의 경험이나 학습에 의해 형성된 어떤 인식을 비슷한 사람이나 집단에게 적용하여 평가하는 것이라고 볼 수 있다. 그래서 일반적으로는 고정관념이라는 의미로 해석할 수 있다. 예를 들면, 성별, 연령, 출신지역, 종교 등에 따라 형성된 경직된 편견을 가지고 타인을 지각한다면 이것을 상동적 태도에 따른 오류라고 할 수 있다.

(2) 일관성 효과(Consistency Effect)

타인에 대한 부분적인 정보만을 가지고 있음에도, 타인에 관한 평가에서 일관성을 유지하려는 대인지각 과정에서의 경향을 일관성 효과라고 한다. 예를 들면, 상대방에 대해서 신체적 매력과 관련한 긍정적인 인상을 형성하고 나면, 신체적 매력과 무관한 성격이나 지적 능력까지도 긍정적으로 평가하려는 경향성을 나타낸다. 또는 이와 반대로 공부를 잘하지 못하는 것에 대해서 부정적 인상을 형성하고 나면, 학업과는 무관한 생활태도에 대해서도 부정적으로 평가하려는 경향성을 나타내는데 이것은 일관성 효과 때문이다.

(3) 유사성 가정(Assumed Similarity)

다른 사람이 자신과 유사한 태도를 가진다고 생각하는 경향을 유사성 가정이라고 한다. 이러한 유사성 가정의 결과, 타인을 이해할 때 자신과 유사한 성향을 가지고 있거나 자신이 중요하다고 생각하는 기준을 충족하는 사람들을 더 호의적으로 평가하는 경향성을 나타낸다. 예를 들면, 성실함을 중요하게 여기는 성실한 사람은 타인을 볼 때 성실한 사람과 불성실한 사람으로 구분하여 지각하는 경향을 보인다.

(4) 대비효과(Contrast Effect)

지금 상대하고 있는 사람을 독립적으로 평가하지 않고 최근에 상호작용한 자극이나 사람과 비교하여 과소평가 혹은 과대평가하는 오류를 말한다. 예를 들어, 공직자 청문회에서 많은 실수와 탈법을 저지른 사람들을 계속해서 보다가, 상대적으로 흠결이 적은 사람을 보면, 흠결이 있음에도 그 사람을 훌륭한 사람으로 과대평가할 수 있다.

(5) 투사(Projection)

바람직하거나 바람직하지 못한 자신의 감정이나 특성을 타인에게 전가하는 오류를 말한다. 예를 들면, 내가 상대방을 질투하거나 미워하면서 상대방이 자신을 싫어하는 것이라고 판단하거나, 스스로 정직하지 못한 사람은 남도 정직하지 않다고 간주하는 오류이다.

3) 대인지각의 한계와 인간관계

타인을 정확하게 이해하고 적응적 인간관계를 형성하기 위해서는 대인지각의 한계를 자각하여, 타인을 왜곡하여 지각하는 오류를 최소화하려는 노력이 필요하다. 우리는 인간관계에서 많은 정보를 받아들이기도 하지만 그중에서 많은 정보들이 무시되기도 하며, 아직 수집되지 못한 정보도 많다. 그렇기 때문에 우리의 인간관계는 기본적으로 불완전한 지각을 토대로 형성되고 있음을 자각할 필요가 있다. 즉, 내가 파악한 상대와 있는 그대로의 상대가 같지 않으며, 상대가 알고 있는 나와 내가 아는 나의 모습이 다르며, 어떤 특정 상황에 대한 나의 이해와 상대의 이해가 같지 않을 가능성은 인간관계에서 늘 상존한다. 따라서 이와 같은 대인지각의 한계를 극복하고 적응적 인간관계를 형성하고 유지하기 위해서 우리가 염두에 두어야 할 교훈은 다음과 같다. 첫째, 나와 상대의 차이를 인정해야 한다. 둘째, 나의 생각과 경험이 항상 정확하거나 바른 것은 아니다. 셋째, 편견에 빠지지 않고 상대를 이해하기 위해서 진솔한 대화가 필요하다.

활동 2-3 / 대인지각 오류 경험

첫인상으로 누군가를 오해했던 경험과 첫인상 때문에 내가 오해받았던 경험을 한 가지씩 적어보자.

1) 첫인상으로 타인을 오해했던 경험:

2) 첫인상 때문에 내가 오해받았던 경험:

4 대인사고, 대인감정, 대인행동

1) 대인사고의 정의

대인사고는 인간관계에서 타인의 행동이나 상황의 의미를 해석하고 판단하는 심리적 과정을 말한다. 이는 단순히 외부의 정보를 받아들이는 대인지각을 넘어 보다 복잡하고 상위 수준의 인지적 기능을 포함한다. 대인사고는 대인관계의 본질을 이해하고 적절한 감정과 행동으로 이어지는 중요한 기초가 된다.

2) 대인사고의 두 가지 주요 과정

대인사고는 크게 의미추론 과정과 의미평가 과정으로 나눌 수 있다.

(1) 의미추론 과정

의미추론은 대인관계에서 발생한 사건이나 타인의 행동이 무엇을 의미하는지를 추측하는 단계이다. 이 과정에서 도출된 해석은 정확할 수도 있고 왜곡될 수도 있다.

특징: 사건의 배경, 상대방의 행동, 상황적 맥락 등을 종합하여 의미를 해석한다.
주관적인 해석이므로 다양한 결과로 나타날 수 있다.

예시: 상대방이 문자메시지에 답하지 않을 대

"그가 바쁘구나" (중립적 추론)

"나를 중요하게 생각하지 않는구나" (부정적 추론)

(2) 의미평가 과정

의미평가는 추론된 결과를 가치나 선악의 기준으로 판단하는 단계이다. 이 과정에서 감정이 형성되고, 이후 행동으로 이어지는 심리적 기초가 마련된다.

특징: 자신의 신념과 가치관에 따라 같은 사건도 다르게 평가된다.
대인사고의 의미평가는 결과적인 정서를 결정짓는 중요한 요인이다.

예시: "나를 중요하게 생각하지 않다니 이것은 나를 무시하는 것이다" (부정적 평가)

"바쁘다 보면 깜빡할 수도 있다. 괜찮다. 그럴 수 있다" (중립적 평가)

3) 역기능적 대인사고의 극복

대인사고는 때로 왜곡되거나 나에게 도움이 되지 않는 방식으로 이어질 수 있다. 이러한 역기능적 대인사고는 인간관계에 부정적인 영향을 미친다. 따라서 역기능적 대인사고를 극복하기 위한 방법을 숙지할 필요가 있다.

- 객관적 사고 훈련: 사실과 해석을 분리하여 그 사실에 근거한 다양한 해석을 확인해 본다.
- 자기이해 증진: 자신의 대인신념과 심리적 상태를 파악한다.
- 타인의 입장에서 생각해보기: 상대방의 상황과 전체적인 맥락을 고려한다.

대인사고는 인간관계의 기본적인 심리적 과정으로 대인감정과 대인행동의 근간이 된다. 이를 잘 이해하고 활용하면 건강한 인간관계를 형성하고 유지하는 데 도움이 된다. 대인사고의 왜곡을 극복하는 것은 더 나은 대인관계로 나아가기 위한 핵심적인 요소이다.

4) 대인사고가 대인감정과 대인행동에 미치는 영향

대인사고는 대인감정과 대인행동으로 연결된다. 그만큼 기능적인 대인사고는 적응적인 대인감정과 대인행동에 결정적인 영향을 미친다.

(1) 대인감정

대인사고의 결과, 특히 의미평가의 결과로 형성된 감정은 신체적·생리적 반응을 수반하며 즉각적으로 얼굴 표정이나 행동으로 나타날 수 있다. 긍정적 사고는 유쾌한 감정을, 부정적 사고는 불쾌한 감정을 유발한다.

(2) 대인행동

감정은 행동으로 이어지며, 대인행동의 유형은 상황적 요인과 성격적 요인의 영향을 받는다.

- 즉각적 행동: 감정에 따라 즉시 표현되는 반응
- 숙고된 행동: 상황을 고려하여 조정된 반응

예를 들어, 상대가 무례한 말투를 썼을 때, 즉각적으로 분노를 표현하거나, 상황을 고려해 침착하게 대처할 수 있다. 대인사고가 잘 조율되지 않으면 충동적이고 부적절한 행동으로 이어질 수 있다.

활동 2-4 / 대인사고의 과정 분석해보기

1) 최근 경험한 대인관계 에피소드를 떠올리고, 그 사건과 관련된 자신의 의미추론과 의미평가의 과정을 분석해보자.

2) 위의 동일한 상황을 다른 관점으로 해석한다면 어떤 감정과 행동으로 이어질지 추론하여보자.

5 좋은 인간관계

1) 좋은 인간관계의 의미

사람들은 누구나 다른 사람과 좋은 관계를 맺기를 원한다. 인간관계를 기피하는 행동을 하는 사람도 있는데 알고 보면 그런 사람일수록 좋은 인간관계를 더욱 갈망한다. '인간은 사회적 동물이다'라는 아리스토텔레스의 말처럼 인간은 원래 사회적 관계 속에 살아가는 존재이다. 그러므로 진정으로 인간관계를 맺기를 싫어하는 사람은 없다.

사람들이 좋은 인간관계 속에서 살아가고자 하는 것은 '좋은' 인간관계가 여러모로 '좋기' 때문이다. 어떤 인간관계가 '좋은' 인간관계이며 좋은 인간관계가 어떻게 좋은가에 대해서는 개인마다 의견이 다를 수 있다. 이렇게 개인마다 다를 수 있는 좋은 인간관계를 보는 관점을 좀 더 일반화해서 살펴보면 좋은 인간관계를 위한 노력들을 탐색하는 데 도움이 될 것이다.

좋은 인간관계란 어떤 의미인가? 이를 알아보기 위해 우선 인간관계의 의미부터 생각해보자. 각 사전에서는 인간관계라는 말을 어떻게 풀이하고 있는가. 국립국어원 표준국어대사전(2024)에서는 인간관계를 '인간과 인간, 또는 인간과 집단과의 관계를 통틀어 이르는 말'로 풀이하고 있다. 간호학대사전(1996)에서는 '인간 상호 간에 있어서 본성이나 직접적 접촉에 의해 자연발생적으로 형성되어 지속적으로 유지되는 내면적·감정적인 인간 대 인간의 관계'라고 풀이하고 있다. 드산백과사전(2015)에서는 '사람과 사람과의 인격적인 관계, 특히 경영조직 내부에서의 비공식적인 인간관계의 총칭'이라고 말하고 있다.

위의 사전적 의미들을 바탕으로 '인간관계'라는 말이 내포하고 있는 중요한 요소들은 다음과 같이 정리해 볼 수 있겠다. 인간과 인간, 인간과 집단, 지속적, 내면적, 감정적, 본성, 직접적 접촉, 내면적, 감정적, 현실적, 인간적, 인격적, 비공식적. 이를 바탕으로 볼 때 '인간관계는 인간과 인간 사이의 본성이나 직접적 접촉을 통해 지속적으로 이루어지는 개인적·인간적·인격적·정서적·내면적·현실적인 관계'라고 정리할 수 있겠다. 좀 더 간략하게 정리하면 '인간관계는 인간과 인간 사이의 접촉을 통해 이루어지는 심리적이면서 현실적인 관계'라고 할 수 있다.

그럼 '좋은 인간관계'란 무엇일까? 이 질문에 선뜻 답하기는 어렵다. 본인이 좋은 관계라고 생각하면 그것이 좋은 관계인가? 아니면 상대방과 본인이 모두 좋은 관계라고 생각하는 관계여야 하는가? 표준국어대사전에는 '좋다'는 말을 '대상의 성질이나 내용 따위가 보통 이상의 수준이어서 만족할 만하다'라고 풀이하고 있다. 이 말에 따른다면 좋은 인간관계란 만족할 만한 인간관계라고 정리할 수 있겠다. 그런데 인간관계는 사람들 사이의 관계이므로 '좋은 인간관계는 인간관계에 참여하는 당사자가 모두 만족하는 인간관계'라고 할 수 있겠다. 그런데 여기서 하나 더 생각해야 할 것은 좋은 인간관계란 미시적으로 모두 만족할 뿐만 아니라 좀 더 거시적으로도 만족이 예상되는 관계여야 한다는 것이다. 미시적으로는 만족스럽지만, 거시적으로 볼 때 불만이 예상된다면 그것은 진정한 의미의 좋은 인간관계라 보기 어렵다. 예를 들어, 당장은 서로 만족스럽더라도, 나중에 주변 사람들과의 갈등이나 서로의 진로 문제를 야기한다면, 그 관계는 진짜로 좋은 인간관계라고 말하기 어려울 것이다.

활동 2-5 / 내가 생각하는 좋은 인간관계의 의미

1. 내가 생각하는 좋은 인간관계란 무엇인지 구체적인 에피소드와 함께 적어보자.

2) 나의 인간관계

우리가 아무리 좋은 인간관계가 무엇인가에 대해 이론적으로 잘 알고 있다 하더라도 그것이 정작 자신의 인간관계를 좋게 하지 못한다면 아무 소용이 없다. 우리의 모든 활동은 자신의 삶을 더 개선하고 개량할 때 의미가 있다. 그러기 위해서는 알게 된 내용이 무엇이든 자신의 삶에 끌고 들어와 적용할 수 있어야 한다. 이제 나는 어떤 사람과 어떤 좋은 관계를 맺고 있는지 살펴보자.

활동 2-6 / 나의 인간관계 탐색하기

1. 자신이 좋은 관계로 지내는 사람 3명의 이름을 적어보자.

①

②

③

2. 그중에서 가장 좋은 관계로 지낸다고 생각하는 한 사람을 골라보자.

3. 그 한 사람과 관련하여 다음 질문들에 대한 답을 적어보자.

① 그와 주로 함께 하는 일은 어떤 일인가?

② 그와 주로 나누는 대화는 어떤 대화인가?

③ 그를 떠올릴 때 어떤 기분이 드는가?

④ 나에게 그는 어떤 사람인가?

4. 나의 인간관계에 대해 느낀 바를 적어보자.

3) 좋은 인간관계가 필요한 이유

좋은 인간관계는 인간에게 꼭 필요한 것일까? 상식적으로나 경험적으로 보면 좋은 인간관계는 필요할 것 같다. 학교, 직장 또는 다른 어떤 집단에서 인간관계가 좋으면 신나고 행복하고 살맛이 날 것이다. 반대로 학교나 직장에서 중요한 사람들과 인간관계가 불편하면 제대로 성과를 내기가 어렵다. 또 집단에 대한 소속감이나 신뢰감을 제대로 느낄 수도 없다. 인간관계가 제대로 이루어지지 않으면 살맛이 나지 않을 것이다.

인간이 사회적 동물이라는 말 속에는 사람은 혼자서는 살 수 없고 다른 사람과의 관계 속에서만 살 수 있다는 뜻이 포함되어 있다. 혼자서 살 수 없다는 말의 의미는 두 가지로 생각해 볼 수 있다. 첫째는 생물학적으로 생존할 수 없다는 뜻이며, 둘째는 정신적으로 생존할 수 없다는 뜻이다. 그런데 정말 그러한가?

인간관계를 멀리하고 살아가는 것이 더 행복하다고 생각하는 사람들이 있다. 어떤 TV 프로그램에서 도시와 인간사회에서 멀리 떨어져서 자연 속에서 살아가는 사람들을 본 적이 있다. 이들을 일컬어 '자연인'이라고 하기도 한다. 이들은 여러 가지 불편한 점도 있지만 이전에 도시 속에서 살던 때보다 더 편안하고 행복하다고 말한다. 인간과의 관계를 멀리하고 자연 속에서 살아가며 이전보다 더 행복하다고 말한다. 그들은 다른 인간과 관계를 단절하였으므로 더 행복하게 살아갈 수 있게 된 것인가? 그 프로그램을 보는 사람들 중 다수는 그렇게 살면 지금보다 더 행복할 것이라고 믿는 것 같다. 인간관계를 떠나면 행복해질 수 있을 것이라는 생각에 전적으로 동의하는 것은 아니지만, 상당히 동의하는 것 같기는 하다.

좀 다른 측면의 이야기로, 때로는 좋지 않은 인간관계를 유지하는 사람들이 잘사는 것처럼 보이기도 한다. 사람들 중에는 사람들의 비난과 멸시를 받을 정도로 좋지 않은 인간관계를 유지하면서도 꿋꿋하게 살아가는 사람들이 있다. 그중에는 경제적으로 남부럽지 않을 정도의 부를 축적했거나 사회적 지위를 얻은 사람들도 있다. 적극적으로 좋지 않은 인간관계를 선택한 것이 아닐지라도 중요하게 원하는 무엇을 얻기 위해 좋은 인간관계를 포기하였거나 방치한 경우도 있다. 그들은 사람들의 비난과 멸시에도, 스스로는 만족스러워 하는 것처럼 보인다. 어떤 경우에는 다른 사람들과 좋은 관계를 맺는 것이 자신의 자유와 행복을 방해한다고 믿기도 한다.

그렇다면 이런 질문을 던져볼 수 있다. 인간이 다른 사람과 관계를 맺고 살아야만 한다면 그 관계가 반드시 좋은 관계여야 하는가? 인간이 행복하게 사는 데 좋은 인간관계가 꼭 필요한가?

4) 좋은 인간관계 형성의 어려움

좋은 인간관계의 필요성에도 불구하고 좋은 인간관계를 형성하고 유지하는 것은 쉽지 않다. 이것은 많은 사람들이 새로운 인간관계 맺기나 갈등적 인간관계 문제 해결을 위해 고민하는 것을 보면 알 수 있다. 인간관계의 방법을 알려주는 책들이 많이 나와 있고 훈련 프로그램들도 많은 것을 보면 좋은 인간관계 맺기란 쉽지 않은 문제이다.

인간은 각자 독립적 존재로서 각기 다른 성향과 욕구를 가지고 있으므로 개인들이 자기욕구를 충족하는 과정에서 충돌이 일어날 수밖에 없다. 충돌이 일어나는 욕구들은 다양하다. 그것이 경제적인 욕구일 수도 있고, 권력이나 명예와 관련된 욕구일 수도 있고 또 다른 욕구일 수도 있다. 한 가지 사안과 연관되어 나타나는 욕구충돌은 개인들이 가진 비슷한 유형의 욕구들끼리 충돌하는 경우도 있지만, 각각 다른 욕구유형들이 충돌할 수도 있다.

활동 2-7 / 내가 경험한 좋은 인간관계

앞에서 작성한 나와 좋은 관계로 지내는 사람 3명과 있었던 일들을 떠올려 보고, 그 중에서 가장 마음에 드는 좋은 인간관계의 예가 될 수 있는 에피소드를 적어보자.

예를 들어, A, B 두 사람이 3개의 사과를 나누어 먹는 상황을 가정해보자. A와 B가 각각 매우 배가 고파 서로 많이 먹으려는 욕구가 충돌하는 상황이라면 A와 B의 경제적 욕구가 충돌했다고 볼 수 있다. 그런데 여기서 A가 좀 더 큰 권력을 가진 사람이고 B와의 관계에서 그 권력을 사용하고 싶은 욕구가 있다고 가정해보자. A는 B가 자신을 권력적으로 우위에 있는 사람으로 대접해주기를 바라는 욕구가 있어서 B가 자신에게 사과 2개를 갖게 해주기를 기대한다. 그런데 B는 A와 똑같은 양의 사과를 먹고 싶어 한다. 이렇게 되면 둘 사이에 욕구충돌과 갈등이 일어난다. 이때 A가 배가 고픈 문제보다 자신이 더 큰 권력을 가지고 있다는 점을 확인하고 싶은 마음이 더 크다면, A의 권력적 욕구와 B의 경제적 욕구가 충돌한 것이라 볼 수 있다.

좋은 인간관계를 조성하고 유지하기 위해서는 결국 해당 인간관계에 관련된 당사자들 모두의 욕구가 충분히 만족스러운 정도로 충족되어야 하는데 그것이 쉽지 않다. 그 이유는 무엇일까?

첫째, 자신의 욕구나 상대방의 욕구를 파악하는 것이 쉽지 않다. 사람들은 여러 가지 이유로 자신의 진정한 욕구를 파악하는 것이 어렵고 그 욕구를 파악했다 하더라도 그것을 직접적으로 잘 드러내지 못하는 경우가 많다. 또 상대방이 욕구를 상당히 적극적으로 표현했다 하더라도, 사람들은 자신의 욕구를 충족하기에 바빠서 상대방의 욕구가 무엇인가에 관심조차 갖지 못하는 경우가 많다. 한편으로는 자신의 욕구를 잘 표현하지 않거나 못하고 또 한편으로는 상대방의 욕구에 관심을 기울일 여유가 없다. 그러니 인간관계 장면에 있는 쌍방이 상대방의 욕구를 제대로 파악하기가 어렵다. 서로 간의 욕구를 파악하지 못하니 서로의 욕구를 채워줄 행동은 기대하기 어렵다.

둘째, 시간과 환경 변화에 따라 개인의 욕구가 끊임없이 변화한다. 한번 상대방의 욕구가 파악되고 그것을 바탕으로 좋은 인간관계를 형성하였다 하더라도 그것이 영원히 지속되지 않는다. 시간과 환경 변화에 따라 인간관계 당사자들의 욕구가 변화하면 그에 따라 계속적으로 서로의 욕구를 확인하고 조율해 나가고 충족시켜 나가야 좋은 인간관계를 계속 유지할 수 있다. 그래서 누구에게나 좋은 인간관계 형성과 유지는 계속 가꾸고 노력하고 해결해 나가야 할 숙제이다.

셋째, 현실적으로 욕구를 충족할 자원이 제한되어 있다. 현실세계는 인간의 욕구충족을 위한 자원이 제한되어 있다. 자원이 모두의 욕구를 충분히 충족시킬 만큼 있다면 좋은 인간관계를 이루지 못할 것이 없다. 어떤 자원은 모두의 욕구를 충족시킬 수 있을 만큼 풍부한데 어떤 자원은 몇몇의 욕구를 충족시키기에도 형편없이 부족하다. 또 시간에 따라 상황에 따라 욕구가 변하듯이 필요한 자원도 변화하는데 그것이 때마다 충분히 공급되기 어렵다.

넷째, 사람들은 모두 자신의 욕구가 최대한 충족되기를 바란다. 인간은 누구나 기본적으로 이기적 본성을 가지고 있고 자신의 욕구를 최대한으로 충족시키기 위해 노력한다. 이기심은 인간의 본성이므로 비난할 바가 아니다. 욕구충족을 위한 자원이 제한되어 있다면 새로운 자원을 개발하거나 그렇지 않으면 제한된 자원범위 안에서 서로의 욕구를 조정하고 타협하고 조율할 수밖에 없다. 이 과정을 잘 수행할 수 있는 지혜가 필요한데, 바로 이때 창의적이고 예술적인 능력이 필요하다.

다섯째, 많은 경우 과거의 경험 때문에 현재의 욕구가 오염되고 왜곡된다. 대부분의 사람들은 과거의 경험이 현재의 판단이나 행동을 결정하는 데 영향을 미친다고 생각한다. 과거는 이미 지나갔고 시간이 지나감에 따라 상황이 그때와 달라졌음에도 여전히 과거의 경험이나 상황이 지금도 그대로 작동하리라고 착각한다. 예를 들어, 1년 전에 어떤 여성에게 사귀자고 말을 건넸던 남성이 한마디 말로 단호하게 거절을 당하여 몹시 무안했던 경험이 있었다. 1년이 지난 후 그는 다시 매력적인 여성을 만나 좋은 관계를 맺고 싶지만 망설인다. 1년 전 거절당했던 경험이 떠올라, 어떻게 하면 그 여성과 좋은 관계를 맺을까 하는 것보다는 어떻게 하면 교제를 제안하고서도 무안을 당하지 않을까 하는 데 온통 관심이 쏠려 있다. 그는 과거의 거절당한 경험 때문에 진정한 자신의 욕구가 무엇인지 제대로 알지 못하고 그 여성에게 무안을 당하지 않는 것이 자신의 욕구인 줄 착각하고 있는 것이다. 이러한 착각은 자신이나 상대방의 진정한 욕구를 파악하는 데 방해가 되며 심지어는 잘못 파악하게 한다. 욕구를 잘못 파악하면 그 이후에 이루어지는 욕구 충족을 위한 노력들이 제대로 효과를 발휘하지 못하여 좋은 인간관계를 형성하기 어렵다. 물론 과거에 해결되지 않은 욕구가 있다면 그것을 우선적으로 해결하는 것이 그 사람의 욕구가 될 수 있다. 그러나 그것이 현재 진정으로 자신이 충족하고자 하는 욕구와 직접 연관되어 있는지 분명히 검토해야 한다.

활동 2-8 / 좋은 인간관계 맺기 어려웠던 경험 찾기

1. 자신이 좋은 인간관계를 맺고 싶었으나 그렇게 하기 어려웠던 경험을 적어보자. (언제, 어디서, 누구와, 어떻게, 왜)

   ①

   ②

   ③

2. 위의 경험 중에서 하나를 골라 다시 해본다면 어떻게 할 것인지 적어 보자.

5) 좋은 인간관계의 요건

좋은 인간관계라면 어떤 요건을 갖추어야 할까? 건강하고 좋은 인간관계는 어떤 모습인가? 좋은 인간관계의 요건에 대해 다양한 관점에서 말할 수 있을 것이다. 그러나 인간관계가 결국 개인들의 욕구를 충족시키기 위한 것이라고 본다면, 좋은 인간관계의 요인도 인간관계에 참여하는 사람들의 욕구 달성에 초점을 두고 살펴보는 것이 필요할 것이다. 이에, 건강하고 좋은 인간관계라면 다음의 모습들을 갖추어야 한다.

(1) 서로 욕구를 충족하는 관계

건강하고 좋은 인간관계라면 당사자들이 그 관계를 통해서 각자의 욕구를 충족할 수 있어야 한다. 그 관계가 당사자들의 욕구를 충족시킬 수 있는 여건과 특성을 갖추어야만 할 것이다. 그리고 실제로 당사자 모두의 욕구를 충족시켜야 한다. 어느 한쪽만 욕구를 충족하고 다른 사람은 희생당하거나 착취당하는 관계라면 그것은 건강하고 좋은 인간관계일 수 없다.

건강하지 못한 인간관계의 경우 어느 한쪽이 원하는 것을 얻기 위해 부당한 착취를 감내하거나 강요하기도 하는데 그것은 좋은 인간관계가 아니다. 희생이나 착취를 당하면서도 그 관계를 개선할 요구를 하지 못한다면 그만큼 문제가 많은 관계라고 볼 수 있다. 건강하고 좋은 인간관계가 되기 위해서는 당사자들이 자유의지를 충분히 발휘할 수 있어야 한다. 자신의 욕구를 자유롭게 표현할 수 있어야 하며, 그렇게 표현된 각자의 욕구가 충족될 수 있도록 서로 협력하고 배려하고 격려해야 한다.

구조적인 면에서도 좋은 관계는 각자의 욕구를 충족시킬 수 있는 구조여야 한다. 예를 들어, 축구클럽은 축구라는 운동을 즐기고 건강 증진을 도모하는 것을 주된 목적으로 하며 그 목적을 달성하기 위한 활동을 주로 한다. 그런데 축구클럽 회원 중에 예술적 활동을 하기를 원하는 사람이 있다면, 그 클럽은 그 사람의 욕구를 달성하기에는 부적합한 구조이며 거기서 맺어지는 인관관계 또한 욕구달성을 기대하기 어렵다.

(2) 정서적으로 친밀한 관계

좋은 인간관계가 되려면 당사자들이 정서적으로 친밀감과 유대감을 느껴야 한다. 친밀감을 느끼지 못하는 관계라면 그 관계는 건강하게 지속적으로 발전할 수 없다.

정서적으로 친밀감을 느끼는 관계가 되려면 어떻게 해야 할까? 첫째, 상대방에게 관심을 가지고 그를 존중해야 한다. 누구든 다른 사람으로부터 관심을 받고 싶어 하고 존중받고 싶어 한다. 자신에게 관심을 두고 자신을 존중하는 사람에 대해 호감을 갖게 되고 친밀감을 느끼는 것은 자연스러운 일이다. 둘째, 상대방을 진실한 마음으로 대해야 한다. 진실하게 자신을 대하는 사람에 대해서는 신뢰하게 될 것이다. 상대방의 호감을 사기 위해 일시적으로 자신을 위장하는 것은 얼마 가지 않아 그것이 드러날 수밖에 없다. 그렇게 되면 지금가지 호감을 느꼈던 것에 비례하여 배신감과 혐오감을 더 크게 느끼게 될 것이다. 셋째, 상호의존적인 부분이 있어야 한다. 인간관계의 필요성을 절실하게 느낄 때는 혼자 힘으로 해결하기 어려운 어떤 과업을 해결해야 할 때이다. 이럴 때 편안하게 의존할 수 있어야 그 사람에 대해 진한 친밀감을 느끼고 있다고 볼 수 있다. 반대로 상대방이 나에게 의존해 온다면 나는 그가 나를 신뢰하고 있고 친근하게 느끼고 있다고 생각하고 그를 기꺼이 도울 마음이 생겨 더욱 친밀한 느낌을 갖게 된다. 그런데 어려움에 처해 있음에도 불구하고 나에게 도움을 요청하지 않는 사람에게 나는 어떤 생각을 하고, 어떤 느낌을 느낄까? 그가 나를 신뢰하지 않고 우리 관계가 도움을 요청할 만큼 친밀하지 않다는 생각이 들 것이다. 그래서 그와 거리를 두고 싶은 마음이 들 것이다.

(3) 서로 성장하는 관계

좋은 인간관계는 그 관계를 통해서 서로를 성장시키고 발전시킨다. 인간관계를 통해서 당사자들이 성장하고 발전한다면 보람을 느끼고 그 관계를 가치있고 소중하게 느끼고 서로 애정을 갖게 될 것이다. 그리고 그 관계를 더욱 발전적인 위한 방향으로 성장시키기 위해 노력하게 될 것이다.

활동 2-9 / 좋은 인간관계 경험 찾기

1. 자신이 깊은 정서적 친밀감을 느꼈던 사람을 찾아서, 그에 대해 본인이 어떠한 정서를 느꼈는지 적어보자.

2. 자신의 인간관계 중에서 서로의 욕구를 충족시킨 관계를 찾아서, 상호 간에 어떤 욕구를 충족시켰는지 적어보자.
   - 관계 대상 :
   - 자신이 충족시키는 욕구 :
   - 상대방이 충족시키는 욕구 :

3. 자신이 인간관계를 통해서 서로 성장한 경험을 찾아서, 어떤 점에서 얼마나 성장하였는지 적어보자.
   - 관계 대상 :
   - 자신이 성장한 점 :
   - 상대방이 성장한 점 :

4. 자신의 인간관계 중에서 서로 독립적이면서드 협력했던 경험을 찾아서, 어떤 독립성을 존중하였으며 어떤 점에 협력하였는지 적어보자.
   - 관계 대상 :
   - 자신이 독립성을 유지한 점 :
   - 상대방의 독립성을 인정한 점 :
   - 자신에게 상대방이 협력한 점 :
   - 상대방에게 자신이 협력한 점 :

반대로 관계가 지속될수록 당사자들이 정체되거나 퇴보한다면 그 관계는 건강하고 좋은 관계라고 볼 수 없다. 인간의 본성은 끊임없이 발전과 향상을 추구하기 때문에 정체나 퇴보를 불러오는 관계는 궁극적으로 당사자들의 욕구를 충족시키지 못한다. 그런 인간관계에서는 보람을 느낄 수 없으며 한시라도 빨리 관계를 청산하고자 하게 될 것이다.

(4) 서로 독립적이면서 협력하는 관계

건강하고 좋은 인간관계는 각자 독립적으로 존재하면서도 협력하는 관계이다. 좋은 인간관계에서는 각자가 스스로 독립적 존재라는 의식을 가지고 존중하면서도 서로에게 관심과 애정을 가지고 협력한다. 각자의 개별성과 독립성을 인정하면서도 동시에 공동영역을 함께 소유하고 확장해 나간다. 그리고 그것을 성취하기 위해 협력한다.

반면에 상대방에게 의존하거나 자신의 욕구대로 상대방이 움직이도록 강요하지 않는다. 어느 한쪽이 상대방에게 종속되거나 반대로 지배하고 강요하는 관계는 어느 일방이 자기 욕구를 충족하기 어렵다는 점에서 좋은 인간관계가 아니다. 보통의 경우 그런 관계는 깨지기 쉽다. 흔히 친밀한 관계라는 것을 내세워서 상대방에게 자신의 욕구충족을 위해 움직이도록 강요하는 경우가 있다. 그런데 이것은 말로는 '친밀한 관계'라고 하지만 실제로는 그렇게 말하는 사람이 자신의 욕구충족을 위해 이용할 뿐 그 관계 자체는 친밀하거나 좋은 관계가 아니다. 상대방은 이런 관계에 불만을 가지고 있기 때문이다.

6) 좋은 인간관계를 위해 필요한 방법

앞에서 건강하고 좋은 인간관계의 모습을 네 가지로 나누어 살펴보았다. 이 네 가지 모습을 갖추기 위해 필요한 것들을 다음과 같이 정리할 수 있을 것이다. 이상적으로는 여기에서 언급되는 것들을 모두 갖추는 것이 좋겠지만, 각 항목별로 한 가지나 몇 가지만 있어도 좋은 인간관계를 형성할 수 있다.

① **정서적으로 친밀한 관계를 위해 필요한 것**

진실한 마음으로 대하기, 이야기 들어주기 배려하기, 공감하기, 관심 가지기, 시간을 함께하기, 경험을 공유하기 등

② **서로 욕구를 충족하는 관계를 위해 필요한 것**

욕구를 이해하고 수용하기, 자신의 욕구를 알리기, 갈등해결 기술, 타협하는 기술, 배려하는 마음, 의사소통 기술 등

③ **서로 성장하는 관계를 위해 필요한 것**

지지하기, 격려하기, 칭찬하기, 새로운 비전을 발견하기 등

④ **서로 독립적이면서 협력하는 관계를 위해 필요한 것**

자기를 수용하기, 상대방을 존중하기, 공동목표 협상하기, 필요한 자원 개발하고 제공하기 등

활동 2-10 / 좋은 인간관계를 위해 노력한 것 찾기

1. 자신이 정서적으로 깊은 친밀감을 느꼈던 인간관계를 찾고, 깊은 친밀감을 만들기 위해 어떻게 노력하였는지 적어보자.
   - 관계 대상 :
   - 내가 노력한 것 :
   - 상대방이 노력한 것 :

2. 자신의 인간관계에서 서로의 욕구를 충족시킬 수 있었던 것을 찾고, 욕구충족을 위해 어떻게 노력하였는지 적어보자.
   - 관계 대상 :
   - 내가 노력한 것 :
   - 상대방이 노력한 것 :

3. 자신의 인간관계 중에서 서로 성장한 경험을 찾고, 성장을 위해 어떻게 노력하였는지 적어보자.
   - 관계 대상 :
   - 내가 노력한 것 :
   - 상대방이 노력한 것 :

4. 자신의 인간관계 중에서 서로 독립적이면서도 협력했던 경험을 찾고, 어떻게 독립성을 존중하고 어떻게 협력하였는지 적어보자.
   - 관계 대상 :
   - 자신의 독립성을 유지한 방법 :
   - 상대방의 독립성을 위해 노력한 방법 :
   - 자신이 상대방의 협력을 이끌어 낸 방법 :
   - 자신이 상대방에게 협력한 방법 :

6 인간관계와 의사소통에 대한 이해

1) 의사소통의 개념

인간관계를 형성하고 유지하는 데 의사소통이 절대적으로 중요하다. 그러므로 좋은 인간관계를 위해서는 의사소통의 개념, 원리, 기술 등을 이해하고 활용하는 것이 필요하다.

의사소통이란 무엇인가? 의사소통에 대한 다음의 정의를 살펴보자(김인혁 외, 2013). "의사소통이란 둘 또는 그 이상의 사람들 사이에 사실, 생각, 의견 또는 감정의 교환을 통하여 공통적 견해를 이룩하고, 수용자 측의 의식이나 태도 또는 행동에 변화를 일으키게 하는 일련의 행동이다." 의사소통이 사람들 사이에서 이루어진다는 것은 쉽게 알 수 있다. 의사소통을 통해 전달되는 내용은 사실, 생각, 의견, 감정 등이다. 이 속에는 화자의 욕구가 들어 있다. 의사소통에 참여한 당사자들은 의사소통 행위를 통하여 상대방에게 어떤 영향을 주고자 하며 또 어떤 형태로든 영향을 준다. 그러면 그 상대방이 다시 상대에게 영향을 미치고자 하는 행위를 하게 된다. 이런 행위는 한 번만 일어나는 것이 아니라 연속적으로 일어난다.

사람들이 의사소통을 하는 목적은 무엇일까? 의사소통 행위를 통해서 무엇을 하고자 할까? 무엇을 얻고자 할까? 세세하게 따지면 무한히 많겠지만 그것들을 크게 분류하면 정보전달, 설득, 관계형성이라고 할 수 있다. 이 목적들을 한마디로 통합하면 자기욕구 충족이다.

의사소통은 어떤 성질을 가지고 있을까? 의사소통의 속성에 대해 오택섭 등(2009)이 말한 것 중에 몇 가지를 제시하면 다음과 같다. 이러한 속성을 염두에 두고 의사소통을 하면 더 효과적으로 할 수 있을 것이다.

- 인간이 주체이며 인간 간에 일어나는 현상이다.
- 상대방과의 관계에 영향을 받는 상호관계적 속성이 있다.
- 지속적으로 상호작용하는 과정이다.
- 전달되는 메시지가 추상적이고 상징적인 성격을 띤다.
- 모든 인간 상호작용에 들어 있다.
- 누구든 필연적으로 의사소통을 하며 피할 수 없다.
- 한번 이루어진 의사소통은 취소하거나 되돌릴 수 없다.
- 의사소통의 내용은 환경과 시점이 달라지면 그 의미도 달라진다.

2) 인간관계와 의사소통

인간은 본성적으로 인간관계 속에서 살아가야 한다. 그러므로 좋은 인간관계는 행복한 삶을 위해 꼭 필요하다. 좋은 인간관계는 서로의 생각과 정서를 이해하고 함께 나누는 의사소통 과정에서 이루어질 수 있다. 좋은 인간관계를 형성하고자 하는 의도를 제대로 이루려면 그것을 잘 달성할 수 있는 효율적인 방법으로 의사소통을 하여야 한다. 의도는 좋으나 실제로 그것을 달성하기 위해 사용하는 의사소통 방법이 효율적이지 않다면 좋은 인간관계 형성이라는 의도를 제대로 이루기 어려울 것이다. 원활한 의사소통이 이루어지고 좋은 인간관계가 형성되면 자신의 욕구를 잘 충족하게 될 가능성이 높아진다.

좋은 인간관계와 원활한 의사소통은 상호 순환적이어서 의사소통이 잘 되면 좋은 인간관계가 형성되고 좋은 인간관계가 형성되면 의사소통이 원활해진다. 한번 좋은 인간관계를 맺게 되면 더 많이, 원활하게 의사소통을 하게 된다. 좋은 의사소통도 한번 이루어지고 나면 인간관계의 양과 질이 더 늘어나고 좋아질 것이다.

3) 의사소통 방해물

(1) 의사소통의 일반적인 방해물

우리가 의사소통을 하는 데 일반적으로 방해가 되는 것들은 어떤 것들이 있을까? 아래에 그 방해물들을 몇 가지 제시하였다. 이런 방해물들을 잘 인식하고 의사소통 장면에서 잘 고려한다면 원활한 의사소통을 할 수 있을 것이다.

첫째, 화자(화자)와 청자(듣는 이) 사이의 경험(문화) 차이를 들 수 있다. 사람들마다 각기 자란 배경과 환경이 다르다. 부모, 경제적 수준, 문화적 배경이 다르다. 화자와 청자 간에 이 경험의 차이가 크다면 의사소통에 방해가 될 수 있다. 각자 자기 생각의 틀로 말을 하고 이해하기 때문이다. 사람들은 자기 경험을 바탕으로 세상을 이해하고 수용하므로 자기 경험을 초월하여 생각하고 경험하는 것이 쉽지 않다.

둘째, 화자나 청자가 가진 상대방에 대한 선입견을 들 수 있다. 상대방에 대해 선입견이 있다면 그것으로 말미암아 지금 상대방이 말하는 것을 그대로 듣지 못하게 된다.

셋째, 화자나 청자가 가진 대화에서 다루는 대상에 대한 고정관념을 들 수 있다. 어떤 대상에 대해 서로 다른 고정관념이 있다면 상대방이 전달하고자 하는 내용을 그대로 받아들이기가 어렵다.

넷째, 화자와 청자가 대화에서 드러내지 않는 숨겨진 의도를 들 수 있다. 사람들은 자신을 방어하기 위해 또는 또 다른 어떤 목적을 달성하기 위해 자신의 의도를 숨기고 말을 하는 경우가 있다. 이런 경우 표면적으로 제시된 의도와 진짜 의도가 다르기 때문에 이야기가 계속 겉돌게 된다.

다섯째, 화자와 청자가 현재 처해 있는 물리적·심리적 환경을 들 수 있다. 화자와 청자 중 누구라도 대화에 온전히 집중하기 어려운 물리적·심리적 환경에 있다면 의사소통이 제대로 이루어질 수 없다. 진정한 욕구가 물리적·심리적 환경으로 인해 뒤로 잠시 물러나 있기 때문이다.

(2) 화자 차원 문제

원활한 의사소통이 이루어지기 위해서는 화자와 청자의 차원에서 살펴볼 필요가 있다. 화자 차원에서 원활한 의사소통에 부정적 영향을 미치는 문제들은 다음과 같이 정리할 수 있다(홍경자, 2006).

첫째, 미숙한 대인관계 능력 문제이다. 어떤 사람들은 대인관계를 많이 부담스러워하고 인간관계 맺기에 익숙하지 않다. 이런 사람들은 지나치게 긴장한 상태로 말을 하거나 일방통행식 대화를 할 수도 있다.

둘째, 미숙한 메시지 전달 능력 문제이다. 자신의 의도나 메시지의 핵심을 전달하는 대화기술이 부족한 경우 의사소통에 문제가 발생한다.

셋째, 불일치 메시지를 사용하는 문제이다. 말을 할 때 언어적 메시지와 비언어적 메시지의 내용이 일치하지 않는 경우 오해가 발생할 수 있다.

넷째, 화자의 오해와 편견 문제이다. 화자가 상대방에 대해 선입견이나 편견으로 인해 긴장하거나 결과를 부정적으로 예측한다면 자신이 전하고 싶은 메시지를 정확하게 전달할 수 없다.

(3) 청자 차원의 문제

청자 차원에서 원활한 의사소통에 부정적 영향을 미치는 문제들은 다음과 같이 정리할 수 있다(홍경자, 2006).

첫째, 불성실한 경청태도 문제이다. 무성의하거나 불성실한 경청태도를 보이면 화자가 성의 있게 말을 하기 힘들고, 청자도 메시지를 제대로 전달받기 어렵다.

둘째, 부정확한 피드백 문제이다. 화자의 메시지에 대해 임의로 해석하여 반응하거나 일부 내용에 대해서만 선별적으로 반응하면 원활한 의사소통이 이루어질 수 없다.

셋째, 청자의 왜곡된 인지체제와 감정적 반응 문제이다. 청자가 과거 경험으로 인해 오해나 왜곡된 인지, 그릇된 지각을 하게 되면 메시지를 잘못 이해하게 된다.

4) 효율적인 의사소통을 위한 자세

(1) 효율적인 의사소통의 뜻

좋은 인간관계를 위해서는 의사소통이 꼭 필요하고 중요하다. 그렇다면 어떻게 하면 의사소통을 잘할 수 있을까? 어떻게 하면 효율적으로 의사소통할 수 있을까? 이 질문에 대해 답을 하기 위해서는 먼저 효율적인 의사소통이 무엇인지에 대해 생각해 볼 필요가 있다.

효율적인 의사소통이란 궁극적으로 자신의 목적이나 목표를 경제적이고 효과적으로 달성하는 것을 말한다. 의사소통도 어떤 의도를 가진 행위라면 그것이 의도하는 목적이 있을 것이다. 일반적으로 의사소통의 목적을 크게 정보전달, 설득, 친교라고 한다. 세부적인 목적은 상황에 따라 무수히 많을 것이다.

그런데 말을 할 때 사람들은 이런 목적을 인식하지 못하기도 한다. 그런 상태에서 말을 하면 말하는 목적을 달성하는 데 도움이 되지 않거나 오히려 방해가 되는 말을 하기도 하고 주제를 분명하게 전달하지 못하기도 한다. 화자가 이렇게 말하면 당연히 청자도 메시지를 제대로 파악하지 못한다.

(2) 효율적인 의사소통을 위한 자세

효율적인 의사소통을 위해서는 어떤 자세를 가져야 할까? 어떤 마음으로 의사소통을 하면 내가 바라는 결과를 얻기가 좋을까?

첫째, 상대방을 존중하는 자세를 가져야 한다. 내가 상대방을 존중할 때 상대방도 나를 존중하고 나의 메시지를 성의 있게 경청하고 수용할 것이다. 반대로 한다면 반대의 결과를 얻을 것이다.

둘째, 적극적으로 경청하는 자세를 가져야 한다. 상대방의 음성만이 아니라 전달하고자 하는 진짜 핵심내용과 마음을 들어야 한다. 그에게 관심을 기울이고 그의 마음을 살펴야 한다.

셋째, 자신의 목적과 상대방의 목적 모두를 달성하고자 하는 자세를 가져야 한다. 나의 목적 달성만을 위해 노력하고 상대방의 목적 달성에는 관심을 두지 않으면서 상대방이 나의 목적 달성에 기여하기를 기대하기란 어렵다. 나의 목적 달성에 기여하는 것이 상대방의 목적 달성에도 도움이 되도록 하여야 한다.

넷째, 진실한 자세로 의사소통해야 한다. 진실한 자세와 태도는 상대방으로 하여금 나를 신뢰할 수 있게 하고 나에게 협력하게 한다. 진실하지 않은 태도는 일시적으로 상대방을 속이고 상대방의 협력을 얻어낼 수 있을지도 모른다. 그러나 진실하지 않았다는 것이 드러난 후에는 상대방이 나의 적극적인 방해자가 될 수도 있다. 진실이 드러나는 것은 시간문제이다.

다섯째, 자신의 메시지 전달 여부와 상대방의 메시지를 확인하는 자세가 필요하다. 사람마다 경험, 인식체계, 환경이 다르기 때문에 화자가 전달하고자 하는 메시지가 청자에게 그대로 전달되기를 기대하기 어렵다. 그러므로 화자는 자신이 전달한 메시지가 상대방에게 잘 전달되었는지를 여러 가지 방법으로 확인해야 한다. 청자는 상대방이 전하고자 하는 메시지를 언어적·비언어적·맥락적·환경적 요소들을 종합하여 파악해야 한다.

또 자신이 파악한 메시지가 올바른지 질문이나 또 다른 방법들을 동원하여 확인해야 한다.

7 상대방을 수용하는 의사소통 기술

1) 의사소통 과정에서 상대방 수용의 중요성

의사소통 과정에서 상대방을 수용하는 것은 나의 의사소통 목적을 달성하기 위해서 매우 중요하다. 상대방을 수용하지 않으면 나의 목적을 달성하기 어렵다.

의사소통은 나의 어떤 목적과 의지를 상대방을 통해서 실현하는 과정이다. 그러므로 나의 목적을 달성하기 위해서는 나의 의지와 노력도 중요하지만 상대방의 의지와 협력도 중요하다. 이런 관점에서 보면, 어떻게 상대방의 의지를 움직이고 협력을 얻어낼 것인가 하는 것이 성공적인 의사소통의 한 관건이 된다.

상대방의 마음을 움직인다는 것은 그가 나의 뜻을 따를 마음이 생기도록 한다는 뜻이다. 어떻게 하면 상대방이 나의 뜻을 따를 마음이 생기게 할 수 있을까? 이 문제의 근원은 두 가지 측면에서 접근할 수 있는데, 거시적인 차원에서는 인간관계를 들 수 있고 미시적인 차원에서는 의사소통을 들 수 있다. 상대방과 어떤 인간관계를 맺고 있는가에 따라 그의 뜻을 따를 것인가 여부가 크게 좌우된다. 좋은 인간관계를 맺고 있는 사람에게는 그의 뜻을 적극적으로 따르고 싶은 마음이 생길 것이다. 또 정확한 의사소통 여부도 상대방의 뜻을 따르는 문제에 절대적 영향을 미친다. 상대방의 뜻을 제대로 접수하지 못했거나 오해를 하였다면 그의 뜻을 따를 수 없을 것이다. 어떤 경우에는 상대방이 바라는 것과 전혀 반대의 행동을 할 수도 있을 것이다.

의사소통 기술은 인간관계를 맺고 유지하는 데나 자신의 의사를 정확하게 전달하는 데 매우 중요하다. 어떤 사람은 진실한 태도, 상대방을 신뢰하는 태도, 관심을 가지는 태도, 상대방에 대한 선의 등만 있으면 인간관계와 의사소통을 잘할 수 있으며 의사소통 기술은 중요하지 않다고 하기도 한다. 어떤 사람들은 의사소통 기술의 '기술'이라는 단어에 대해 불편해한다. 인간관계에서 기술을 사용한다는 것이 왠지 진실하지 못한 태도라는 것이다. 이렇게 생각하는 이들도 앞에서 말한 태도들이 인간관계와 의사소통에 정말 중요한 요소라는 점에는 동의한다. 그러나 그러한 자신의 태도나 마음을 잘 전달하기 위해서 의사소통 기술이 필요하다.

상대방을 수용하는 의사소통 기술은 상대방의 의지와 욕구를 파악하는 데 특히 필요하다. 상대방의 의지와 욕구를 파악하면 그것을 충족시켜 줄 수가 있다. 상대방이 자기 욕구를 가지고 있는 한 나의 욕구충족을 도와줄 가능성이 적다. 상대방이 나의 뜻에 따라 나의 욕구를 채워주기 위해서는 먼저 상대방이 욕구를 충족하도록 도와주어야 한다. 그러려면 그의 의지와 욕구를 파악해야 하고 그렇게 하는 데는 상대방을 수용하는 의사소통 기술이 효과적이다. 재미있는 사실은 처음에 상대방을 수용할 마음이 없었더라도 상대방을 수용하는 의사소통 기술을 사용하다 보면 상대방을 수용하는 마음이 생긴다는 것이다.

2) 상대방을 수용하는 의사소통 기술

(1) 관심 기울이기

상대방에게 관심을 기울이는 것은 의사소통을 하기 위해 꼭 필요하다.

누군가에게 관심을 기울인다는 것은 상대방을 이해하기 위해서 그에게 집중하는 행동이다. 사람들은 누구나 관심과 사랑과 인정을 받기를 원한다. 그래서 사람들은 자신에게 관심을 보이는 사람을 좋아한다. 관심을 보이는 행동은 상대방에 대한 존중과 배려와 가치 있게 생각하는 마음을 전하여 상대방으로 하여금 마음의 문을 열게 한다.

그런데 관심 기울이기는 상대방이 알아차릴 수 있도록 하는 것이 중요하다. 마음으로는 관심을 기울이고 있지만 상대방이 그것을 알아차리지 못한다면 좋은 관계나 의사소통에 미치는 효과가 떨어진다. 그러므로 상대방에게 내가 관심을 기울이고 있음을 알려주는 행동들을 의식적이며 적극적으로 보여줄 필요가 있다. 이러한 행동들은 언어적으로 또는 비언어적으로 이루어진다. 상대에게 관심을 기울이는 몇 가지 기법을 소개하면 다음과 같다.

첫째, 눈맞춤이다. 이것은 말 그대로 상대방과 눈을 맞추는 것이다. 사람에 따라 좀 다르게 말하기도 하지만 전체 의사소통 시간에서 70% 이상을 눈맞춤을 해야 한다고 한다. 그런데 문화에 따라서 눈맞춤에 대한 인식이 좀 차이가 난다. 우리나라의 경우 대체로 상대방이 눈을 빤히 쳐다보면 부담스러워하는 경향이 있다. 그래서 부드러운 시선으로 쳐다보아야 하며, 눈을 계속 쳐다보는 것이 아니라 눈, 코, 입, 이마, 턱 등을 번갈아 가며 쳐다보는 것이 좋다.

둘째, 온화한 미소이다. 일반적으로 미소는 관계를 친근하게 만들고 상대방을 격려한다. 웃는 얼굴을 보면 대부분 기분이 좋아지고 마음의 문을 열게 된다. 그런데 상황에 맞게 적절하게 미소를 지어야 한다. 습관적으로 상황이나 대화의 내용에 상관없이 계속 웃는 것은 진실해보이지 않고 오히려 상대방에게 관심이 없는 것처럼 보여서 역효과를 낼 수 있다.

셋째, 고개 끄덕임이다. 적절한 고개 끄덕임은 자신이 상대방의 말을 따라 가고 있음을 알려준다. 너무 잦거나 내용에 관계없이 하는 습관적인 고개 끄덕임은 신뢰감을 떨어뜨리고 혼란을 줄 수 있다.

넷째, 간단한 응대의 말이다. 간단한 언어적 반응은 상대방이 계속해서 말할 수 있는 힘을 준다. 간단한 응대의 말은 "음", "예", "그래", "그래서", "그렇구나", "아!", "오!", "와!" 등이다. 이보다 좀 더 확장된 것은 "아! 네, 그렇군요", "그 점이 핵심이군요', "정말 그렇습니다" 등이다.

다섯째, 관심을 보이는 자세이다. 상대방 쪽으로 상체를 살짝 굽히고 상대방이 중요한 발언을 할 때마다 앞쪽으로 몸을 기울이면 상대방에게 관심이 있음을 알릴 수 있다. 몸을 안정되고 자연스럽게 하고 산만하게 움직이지 않는다. 팔짱을 끼거나 다리를 꼬면 상대방이 자신의 말에 대해 거부감이 있다는 표시로 받아들 수 있다.

(2) 경청하기

경청하기는 상대방이 언어적으로 표현한 내용을 듣는 것은 물론이고 비언어적으로 표현한 것도 살펴서 직접적으로 표현하지 않은 진정한 의도, 감정, 욕구 등도 듣는 것이다. 다른 사람의 말을 제대로 듣고 잘 듣는 것은 좋은 인간관계를 위해서나 자신의 욕구충족을 위해서나 매우 중요하다.

사람들이 경청을 하는 데 어려움을 느끼는 이유는 무엇일까? 그 첫 번째 이유는 자신의 욕구를 먼저 채우고자 하기 때문이다. 인간관계에서 모두들 자신의 욕구를 가장 우선적으로 채우고자 하니 누구도 자기 욕구를 채우기가 어렵다. 상대방이 자신의 욕구를 채우기 위해 뭔가 할 말이 있다면 내가 무슨 말을 해도 그는 듣지 않을 가능성이 높다. 두 번째는 상대방이 말을 할 때 무의식적으로 판단하고 비판하기 때문이다. 상대방의 말을 판단하고 비판하기에 바빠 그가 진정으로 전달하고자 하는 메시지, 감정, 의도 등을 제대로 들을 수 없다. 세 번째 이유는 상대방에 대해 관심과 사랑이 부족하기 때문이다. 본인이 별 관심이 없는 사람, 사랑을 느끼지 못하는 사람이 하는 말을 귀담아 들을 인내력을 발휘하는 것은 쉽지 않다.

경청하기를 잘하기 위한 4단계를 소개한다(박민수, 2008). 1단계는 귀로 듣기 단계이다. 이 단계에서는 상대방의 언어적 메시지를 듣고 그 내용을 그대로 파악한다. '~이라고 하는구나'로 내용을 파악하는 것이다. 이것도 결코 쉽지 않다. 2단계는 눈으로 듣기 단계이다. 이 단계에서는 상대방의 비언어적 메시지를 파악한다. 비언어적 메시지를 듣기 위해서는 눈으로 표정과 행동을 살피고 귀로 그의 어조나 숨소리를 살펴야 한다. 그렇게 하면 ' ~을 보니(~하는 것을 보니) ~한가 보다'로 그의 감정을 파악하게 된다. 3단계는 가슴으로 듣기 단계이다. 이 단계에서는 상대방의 언어적·비언어적 메시지 속에 들어 있는 화자의 의도를 듣는다. 그렇게 하면 '~한 것을 보니 ~하고 싶은 것 같구나'로 그의 의도를 파악하게 된다. 4단계는 입으로 듣기 단계이다. 이 단계에서는 자신이 파악한 상대방의 메시지, 감정, 의도를 파악하여 상대방에게 확인한다. 상대방이 한 말을 구체적인 문장으로 요약하여 질문하고 확인한다.

(3) 반영하기

반영하기는 상대방이 표현하는 언어적·비언어적 메시지의 핵심을 거울처럼 상대방에게 비추어 주는 것이다. 반영하기를 하면 상대방은 자신의 이야기를 잘 듣고 있다고 생각하고, 자신이 존중받고 자신의 이야기가 나에게 수용되고 있다고 생각한다. 또 상대방은 자신이 전하고 있는 메시지나 감정을 분명하게 알게 되고 수용하게 된다.

반영하기에는 내용반영과 감정반영이 있다(이수용 외, 2010). 내용반영은 상대방이 표현한 언어적 메시지의 핵심을 자신의 용어로 요약하여 표현하는 것이다. 감정반영은 상대방의 감정을 핵심을 거울처럼 비추어 표현하는 것이다. 반영을 할 때는 상대방의 메시지와 감정을 요약하여 간결하게 표현하는 것이 좋다. 또 상대방이 사용한 단어와 유사한 단어를 사용하는 것이 좋다.

내용반영 표현의 문장형식은 다음과 같다.

"~한 생각이신가 봅니다."
"~한 생각이시군요."

감정반영 표현의 문장형식은 다음과 같다.

"~한 기분이신가 봅니다."
"~한 기분이시군요."

(4) 공감하기

공감이란 상대방의 감정을 상대방의 입장에서 이해하고 그것을 말로 상대방에게 전해주는 것이다. 상대방의 입장에서 그의 안경으로 세상을 바라보고 그의 주관적 생각과 감정을 이해하는 것이다. 이때 주의할 점은 상대방의 감정에 동화되어 그가 느끼는 감정을 그대로 느끼는 것이 아니라 자신의 생각과 느낌을 그대로 유지해야 한다는 것이다. 공감은 상대방의 감정을 이해하고 자신이 이해한 바를 그에게 말로 전달하는 것이다.

사람들은 각자 입장에서 세상을 바라본다. 그래서 다른 사람의 관점에서 세상을 바라보는 것이 쉽지 않다. 그래서 서로 이해하지 못하고 이해받지 못하고 외로움을 느끼고 살아간다. 그런데 누군가가 내 감정을 이해해주면 어떨까? 그러면 나는 그에게 호감을 갖게 되고 나도 그를 이해하려 노력할 것이다. 공감은 대부분의 사람들이 하기 어렵기 때문에 내가 사용하면 그 효과가 매우 크다.

대인관계의 갈등은 상대방의 감정을 억압하는 데서 발생한다. 효과적인 의사소통을 위해서는 상대방의 감정을 이해하고 수용해주는 것이 필요하다. 감정을 이해하고 수용한다는 것은 그의 감정을 추종하고 허용한다는 것과는 좀 다르다. 이해하고 수용하는 것이 '너가 그런 상황(생각)이라면 그렇게 느낄 수도 있겠구나'라고 하는 것이라면, 추종하고 허용한다는 것은 '너가 그런 상황(생각)이라면 그렇게 느끼는 것이 옳다'고 하는 것이라

볼 수 있다. 상대방의 감정을 추종하고 허용할 수는 없을지라도 그렇게 느끼는 그의 마음을 이해하고 그의 감정을 받아줄 수는 있을 것이다. 상대방의 감정을 받아들이는 것은 상대방의 존재를 받아들이는 것이다. 상대방의 감정을 인정하지 않고 억압하는 것은 그의 존재 자체를 인정하지 않는 것이다. 그렇게 해서는 그와 좋은 인간관계를 맺을 수 없다.

공감표현을 하기 위해서는 먼저 상대방의 감정을 파악하는 능력과 자신이 파악한 것을 상대방에게 말로 전달하는 표현능력이 필요하다. 상대방의 감정을 파악하기 위해서는 상대방에게 애정과 관심을 가지고 그의 언어적 표현과 비언어적 표현을 잘 살펴보아야 한다. 자신이 파악한 상대방의 감정을 잘 전달하기 위해서는 연습이 필요하다. 공감표현을 위한 문장형식은 다음과 같다.

> "당신은 ~해서 ~하군요(감정)."
> "당신이 ~하다고 생각한다면 ~할(감정) 것 같습니다."
> 예 "너는 오늘 친구가 만나주지 않아서 무척 외롭구나(외롭겠네)."
> "너가 친구에게 거부당했다고 생각하면 무척 외로울 것 같구나."

(5) 요약하기

요약하기는 대화 과정에서 이루어진 중요한 내용과 진행사항을 간략히 간추려서 표현하는 것이다. 요약하기는 상대방이 산만한 내용으로 이야기할 때 이야기의 방향을 바로 잡을 때 유용하다. 상대방이 같은 내용을 반복할 때 그것을 막을 때도 효과가 있다. 또 새로운 주제로 대화를 전환하고자 할 때도 유용하다.

요약하기를 하면 상대방은 자신이 말하고자 했던 바가 제대로 전달되었다는 확신을 가지게 된다. 또 대화 당사자들이 지금까지 진행된 대화내용을 확인할 수 있게 되어, 주제에 좀 더 초점을 맞추거나 다음 단계로 진행 여부를 결정하는 데 도움을 준다.

요약을 하기 위해서는 상대방의 말을 주의 깊게 듣고 핵심내용을 파악하려 노력해야 한다. 그리고 요약을 하는 목적을 고려하여 그 목적에 맞게 요약을 해야 한다.

(6) 확인하기

확인하기는 상대방이 말한 생각, 정보, 제안 등을 정확하게 이해하고 있는가를 자신의 말로 진술하여 확인하는 내용확인과 상대방의 느낌과 경험에 대한 자신의 지각이 정확한지 확인하는 지각확인이 있다. 이 두 가지는 의사소통 과정에서 발생할 수 있는 오해를 방지하고 의사소통의 정확성을 높여 주며 상대방에게 주의를 기울이고 있음을 전달하는 효과가 있다. 또한 상대방이 자신의 생각과 느낌을 잘 정리할 수 있게 해준다.

사람의 언어는 불완전하여 마음과 느낌을 100% 그대로 전달할 수 없다. 또 화자와 청자의 욕구, 처지, 관심사가 달라서 말하는 사람은 자신을 중심에 두고 내용이나 느낌을 전달하고 듣는 이는 자신의 경험을 바탕으로 상대방이 말한 내용이나 의도, 느낌을 짐작한다. 이 과정에서 오해가 발생할 수 있고 이러한 오해는 원활한 의사소통을 방해한다.

내용을 확인하는 방법은 다음과 같다. 먼저 상대방이 하는 말에 집중하고 그의 말 속에 들어 있는 핵심을 추측하지 않고 말한 그대로 파악해야 한다. 그리고 자신이 파악한 핵심내용을 상대방이 말한 수준과 비슷한 수준으로 재진술한다. 내용확인의 문장형식은 "제가 생각하기로는 ~라고 말한 것 같은데, 제가 이해한 것이 맞습니까?" 또는 "달리 말하면 ~하게 느끼신다는 말인가요?"이다.

지각을 확인하는 방법은 다음과 같다. 상대방의 말에 집중하여 상대방의 언어적 표현과 비언어적 표현을 살펴 상대방의 현재 느낌과 그렇게 지각한 단서를 구체적으로 표현한다. 지각확인의 문장형식은 "제가 보기에 당신의 (구체적인 언어적·비언어적 행동)이 (파악한 느낌) 한 것 같은데, 제가 본 것이 맞습니까?"이다. 예를 들면, "제가 보기에 당신의 목소리가 작아지는 것이 좀 긴장한 것 같은데, 제가 본 것이 맞습니까?"와 같이 표현한다.

확인하기 예제

내용확인의 예

박지성 : "이대호는 과대표로서 적합하지 않아."

손흥민 : "네 말은 이대호가 과대표로서 자격이 없는 사람이라는 것 같은데, 내가 이해한 것이 맞나?"

지각확인의 예

같은 방을 쓰는 룸메이트가 방에 들어오더니 가방을 책상 위에 던지면서 뭔가를 불평하였다. 나는 "친구야, 네가 가방을 던지는 것을 보니 화가 난 것 같은데, 맞니?" 하였다. 친구는 "그래, 학교에서 조별과제를 하는데 모두들 바쁘다면서 비협조적으로 나오잖아" 하였다.

8 자기를 표현하는 의사소통 기술

1) 의사소통 과정에서 자기 표현의 중요성

인간은 원래 누구나 자유로운 존재로서 자기의 감정과 욕구를 표현하며 살아갈 권리를 타고난 존재이다. 그런데 어떠한 이유로 자기 표현을 하지 못하게 되면 자기다운 삶을 살지 못하고 자신의 능력도 제대로 발휘하지 못한다. 또 다른 사람과의 관계도 깨어진다. 인간으로서 자율성을 발휘하고 좋은 인간관계를 유지하기 위해서는 필요할 때 적절한 방법으로 자기를 표현하는 것이 행복한 삶을 위해 꼭 필요하다.

자기를 당당하게 표현하면 자기의 내면적 욕구와 외면적 행동이 일치하게 되어 자기다운 모습으로 살아갈 수 있다. 그렇게 되면 스트레스와 긴장도 줄어들게 되고 심리적 여유도 생겨서 좋은 인간관계를 형성할 수 있고 나아가 성공적인 삶을 살 수도 있다.

그런데 자신을 적절하게 표현하지 못하는 이유는 무엇일까? 자신을 당당히 표현하지 못하는 이유에 대해 홍경자(2006)는 다음과 같이 지적하였다. 첫째, 인간의 기본 권리, 문화적 가치, 행동규범에 대한 잘못된 생각이나 판단을 하고 있기 때문이다. 둘째, 자기 표현 행동을 한 뒤에 나타날 상대방의 반응에 대한 염려나 불안, 그리고 자신이 자기 표현을 잘할 수 있을까 염려하기 때문이다. 셋째, 자기 표현 행동을 하는 방법이나 기술이 부족하기 때문이다.

2) 자기를 표현하는 의사소통 기술

(1) 나-메시지

인간의 대인관계 행동을 세 가지 유형으로 나누어 볼 수 있다(홍경자, 2006). 첫째, 소극적 행동 또는 비주장적 행동인데, 이것은 상대방을 배려하는 데만 초점을 두어, 자신이 표현하고자 하는 바를 충분히 표현하지 못하여 자신의 권리와 인격에 손해를 가져오는 행동이다. 둘째, 공격적 행동으로 이것은 자신의 욕구, 감정, 생각 등을 표현할 때 상대방의 인격과 권리 등을 배려하지 않아서 피해를 주는 행동이다. 셋째, 주장적 행동인데 이것은 상대방의 인격과 권리에 피해를 주지 않으면서 자신의 욕구, 감정, 생각들을 표현하는 행동이다.

소극적 행동을 하면 자신에 대해 실망을 느끼고 자책하게 되며 상대방에 대해서는 원망과 증오를 품게 된다. 이러한 소극적 행동에 대해 타인들은 답답해하거나 동정, 연민을 느끼게 된다. 공격적 행동을 하면 처음엔 승리감과 우월감을 느낄 수 있으나 결국 자기 행동에 대해 죄의식을 느끼게 된다. 이에 대해 타인들은 분노, 원한, 복수심을 느낀다. 그래서 우선은 자신의 욕구를 성취하게 되나 상대방에게 분노, 복수심을 심어 주어 인간관계가 파괴된다. 자기주장적 행동을 하면 스스로 자기존중감을 느끼고 타인으로부터 존경을 받게 된다. 그래서 결국 자신의 욕구를 성취할 수 있게 되고 자신감을 가지게 되며 타인과 상호존경하는 관계를 형성한다. 이 중에서 가장 바람직한 것은 자기주장적 행동이라고 할 수 있는데 자기주장 행동의 핵심이 바로 '나-메세지(I-Massage)'이다.

나-메시지는 '나(I)'를 주어로 하는 표현으로 '너(you)'를 주어로 하는 '너-메시지'와 구분된다(Gordon, 2015). 이 둘을 비교하면 다음 표와 같다.

나-메시지	너-메시지
① 나(I)를 주어로 한 메시지이다. ② 메시지의 초점이 자신을 향해 있다. ③ 상대방의 행동에 대해 자신이 느낀 바와 그 결과(영향)를 진술한다.	① 너(you)를 주어로 한 메시지이다. ② 데시지의 초점이 상대를 향해 있다. ③ 주로 담고 있는 너용은 명령하기, 경고하기, 는리적 설득, 해결책 제시, 꼬리표 붙이기 (abeling) 등이다.

나-메시지는 상대방의 어떤 행동이 내가 수용할 수 없는 행동일 때, '나'의 욕구충족이 방해를 받아서 좌절, 낭패감, 짜증, 분노 등을 느낄 때에 사용한다.

> 나-메시지의 형식은 다음과 같다.
> "네가 Ⓐ 하니 내가 Ⓑ 하여서 Ⓒ 하다. ⓓ 해주기를 바란다."
> (Ⓐ 상대방의 행동, Ⓑ 자신이 받은 영향, Ⓒ 자신의 느낌이나 감정, ⓓ 요구사항)
>
> **예문** "네가 자꾸 Ⓐ 말을 거니 내가 수업에 Ⓑ 집중을 하기 어려워서 Ⓒ 너무 힘들고 신경이 쓰인다. ⓓ 나에게 말을 걸지 않기를 바라."

나-메시지에는 예방적 나-메시지와 긍정적 나-메시지도 있다. 예방적 나-메시지는 예상되는 상대방의 행동으로 인해 자신에게 부정적 영향이 예상될 때 사용한다. 예를 들면, "네가 지각을 하면 내가 실망하게 될까봐 걱정이다"처럼 쓴다. 긍정적 나-메시지는 상대방의 어떤 행동으로 인해 자신에게 긍정적 영향이 미친 경우 그 행동을 강화할 때 사용한다. 예를 들면, "네가 밝은 얼굴로 내 이야기를 들어주니 내가 너에게 존중받는 것 같아서 기분이 좋다"처럼 쓴다.

나-메시지를 사용하면 너-메시지에 비해 나와 상대방이 모두 만족할 수 있고 두 사람의 관계에 악영향을 끼치지 않는다. 또 상대방이 자기성찰을 하게 된다.

나-메시지 예제

1) 다음 문장의 (　　) 안에 앞 부분의 내용이 Ⓐ '행동', Ⓑ '영향', Ⓒ '느낌', ⓓ '요구' 중 무엇에 해당하는지 넣으시오.

"내가 뉴스를 보고 있는데, 네가 떠들면(　　　) 나는 뉴스를 알아들을 수 없어서 (　　　) 정말 짜증이 난다(　　). 내가 뉴스를 볼 때 좀 조용하게 있기를 바래(　　　)."

2) 지하철에서 옆자리에 앉은 사람이 음악을 들으면서 이어폰을 볼륨을 크게 해놓아서 내가 무척 신경이 쓰인다. 이때 나-메시지를 쓴다면 어떻게 할 수 있을까?

Ⓐ 행동 :

Ⓑ 영향 :

Ⓒ 느낌 :

ⓓ 요구 :

(2) 칭찬하기

칭찬이란 상대방의 좋은 점이나 그가 한 일에 대해 높이 평가하는 것을 말한다. 칭찬을 하면 칭찬받는 사람은 기분이 좋아지고 자신감이 생기고 칭찬하는 사람에 대해 호감을 갖게 된다. 칭찬하는 사람은 칭찬하는 과정을 통하여 칭찬받는 사람의 장점을 보는 마음이 커진다. 그리하여 상호 간에 서로 애정과 신뢰가 깊어지고 생산성이 높아진다.

그런데 칭찬을 적절하게 잘하기가 쉽지 않다. 마땅히 칭찬을 받을 것이라고 기대하고 있는 사람에게 칭찬을 하지 않는다면 그와의 관계가 손상을 입을 것이다. 또 칭찬을 하더라도 기대하는 수준에 못 미치게 한다면 그것도 섭섭해할 수 있다. 칭찬받을 일이 아니라고 생각하는 일에 대해 잘못 칭찬을 하면, 자신을 놀리는 것처럼 받아들여 기분 나빠할 수도 있다.

칭찬을 효과적으로 하기 위해서는 사실보다 사람의 성품을 칭찬하는 것이 좋다. 그의 행위보다 그 행위를 한 그 사람의 성품에 초점을 맞추어 칭찬을 하면 그 사람 자체를 칭찬하는 느낌이 들어 자존감이 더 높아지게 된다. 예를 들면, "너는 일을 잘한다"고 사실에 초점을 두기보다 "이번 일을 하면서 보니까 너는 성실하고 책임감 있고 유능한 것 같다"처럼 그 일을 잘 해낸 성품에 초점을 두는 것이 효과적이다.

또 포괄적으로 칭찬하기보다 작고 세밀한 부분을 꼬집어서 칭찬하는 것이 더 효과적이다. 그렇게 하면 칭찬하는 사람의 진정성이 더 느껴진다. 예를 들어, "어제 발표를 참 잘했어" 하고 포괄적으로 칭찬하기보다 "어제 발표를 할 때 사용한 프레젠테이션 자료가 정말 기발하고 신선했어"처럼 구체적인 점을 지적하여 하는 것이 좋다.

칭찬을 할 때는 타이밍을 맞추어서 하는 것도 중요하다. 칭찬할 만한 일이 있은 뒤 가능하면 빠른 시간 내에 칭찬을 하는 것이 더 효과적이다. 어떤 일이 있은 후 시간이 많이 지날수록 칭찬의 효과는 줄어든다. 시간이 너무 많이 지나서 칭찬을 하게 되면 칭찬을 할 마음이 없는데 억지로 하는 것처럼 느껴질 수 있다.

다음의 절차를 따르면 효과적인 칭찬을 하는 데 도움이 된다(유동수 외, 2009). 먼저 그 사람이 잘하는 사실에 대해 칭찬한다. 그 다음 그렇게 칭찬하는 근거를 제시한다. 마지막으로 그 근거와 관련된 그 사람의 특성을 칭찬한다. 예를 들면, "너는 어제 발표를 참 잘했다. 내가 그렇게 생각한 이유는 어제 발표를 할 때 사용한 프레젠테이션 자료가 정말 기발하고 신선했고 아주 흥미롭고 재미있는 자료를 사용했기 때문이야. 그렇게 할 수 있었던 것은 너가 센스가 있고 창의력과 분석력, 유머감각까지 있었기 때문이라고 생각해"처럼 하는 것이 좋다.

(3) 조언하기

우리는 가끔 상대방에게 조언을 해야 할 때가 있다. 조언은 상대방을 도와줄 목적으로 상대방이 한 일에 대해 평가하고 판단하여 말하는 것이다. 이것은 기본적으로 화자가 청자보다 상위에 서는 것을 전제로 하기 때문에 청자 입장에서는 불편하고 긴장이 되는 일이다. 자신이 원하지 않았는데 상대방이 조언을 하게 되면 반발심이 생기고 기분이 상할 수 있다. 그래서 상대방을 위하는 마음으로 조언을 하였지만 오히려 관계만 나빠지고 상대방을 돕는 효과를 제대로 내지 못하는 수가 많다. 그러므로 조언을 할 때는 매우 섬세하게 여러 가지 요소들을 고려하여 해야 한다.

효과적인 조언이란 궁극적으로 상대방이 그 조언을 따르게 하는 것이다. 그러기 위해서는 상대방이 조언을 받아들일 준비가 되어 있을 때 해야 한다. 가장 바람직한 것은 상대방이 절실하게 조언을 원할 때 원하는 부분에 대해 조언하는 것이다. 원하지 않는 조언은 결국 상대방으로부터 거부당할 뿐만 아니라 그로 인해 두 사람의 관계도 해칠 가능성이 크다.

조언을 하는 방법은 다음과 같다(김계현, 1998; 홍경자, 2006). 먼저 상대방에게 조언을 해도 될지 미리 물어본다. 조언할 사항을 분명하게 정하고 간단하고 구체적인 내용으로 해야 한다. 또 조언의 내용은 질책하는 것이 아니라 건설적인 제안이어야 한다. 상대방의 인격을 평가하는 것이 아니라 그의 행동에 대한 것이어야 한다. 나-메시지를 사용한다. 조언을 한 후 조언한 내용에 대해 어떻게 생각하는지 묻는다. 추후 조언이 실제로 얼마나 실행되었고 얼마나 효과가 있었는지 물어본다.

9 인간관계에서 갈등에 대처하기

1) 갈등이란?

(1) 갈등의 개념

갈등이란 서로 양립할 수 없는 것이 부딪히는 상태이다. 서로 부딪히기 위해서는 당사들이 서로 만나야 하는데 그 만남의 상황은 다양하다. 한 남자를 두고 두 여인이 만나기도 하고, 세 사람이 한 조각의 빵을 두고서 만나기도 한다. 갈등이 존재하기 위해서는 만남만으로는 부족하다. 부딪힘이 있어야 한다. 바로 욕구의 부딪힘이다 두 여인이 각각 다른 남자와 사랑하기를 원한다면 부딪힘이 발생하지 않는다. 예를 들어, A씨는 B씨와 사랑하기를 원하고, C씨도 자신이 B씨와 사랑하기를 원한다. 이런 경우 A씨가 B씨와 사랑을 한다면, 남녀 간 연애의 독점적 특성 때문에 C씨는 그와 사랑을 할 수 없다. 이렇게 되면 A씨와 C씨는 B씨와의 사랑이라는 상황을 두고 갈등상황에 빠지게 된다.

인간은 어떤 욕구를 가지고 있고 그것을 추구하며 살아가는 존재이므로 갈등은 끊임없이 일어난다. 인간을 둘러싸고 있는 환경은 끊임없이 변화하고, 인간의 그 변화에 따라 새로운 욕구가 일어나므로 갈등도 지속적으로 일어난다. 그리고 끊임없이 그것을 해결해 나간다. 인생은 그런 것이다.

욕구가 첨예하게 대립하는 갈등일수록 갈등의 진행은 급격하게 빠른 속도로 이루어질 가능성이 높다. 사람들은 강한 욕구일수록 그것을 충족시키기 위해 에너지를 많이 투입하기 때문이다. 위에서 예를 든 세 남녀의 삼각관계에서 발생하는 갈등의 경우 A씨와 C씨, 그리고 B씨가 사랑을 쟁취하기 위해 저마다의 방법으로 노력을 할 것이다. 연적이 있다는 것을 알아챈 초기에는 모두들 많은 에너지를 집중적으로 투입할 것이다. 어떤 방법은 성공하고 어떤 방법은 실패할 것이다. 노력을 하는 사이에 그중 누군가의 욕구가 변해버릴 수도 있다. 상황이 변해서 처음의 욕구들이 사라져버릴 수도 있다. 예를 들어 A씨 옆에 B씨보다 더 마음을 끄는 새로운 남자가 나타난다면, A씨의 마음은 그 남자에게 옮겨가고 세 사람 사이의 갈등관계는 끝난다. 갈등관계가 끝나는 것이 갈등의 해결이다.

(2) 갈등의 종류

갈등의 종류는 어떤 것들이 있을까? 갈등을 일으키는 주체들 사이의 관계 차원에서 보면, 개인 간의 갈등, 개인 내의 갈등, 개인과 집단의 갈등, 집단과 집단의 갈등을 들 수 있다. 갈등의 종류로 개인과 자연의 갈등, 개인과 운명과의 갈등을 이야기하는 경우도 있다. 그런데 이것들은 자연이나 운명이 어떤 의지를 가지고 있지 않기 때문에 개인 내적 갈등의 영역으로 보는 것이 옳을 것 같다.

개인 간의 갈등은 생활 속에서 개인들이 가장 많이 접하는 것이라 볼 수 있다. 각기 다른 성격, 취향, 배경을 가진 사람들이 빚어내는 욕구들이 충돌하는 것이다. 개인 간의 갈등은 그들 사이의 관계에 영향을 많이 받는다. 예를 들어, 상하지위 관계가 명확한 사이라면 아래 지위의 사람이 윗사람과 갈등을 일으킬 가능성이 적다. 평소 자주 갈등관계를 경험하고 그것이 제대로 해결되지 않은 관계라면 사소한 갈등도 증폭될 가능성이 커진다. 평소 좋은 관계를 유지하고 있는 사람들 사이라면 그 반대일 것이다.

개인 내의 갈등은 한 개인의 마음속에 있는 욕구들이 서로 충돌하는 것이다. 한 개인의 마음속에 있는 욕구들의 우선순위가 확연히 차이나거나 그 차이가 적더라도 그 사람이 욕구들 사이의 우선순위를 잘 인식하고 결단을 잘 내릴 수 있다면 아주 짧은 시간 내에 갈등이 해소될 것이다.

개인과 집단의 갈등은 개인과 집단 사이의 갈등은 개인의 욕구가 집단의 욕구와 충돌해서 일어난다. 개인이 집단과 갈등을 일으키면 개인은 개인 간 갈등에서보다 좀 더 부담을 느끼게 될 가능성이 크다. 이 갈등을 원만하게 해결하지 않으면 집단으로부터 소외될 각오를 해야 하기 때문이다.

집단과 집단의 갈등은 집단과 집단의 욕구가 충돌해서 일어난다. 집단의 욕구는 집단구성원 개인들의 욕구가 어떤 구심점을 향해서 모인 것이다. 그 구심점은 자연발생적 집단인 경우 시간의 흐름을 통해서 자연스럽게 합의된 것이고, 의도적으로 모집된 집단이라면 그 집단의 구성목적 등이 될 것이다. 집단 간의 갈등이 발생했을 때 그 집단의 욕구를 현실적으로 직접 표현하는 것은 그 집단구성원 개인들이다. 그러므로 집단과 집단의 갈등이라 할지라도 그것을 해결하기 위해서는 그 갈등을 직접 표현하고 해결하기 위해 노력하는 개인들의 욕구에 주목해야 한다.

(3) 갈등의 역기능과 순기능

보통 갈등 상황은 불편하고 힘들기 때문에, 사람들은 가능한 한 갈등을 피하려고 한다. 하지만 참는 데도 한계가 있어, 더 이상 견디기 어렵다고 느껴질 때 갈등을 겉으로 드러내게 된다. 이때 중요한 것은 갈등을 드러내는 시점이다. 갈등의 에너지를 적절한 시점에 표현하고 해소하는 것이 필요하다. 반대로, 갈등을 너무 오랫동안 억누르며 에너지를 쌓아 두었다가, 도저히 피할 수 없고 참을 수 없는 상황이 되었을 때 한순간에 폭발시키면, 그로 인해 큰 손해를 입을 수 있다. 그 폭발의 에너지는 엄청나서 그 자리에 있는 사람들을 상하게 하고 다치게 하고, 심지어는 관계를 완전히 깨버릴 수도 있다.

갈등에너지가 폭발할 때까지 쌓아두는 사람들은 왜 그러는 걸까? 여러 가지 이유 중의 하나는 갈등을 표현하는 것은 옳지 못하다는 인식 때문이다. 그래서 가능하면 갈등을 표면에 드러내지 않아야 한다고 생각하기 때문이다. 그런데 과연 그럴까? 갈등이 좋지 않은 것이라면 끊임없이 욕구충돌과 갈등을 실제로 경험하면서 살아가는 인간에겐 너무 비극적이다. 살아 있는 인간이 모인 곳이라면 갈등의 발생은 불가피하다.

인간이 겪는 갈등에는 역기능만이 아니라 순기능도 있다. 먼저 갈등의 역기능을 살펴보자(김두열, 2015). 첫째, 갈등을 겪고 있는 동안 개인이나 집단의 생산성이 떨어진다. 갈등은 많은 자원과 에너지를 소모한다. 그래서 갈등에 소모되는 정도의 자원과 에너지를 생산적인 일에 투입할 수가 없게 된다. 둘째, 갈등은 종종 상대방을 타도해야 할 적으로 대하게 하여 관계를 악화시킨다. 갈등이 표면화되고 해결을 도모하는 과정에서 서로 간에 불신이 깊어질 수도 있다. 셋째, 지속적인 갈등은 당사자들의 정서적·신체적 안녕을 해칠 수 있다. 장기간 동안 이어지는 갈등은 긴장을 불러일으키고 긴장은 정서적·신체적인 문제를 발생시킨다. 화병, 스트레스로 인한 각종 질환이 이에 해당한다.

갈등은 순기능을 하기도 한다(김두열, 2015). 첫째, 갈등은 혁신과 변화를 가져온다. 갈등상황을 만나면 그 상황을 해결하기 위해 노력한다. 해결하기 어려운 갈등일 수록 기존의 행동방식으로 해결하기 어렵고 뭔가 혁신적인 방법이 필요하다. 갈등의 상황은 불편하기 때문에 사람들은 불편함에서 벗어나기 위해 전혀 새로운 사고와 행동을 시도한다. 둘째, 사람들은 갈등을 통해 다양한 심리적 욕구들을 충족시킨다. 갈등은 욕구의 충돌에서 비롯된다. 욕구충돌의 정도가 약할 때는 대부분을 감내하다가 참기 어려운 정도가 되었을 때 그 갈등이 겉으로 드러난다. 이렇게 각자의 욕구가 일단 드러나면 그것이 관계 속에서 어떻게든 수용되고 해결된다. 이 과정에서 각자의 심리적 욕구들이 충족된다. 셋째, 갈등해결 과정을 통해 관

활동 2-11 / 갈등의 역기능과 순기능 경험 살펴보기

* 다음 사항들에 대해 적어보자.

1. 갈등의 역기능

① 갈등으로 인해 생산성이 심하게 떨어졌던 경험을 적어보자.
(언제, 어디서, 어떤 일로, 어떻게 되었나, 당시 마음은)

② 갈등으로 인해 상대방을 적으로 대했던 경험을 적어보자.
(언제, 어디서, 어떤 일로, 어떻게 되었나, 당시 마음은)

③ 갈등으로 인해 정서적·신체적인 건강에 이상을 느꼈던 경험을 적어보자.
(언제, 어디서, 어떤 일로, 어떻게 되었나, 당시 마음은)

2. 갈등의 순기능

① 갈등으로 인해 혁신과 변화를 가져온 경험을 적어보자.
(언제, 어디서, 어떤 일로, 어떻게 되었나, 당시 마음은)

② 갈등으로 인해 자신의 심리적 욕구를 충족시킬 수 있었던 경험을 적어보자.
(언제, 어디서, 어떤 일로, 어떻게 되었나, 당시 마음은)

③ 갈등해결 과정을 통해 인간관계가 더 돈독해졌던 경험을 적어보자.
(언제, 어디서, 어떤 일로, 어떻게 되었나, 당시 마음은)

3. 소감

각자가 적은 것을 발표해보고 이 활동을 통해 느끼고 깨달은 바를 적어보자.

계가 더욱 돈독해진다. 갈등상황에서는 각자의 숨겨놓았던 욕구가 분출된다. 이 과정에서 서로에 대해 더욱 깊이 이해하게 되고 해결을 향해 노력하는 과정에서 서로에 대한 신뢰도 깊어질 수 있다.

2) 갈등의 불가피성

인간과 인간이 접촉하면 크든 작든 반드시 갈등이 일어난다. 이것은 인간관계의 본질이다. 인간관계에서 갈등은 피하려고 해도 피할 수 없다. 원래 피할 수 없는 것은 피할 것이 아니다. 갈등이 발생하였는데 회피하면 장차 더 큰 갈등을 불러오고 더 힘들어지기도 한다. 갈등이 발생하면 그 상황을 직면하여 대처해야 한다. 갈등은 해결될 때까지 불편한 것이니 직면하여 대처하는 것이 가장 효율적이다. 갈등을 두려워할 것이 아니라 갈등을 어떻게 건설적으로 해결해 나갈 것인가에 관심을 두어야 한다. 갈등을 두려워하고 회피하려 하면 그 갈등은 해결되지 않은 채로 계속 남아 있게 된다. 단지 그대로 남아 있기만 해도 다행인데 키우려 노력하지 않아도 시간이 지날수록 저절로 크게 자라기도 한다.

갈등을 유발하는 요인들은 매우 다양하다. 그중에서 갈등을 유발할 가능성이 높은 일반적인 원인들은 다음과 같다(이태연, 2014). 첫째, 불완전한 의사소통으로 인한 갈등이다. 가치관, 문화, 신분, 지위 등이 다른 경우 의사소통이 잘 안 되어서 갈등이 일어날 수 있다. 각자가 자기 방식으로 의사소통을 하기 때문에 서로 의사소통이 잘 안 될 수 있다. 예를 들어, 아버지와 딸의 대화에서 딸이 유행어나 압축된 준말을 사용하는 경우, 아버지가 딸의 말을 제대로 알아듣지 못하여 의사소통이 잘 안 되고 갈등이 일어날 수 있다. 또 손자가 할머니께 생신선물을 사드렸을 때 할머니께서 "돈도 없을 텐데 뭘 이렇게 비싼 것을 사왔니, 다음에는 사오지 않아도 돼"라고 말씀하셔도, 그 속뜻은 "고맙다"이다. 그런데 손자가 그 말을 그대로 듣고 다음에 품질이 떨어지는 아주 싼 선물을 하거나 아예 선물을 드리지 않는다면 매우 섭섭해하실 것이다. 둘째, 역할기대로 인한 갈등이다. 사람들은 상대방에 대해 어떤 역할기대를 한다. 그런데 상대방이 그 기대에 걸맞은 역할을 하지 않으면 욕구가 충족되지 않고 갈등이 발생한다. 예를 들어, 남편이 직장생활을 하는 아내에게 매일 아침밥을 차려 주기를 기대하고 있는데, 아내가 바쁘다고 아침밥을 차려주지 않으면 갈등이 발생한다. 셋째, 불공정한 교환으로 인한 갈등이다. 사람들은 자기가 준 만큼 받기를 기대한다. 좀 더 분명히 말하면 자기가 주었다고 생각하는 만큼 받기를 기대한다. 그런데 상대방이 자기가 준 만큼 주지 않으면 갈등이 발생한다. 예를 들어, 내가 친구의 생일날 선물을 사주었다면 내 생일날 친구가 생일 선물을 사주기를 기대할 것이다. 더러는 내가 사준 것과 비슷한 가격의 선물을 기대할 수도 있다. 그런 기대에 친구가 제대로 부응하지 않으면 갈등이 발생한다. 넷째, 이질성으로 인한 갈등이다. 사람들은 가치관, 교육수준, 연령, 경력, 성장환경, 종교, 취미 등이 모두 다르다. 이런 요소들이 각기 다른 사람들이 만나면 갈등이 발생할 수 있다.

위에서 살펴본 갈등유발 요인들을 보면 한시라도 갈등이 안 일어날 수가 없을 것처럼 보인다. 그런데 우리는 미미하거나 중요하지 않다고 생각하는 갈등은 크게 신경쓰지 않는다. 내 의지대로 되지 않아도 괜찮다고 생각하고 흔쾌히 양보한다. 그런데 크고 중요하다고 생각하는 갈등은 무척 신경쓰여서 꼭 해결하고자 노력한다.

3) 갈등을 넘어 성장으로

인간에게 끊임없이 일어나는 갈등은 겪지 않으면 더 좋은 것이 아니라, 당시의 변화하는 환경과 문제에 효과적으로 대응하기 위해 반드시 겪고 극복해야 하는 것이다. 갈등을 현실에 대응하기 위해 반드시 겪어야 할 것이라 생각하고 적극적으로 대처하면 개인이나 집단이 성장하고 발전하는 결과를 얻을 수 있다. 반대로 갈등을 불필요한 것이라거나 가치 없는 것이라고 생각하고 회피하거나 마치 못해 대응하면 현재보다 더 불편한 상황을 맞이할 수도 있다. 앞에서 살펴본 바와 같이 갈등이 가진 순기능이 분명히 있다. 인간 삶에서 갈등이 불가피한 것이고 거기에 반드시 대처할 수밖에 없다면, 우리는 갈등해결 과정에서 갈등의 순기능이 발휘되도록 해야 할 것이다.

비 온 뒤에 땅이 더 굳어진다는 말이 있듯이 특히 대인 간의 관계에서 갈등은 그 관계를 더욱 돈독하게 할 수 있는 좋은 기회가 되기도 한다. 갈등이 발생하면 본인이 부정적 감정을 경험할 수도 있고, 상대방이 부정적 감정을 경험할 수도 있고, 쌍방 간에 부정적 감정을 경험할 수도 있다. 갈등상황에 따라 효율적으로 대처하는 방법을 찾는 것이 필요하다.

(1) 적극적 경청

상대방과 갈등을 경험할 때 적극적 경청을 한다. 적극적 경청은 상대방의 언어적·비언어적 메시지를 온전히 제대로 이해하기 위한 태도로 듣고, 자신이 그렇게 하고 있음을 상대방에게 전달하는 것이다. 적극적 경청을 위해서는 상대방에게 관심을 가지고 그의 언어적·비언어적 메시지는 물론 그가 처한 상황에도 관심을 가지고 살펴야 한다. 그리고 자신이 상대방의 이야기에 관심을 가지고 있다는 것을 상대방이 느낄 수 있게 비언어적 행동이나 언어로 전해야 한다.

적극적 경청의 과정은 관심 기울이기, 듣기(언어적·비언어적), 이해하기(상황, 생각, 감정, 욕구), 반응하기로 이루어진다. 먼저 관심 기울이기는 상대방에게 시선 맞추기, 관심을 보이는 자세, 호응하는 말하기 등으로 이루어진다. 듣기는 상대방이 표현하는 언어적 메시지와 비언어적 메시지를 통해서 그가 표현한 메시지를 정확하게 이해하는 과정이다. 이해하기는 언어적·비언어적 메시지를 바탕으로 상대방의 상황, 감정, 욕구 등을 이해하는 과정이다. 반응하기는 자신이 이해한 상대방의 상황, 감정, 욕구 등을 말로써 전달하는 과정이다. 반응하기 과정에서는 반영, 공감, 지각확인, 요약, 추가 정보를 요구하는 질문하기 등을 비언어적 메시지를 동반하여 쓴다.

활동 2-12 / 적극적 경청하기

1. 2명씩 짝을 지어보자.
2. 말을 하는 사람과 말을 듣는 사람 역할을 정한다.
3. 말하는 사람은 자기가 하고 싶은 이야기를 하고 듣는 사람은 적극적 경청하기 요령으로 경청을 해보자.
4. 역할을 바꾸어 적극적 경청하기를 해보자.
5. 역할을 번갈아 바꾸어 말하기 듣기를 하되 이번에는 듣는 사람이 적극적 경청 요령에 위배되는 동작을 하면서 들어보자.
6. 말하기 듣기를 한 소감을 적어 발표해보자.

(2) 나-메시지(I-Massage)

본인이 문제감정을 느낄 때 나-메시지를 사용한다. 앞에서 기술한 것처럼 '나-메시지'는 '나'를 주어로 한 문장으로 어떤 상황이나 행동에 대한 자신의 감정을 전달하는 메시지를 말한다. 나-메시지의 초점은 '나'에게 맞춰져 있다. 나-메시지를 좀 더 잘 이해하기 위해 '너-메시지'와 비교해보자. 너-메시지는 '너'를 주어로 한 문장으로 초점이 '너'에게 맞춰져 있다.

> 너-메시지: "(너) 제발 신발 좀 똑바로 신어라."
> 나-메시지: "네가 신발을 똑바로 신지 않으니 나는 네가 혹시 넘어질까 봐 걱정이다."

사람들은 자신이 문제감정을 느끼면 보통 너-메시지를 사용한다. 너-메시지는 명령, 지시, 경고, 훈계, 조언, 해결책 제시, 비판, 비난, 질책, 매도, 비웃음, 해석, 분석, 가르치기 등의 내용을 담는다. 너-메시지의 의도는 본인의 문제감정을 상대방의 행동을 통해 해결하려는 것이다. 그렇지만 상대방은 기분이 상하거나 위축되어 나의 의도대로 움직여 주지 않고 관계는 나빠진다.

나-메시지는 상대방의 행동으로 인해 자신이 받게 될 영향과 그것에 대한 자신의 감정을 서술하는 것이다. 단지 감정을 서술할 뿐 상대방에 대한 명령, 경고, 훈계, 비난, 질책 등을 하지 않는다. 그러므로 상대방은 자신의 행동으로 인한 '나'의 감정을 이해하게 되고 관계를 해치지 않게 된다. 나-메시지의 구성은 나에게 문제가 되는 상대방의 행동, 그 행동이 나에게 미치는 영향, 나의 감정, 요구행동으로 구성된다.

> "네가 걸으면서 발소리를 크게 내니(상대방의 행동)
> 내가 공부하는 데 집중이 안 되어(나에게 미치는 영향)
> 무척 신경쓰인다(나의 감정).
> 걸을 때 발소리가 작게 나게 걸으면 좋겠어(요구 행동)."

나-메시지는 본인이 문제감정을 느낄 때만 사용하는 것은 아니다. 자신이 원하지 않는 상대방의 어떤 행동이 예상될 때 상대방의 그 행동을 막거나, 자신이 원하는 행동을 하도록 요구할 때도 사용할 수 있다. 이것을 '예방적 나-메시지'라 한다. 또 상대방이 한 행동이 자신에게 긍정적 감정을 일으킬 때 상대방을 칭찬하거나 격려하기 위해서도 사용할 수 있다. 이것을 '긍정적 나-메시지'라 한다.

◐ 예방적 나-메시지의 예

"내가 오늘 좀 피곤하니까(나의 상황) 날 좀 내버려 두면(바라는 상대방 행동) 고맙겠다(나의 감정)."
"내일 너랑 같이 백화점에 옷을 사러 가면 네가 네 맘에 드는 것을 사라고 강요할까 봐 걱정돼."
"네가 귀가시간이 늦어지면 무슨 일이 있는 것이 아닐까 걱정이 돼. 네가 일이 끝나면 나에게 전화로 알려주면 마음이 놓이겠어."

◐ 긍정적 나-메시지

"네가 항상 머리를 깨끗하게 관리해서 (내가) 보기에 좋고 참 즐겁다."
"네가 어디 있는지 알려줘서 (내가) 걱정을 하지 않아도 되고 마음이 놓인다."
"네가 청소를 도와주니 (나의) 일이 빨리 끝나서 식사를 일찍 준비할 수 있게 되어 고맙다."

활동 2-13 / 나-메시지 사용하기

1. 자신이 문제감정(불편한 감정)을 가졌던 사건을 하나 떠올려 보자.
(언제, 어디서, 누구와, 어떤 일로, 왜, 어떤 감정을)

2. 그때 자신이 어떻게 반응했는가 적어보자(언어적 반응, 비언어적 반응).
- 언어적 반응 :

- 비언어적 반응 :

3. 그때 그 상황에서 나-메시지를 사용한다면 어떻게 할 것인지 적어보자.
상대방의 행동 :
나에게 미치는 영향 :

나의 감정 :

요구행동 :

4. 2명씩 짝을 지어 자신이 작성한 나-메시지를 전달해보자.

5. 나-메시지를 사용한 소감을 나누어 보자.

4) 무패적 방법

인간관계에서 갈등은 불가피하다. 사람마다 가치관, 취향, 상황이 다르므로 욕구도 다를 수밖에 없고 이들 욕구가 충돌하여 갈등이 일어날 수밖에 없다. 그런 점에서 인간관계는 욕구충돌에서 오는 갈등을 조정하고 타협해 가는 과정이라고도 볼 수 있다.

갈등이 일어나는 상황에서 인간은 기본적으로 자신의 욕구를 우선적으로 충족하려 한다. 지극히 당연한 일이다. 그러나 그 욕구를 충족하는 일이 다른 사람과 연계되어 있다면 일방적으로 혼자서만 욕구를 충족할 수는 없다. 타협하고 조정해야 한다. 이상적으로는 그 일에 관계된 모든 사람이 완전히 만족하는 결과가 나오면 좋겠지만 그럴 수는 없다. 그렇다고 하더라도 어느 한쪽이 일방적으로 승리하고 어느 한쪽이 일방적으로 패배를 한다면 그 관계는 더 이상 유지될 수 없다.

고든(Gordon, 2015)은 문제 없음 영역을 확대하기 위한 방법으로 무패적 방법 6단계를 사용하도록 제안하고 있는데 그것은 다음과 같다.

1단계: 갈등을 확인하고 정의한다.
상대방에게 분명하고 확실하게 자기감정을 이야기한다. 상대방의 욕구가 분명해지도록 충분히 적극적 듣기를 한다. 갈등이나 문제를 이야기함으로써 해결해야 할 문제가 무엇인지 서로 충분히 이해할 수 있도록 한다.

2단계: 가능한 여러 해결책들을 생각해 낸다.
상대방의 해결방법을 먼저 듣는다. 이때 제안된 해결책을 평가하거나 비판하거나 경시하지 않고 수용한다. 더 이상 나올 것이 없을 때까지 대안을 생각해 보게 한다.

3단계: 각 해결책을 평가한다.
양쪽 모두를 만족시키지 않는 대안을 제거해 나가는 방식으로 대안을 한두 개 정도로 좁혀 나간다. 이때 자신의 생각이나 감정을 솔직하게 말하는 것이 중요하다.

4단계: 가장 좋고 만족스러운 해결책을 결정한다.
질문을 통해 대안에 대한 상대방의 생각을 확인한다. 결정된 대안이 최종적이고 다시는 바꿀 수 없는 것이라고 생각하지 않는다. 결정된 대안에 여러 가지 지침이 따르는 경우 잊지 않게 적어둔다. 결정된 대안을 각자 모두 지키기로 약속했다는 것을 명확히한다.

5단계: 결정된 것을 실천할 구체적 방법을 마련한다.
누가, 언제, 어디서, 어떻게, 얼마나 할 것인지 구체적으로 정한다. 그것을 실천했다고 볼 수 있는 기준이 무엇인지 등을 의논하여 정한다.

6단계: 이후에 결과가 어떠했는지 확인한다.
어느 정도 시간이 지난 후 실천을 약속한 대안이 어떻게 진행되고 있는지, 그 대안이 아직 마음에 드는지 확인한다.

10 합리적인 생각으로 전환하기

1) 인지적 재구성

우리는 대인관계에서 분노, 불안, 우울 등 부정적 감정을 느낄 수 있다. 이런 부정적 감정은 결국 갈등을 유발하여 대인관계를 해친다. 그러므로 대인관계에서 일어나는 부정적 감정을 조절하거나 해소하는 것이 좋은 대인관계를 유지하는 데 필요하다.

대인관계에서 부정적 감정이 일어났을 때 이를 조절하거나 해소하는 방법 중에 대표적인 한 가지가 인지적 재구성이다. 인지적 재구성은 부정적 감정을 불러일으킨 사고를 찾아서 그 사고의 합리성을 검토하고, 그 사고가 비합리적인 경우 그것을 대안이 될 수 있는 합리적인 사고로 전환하여 다시 구성하는 것이다(권석만, 2009).

2) 당위성

비합리적 신념은 우리를 부적절한 부정적 감정에 빠지게 한다. 비합리적 신념은 당위적 속성을 가지고 있다. 당위성은 어떤 일이나 사람이 마땅히, 당연히, 반드시, 꼭 그렇게 해야만(또는 그러해야만) 한다는 것이다. 신이 아닌 인간에게 당위성을 요구하는 것은 비합리적이다. 비합리적 신념의 뿌리가 되는 당위성은 자신에 대한 당위성, 타인에 대한 당위성, 조건에 대한 당위성 등 세 가지를 강조한다(노안영, 2007).

자신에 대한 당위성은 말 그대로 자신에 대해 '마땅히 ~해야만 한다'는 생각이다. 예를 들면, '나는 훌륭한 사람이어야 한다', '나는 실패해서는 안 된다', '나는 실수해서는 안 된다', '나는 항상 적절하게 행동해야 한다' 등의 생각이다. 이 당위성에 빠져 있는 사람은 어떤 일이 자신에 대한 당위적 사고대로 이루어지지 않으면 자기파멸이라고 생각한다.

타인에 대한 당위성은 자신과 밀접하게 관련된 사람들에 대해 당위적 행동을 기대하는 생각이다. 예를 들면, '부모니까 나를 사랑해야 한다', '자식이니까 내 말을 들어야 한다', '부인이니까 정숙하게 행동해야 한다', '애인이니까 늘 나에게 관심을 가져야 한다', '친구니까 우정을 보여줘야 한다', '직장 동료니까 항상 일에 협조해야 한다' 등의 생각이다. 이 당위성에 빠져 있는 사람은 타인에 대한 당위적 기대가 이루어지지 않으면 인간에 대해 불신감을 갖는다. 이 불신감은 인간에 대한 회의를 낳아 자기비관이나 파멸을 가져 온다.

조건에 대한 당위성은 자신에게 주어진 조건이나 환경에 대해 당위성을 기대하는 생각이다. 예를 들면, '나의 가정은 항상 사랑으로 가득 차 있어야 한다', '나의 방은 항상 깨끗해야 한다', '나의 고실은 항상 정숙해야 한다', '나의 사무실은 아늑해야 한다' 등이다. 이 당위성에 빠져 있는 사람은 조건에 대한 당위가 이루어지지 않으면 화를 내거나 부적절한 행동을 한다.

3) 비합리적 신념

비합리적 신념은 당위성 사고로부터 나온다는 것을 앞에서 말하였다. 엘리스(Ellis, 1962)는 사람들이 부정적 정서를 불러일으키는 대표적인 비합리적 신념 11가지를 제시하였는데 그것은 다음과 같다.

- 나는 내가 알고 있는 모든 사람들로부터 인정을 받고 사랑을 받아야 한다.
- 나는 완벽하게 모든 면에서 유능하고 합리적이며 가치 있고 성공적인 사람으로 인식되어야 한다.
- 어떤 사람들은 나쁘고 사악하고 악랄하기 때문에 가혹하게 비난받고 처벌받아야 한다.
- 내가 원하는 대로 일이 되지 않으면 그것은 끔찍하고 내 인생이 실패한 것이다.
- 불행은 내가 통제할 수 없는 외적 사건에 의해 비롯되고 나는 나의 슬픔과 장애를 통제할 수 없다.
- 위험하고 두려운 일은 그에 대해 끊임없이 몹시 걱정해야 한다.
- 인생의 어려움이나 책임은 직면하는 것보다는 피하는 것이 더 쉽다.
- 나는 다른 사람에게 의지해야 하고 주변에 나를 돌보아 줄 사람들이 있어야 한다.
- 나의 과거가 나의 현재 행동을 결정한 주요 요인이며 앞으로도 과거의 경험과 사건들이 나의 행동을 결정할 것이다.
- 나는 다른 사람들의 문제나 고통을 나의 일처럼 아파하고 속상해 해야 한다.
- 모든 문제에는 완벽한 해결책이 항상 있으며 이러한 완전한 해결책을 찾지 못하면 파국이다.

4) ABCDEF 모델

엘리스(Ellis, 1962)는 심리적 문제의 발생과정을 ABC 모형으로 설명하였다. 후에 ABC 모형에다 합리적 사고로 전환을 위한 D를 추가하여 ABCD 모형을 만들었다. 코리(Corey, 2003)는 여기에 E와 F를 추가하여 비합리적 신념을 합리적 신념으로 전환하는 과정을 설명하였다. 이를 정리하면 다음 그림과 같다.

그림 2-1 ABCDEF 모형

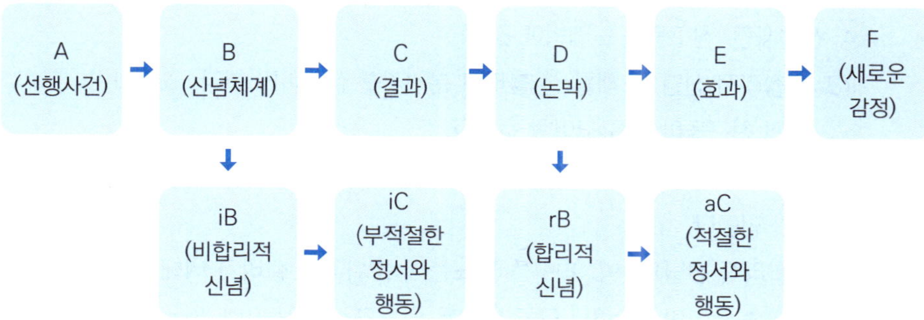

위 그림에 나타난 용어들을 설명하면 아래와 같다.

- 선행사건(Activating Event): 개인에게 정서적 고통이나 혼란을 불러일으키는 사건이나 행위(예 실연, 실직, 시험실패)
- 신념체계(Belief System): 개인이 가지고 있는 어떤 사건, 행위, 환경 등에 대한 태도나 사고방식의 체계. 합리적 신념(rational Belief, rB)과 비합리적 신념(irrational Belief, irB)이 있음
- 결과(Consequence): 개인의 신념체계로 선행사건을 해석한 결과로 일어나는 정서와 행동
- 논박(Dispute): 개인이 가지고 있는 비합리적인 신념에 대해 그것이 옳은 것인지 검토하도록 도전하고 논리 적으로 반박하는 것
- 효과(Effect): 비합리적 신념에 대해 논박한 결과로 얻게 된 신념과 철학
- 새로운 감정(Feelings): 새로운 신념으로 전환하여 얻게 된 새로운 감정과 행동

◐ ABCDEF 모델의 적용 예

A. 선행사건: 친구들과 노래방에 갔다.

irB. 비합리적 신념: 노래를 잘 불러서 분위기를 살려야만 한다. 그러지 않으면 친구들이 나를 싫어할 것이다.

iC. 비합리적 신념의 결과: 긴장이 되어 가슴이 뛰고 땀이 난다. 노래 부르기가 힘들다.

D. (비합리적 신념) 논박: 친구들과 노는데 분위기를 살리기 위해 노래를 꼭 잘 불러야만 하는가? 다른 방법은 없는가? 친구들이 나와 어울리는 이유가 노래를 잘 부르기 때문일까? 다른 이유는 없는가?

rB. 합리적인 신념: 분위기를 살리기 위해 노래를 꼭 잘해야 할 이유가 없다. 내가 노래를 잘 부르지 않아도 친구들은 나와 어울릴 것이다.

E. 효과 : 내가 노래를 잘하면 좋겠지만, 노래를 못해도 친구들이 나를 보고 즐기면 된다.

F. 새로운 감정: 마음이 편안해져서 내가 부르고 싶은 노래를 자신 있게 부르게 된다.

활동 2-14 / 비합리적 사고를 합리적 사고로 전환하기

1. 최근 6개월 사이에 부정적 사고와 행동을 경험한 사건을 떠올려 보자.

2. 그 사건을 ABCDE 모델에 맞추어 기록해보자.

A. 선행사건 :

B. 비합리적 신념 :

C. 부정적 감정 :

D. 비합리적 신념 논박 :

E. 논박의 효과 :

3. 이 활동에서 느낀 소감을 적어서 발표해보자.

나, 우리, 그리고 미래:
청년을 위한 진로 탐색과
성장의 길

III

“미래”

/

이 장에서는 진로개발의 개념과 그 중요성을 탐구하고, 이를 이해하기 위한 다양한 이론적·실제적 접근을 소개한다. 진로개발은 단순히 직업을 선택하고 준비하는 과정이 아니라, 삶 전반에서 자신을 이해하고 성장해 나가면서 자기 미래를 설계하는 과정이다.

먼저, 진로개발의 정의와 주요 요소를 살펴보며, 각자의 삶에서 진로개발이 어떤 의미를 가지는지 다룬다. 이후, 현대 진로개발의 다양한 이론적 기반을 검토하며, 특성-요인 이론에서부터 전생애 진로발달 이론, 그리고 구성주의적 접근에 이르기까지의 발전 과정을 탐구한다. 특히, 현대 사회의 급격한 변화 속에서 자기 주도적 진로개발의 중요성이 강조되고 있음을 살펴본다. 기술의 발달과 기업 환경의 변화는 더 이상 조직에 의존하는 진로 설계가 아닌, 개인이 자신의 진로를 책임지고 관리해야 함을 요구하고 있다.

이 장은 독자들이 진로개발의 이론적 배경과 실천적 방향성을 이해하도록 돕고, 자신의 진로를 주체적으로 설계할 수 있는 통찰을 제공하고자 한다. 이를 통해 독자들은 진로개발 과정이 개인적 성장과 자기실현에 어떻게 기여할 수 있는지 명확히 이해할 수 있을 것이다.

1 진로개발의 개념

1) 진로개발이란?

우리는 모두 미래와 나의 삶에 대해 고민을 한다. 그 과정에서 항상 빠지지 않는 것이 바로 진로(career)에 대해 고민일 것이다. 어떤 진로가 나에게 맞을지 다양한 진로에 대해 탐색하며 그중에 하나를 선택하려고 하며, 선택한 진로가 있다면 그것을 더 발전시켜 나가려고 한다. 이러한 전 과정을 우리는 진로개발이라고 부를 수 있다. 그러나 '진로개발(career development)'이란 말을 들으면 막연한 느낌이나 추상적인 느낌이 들고, 무엇을 어떻게 시작해야 할지 잘 모르는 경우가 많다. 어떤 사람은 진로개발을 직업을 찾는 과정이나 취업을 준비하는 과정과 같이 아주 현실적이고 구체적인 과정으로 생각하는 한편, 어떤 사람은 장기적인 관점에서 먼 미래를 떠올리기도 한다. '진로개발'에 대한 정의나 개념을 각자 나름대로 생각할 수는 있겠지만, 일반적으로 '진로개발'을 어떻게 정의하고 있는지를 살펴보고 이해하는 것을 시작으로 '진로개발'이 무엇인지 그리고 우리는 어떻게 진로개발을 해야할지에 대해 살펴보면 좋을 듯하다. 먼저 여러 학자들이 내린 진로 또는 진로개발에 대한 정의를 살펴보자.

> 진로(career)란 한 개인이 평생 동안 수행하는 역할들(roles)의 조합이자 일련의 흐름이다. 진로개발이란 전생애에 걸쳐 다양한 역할(roles)이나 환경(settings), 사건(events)들을 통해 자기개념(self-concept)을 실현하는 과정이다.
>
> – Donald Super

> 진로개발은 개인이 자신의 성격 유형에 맞는 직업을 선택하고 추구해 가는 것으로 개인과 환경 간 상호작용을 하게 된다.
>
> – John Holland

> 진로개발이란 삶의 이야기(life story)를 구성하는 지속적인 과정으로, 이 과정을 통해 개인들은 자신의 직업적 삶의 의미를 만들고, 직업적 환경에 적응하게 된다.
>
> – Mark Savickas

> 오늘날 진로개발이란 스스로 주도하고 스스로 관리하는 과정으로, 개인들은 자신의 진로 성장을 조직에 의존하기 보다 자신이 책임지는 것을 의미한다.
>
> – Douglas T. Hall

이처럼 학자마다 다양하게 진로개발을 정의하고 있는데, 간단명료하게 축약한 표현으로 다음의 정의가 적절할 듯하다.

> 진로개발이란 일생 동안 진로 영역에서 한 사람이 성장하고 변화하고 진화하는 과정이다.
>
> – Asia Pacific Career Development Association (2022)

진로개발에 대한 다양한 정의에서 중요한 점을 정리하자면, 다음과 같다.

1) 과거부터 현재, 그리고 미래까지 우리 삶 전체를 범위로 한다.
2) 직업을 포함하여 세상과의 만남(상호작용, 적응 등)을 전제로 하고 있다.
3) 계속해서 한 개인이 성장하고 진화해 나간다.
4) 한 개인이 스스로 책임을 져야 한다.

작게는 눈앞의 취업준비나 입시준비 등이 진로개발을 위한 중요한 과업이기도 하다. 그러나 우리가 살펴볼 진로개발의 개념은 우리가 살아갈 미래를 그려보고 계획하는 것을 의미하며, 그러기 위해 자신에 대해서 잘 이해해야 하고, 앞으로 다가올 변화와 미래를 전망해야 하며, 무엇보다 자신의 성장에 대해 스스로 책임감을 가져야 한다는 점을 기억하자.

2) 진로개발, 꼭 해야 할까?

진로개발에 앞서 이런 생각이 들 수 있다. 한번 스스로에게 물어보자. 아마도 대부분은 '진로개발을 하긴 해야 할 것 같다'라고 생각할 것이다. 하지만 지금 꼭 진로에 대해 집중해서 무언가를 해야 하냐고 질문을 한다면 그 답은 각자 다 다를 것이다. 이제 갓 입학한 대학생이라면 새로운 대학이라는 환경에 적응하는 것이 더 급한 문제일 수 있고 졸업 후 미래에 대한 고민은 덜 급한 문제일 것이다. 반면 3학년이나 4학년이라면 졸업 후 사회진출에 대한 고민이 많아질 것이며, 특히 취업준비와 입사지원에 대한 고민이 가장 클 수 있다.

가만히 오늘 하루 또는 지난 일주일을 떠올려보며 내가 무엇을 해왔는지 생각해보자. 우리는 분명히 어떤 '일'을 했을 것이다. 사전을 찾아보면 '일(work)'이란 '무엇을 이루거나 적절한 대가를 받기 위하여 어떤 장소에서 일정한 시간 동안 몸을 움직이거나 머리를 쓰는 활동'(네이버 사전)이라고 정의하고 있다. 즉, 무언가 이루기 위해 또는 어떤 보상을 위해 내가 했던 모든 활동을 우리는 '일'이라고 한다. 여가활동이나 취미생활, 봉사 등

임금을 받지 않는 모든 활동을 포함하는 말로, 우리는 항상 어떤 활동을 하고 있다. 이런 활동들은 나의 과거를 구성하는 다양한 경험들이 되며, 경험하는 순간에는 잘 모를 수 있지만 나와 나를 둘러싼 세상에 대해 알아가는 데 도움이 되는 정보를 습득하고 배우고 성장하는 과정이다. 즉, 우리는 항상 '일'을 하고 있으며, 그 과정에서 배우고 성장하고 있다.

이러한 모든 활동은 진로라는 맥락에 포함이 된다. 우리가 일부러 진로개발을 하려고 하지 않아도, 우리는 일상에서 이미 진로라는 큰 맥락 안에 있다. 그 안에서 성장하고 발전하고 있다. 다만 그것을 명료하게 또는 구체적으로 인지하고 성찰하는 별도의 노력을 하고 있지 않을 뿐이다.

다시 질문으로 돌아가서, '진로개발을 꼭 해야 하나?'란 질문은 사실 오해에서 비롯된 질문이기도 하다. 즉, 진로개발을 취업준비나 입시준비 등과 같이 큰 변화에 대한 대비로 오해하기 때문에 하는 질문일 수도 있다. 취업이나 입시, 전직이나 이직 등은 진로개발 과정에서 전환기라고 하는 일시적 시간에 국한되는 사건일 뿐이다. 물론 이런 전환기를 예상하고 대비하는 것은 중요한 일이다. 그러나 진로개발을 전환기의 준비로만 생각한다면 우리는 많은 것을 놓칠 수도 있다.

질문을 다시 해 볼 필요가 있다. 이렇게 질문을 해 보면 어떨까?

지금 현재 나는 진로 또는 미래에 대해 고민이 있는가?
- 그 고민은 구체적으로 무엇인가?
- 그 고민이 생기는 이유나 원인은 무엇인가?

만약 지금 진로 또는 미래에 대해 고민이 있다면, 지금 그 고민이 무엇인지를 구체적으로 알 필요가 있다. 구체적인 고민을 한번 써 보자. 진로, 미래, 직업 등에 대한 고민들을 생각나는 대로 적어보고 정리해 본다면 고민의 윤곽이 드러날 것이다. 고민이 구체적이면 구체적일수록 해결할 방법을 찾기가 쉬워진다. 구체적인 고민이 왜 고민인지 또는 어떤 어려움인지를 정리하며 그 이유나 원인까지 분석한다면 해결할 방법은 더 명료해진다. <활동 3-1> '나의 진로 고민은 무엇인가?'를 활용하여 나의 진로에 대한 고민에 대해 생각하고 정리해보자.

활동 3-1 / 나의 진로 고민은 무엇인가?

1단계
나의 미래에 대해 고민이 있다면 한번 적어보자.
처음에는 그냥 생각나는 대로 적어 본다.

2단계
1단계에서 적은 고민들 중 유사한 것은 합쳐 보고, 또 생각나는 것들은 더 적어보자.
단, 2단계에서는 좀 더 구체적으로 고민을 작성해 본다.
(예시) (1단계) 미래가 불안하다. → (2단계) 앞으로 어떤 변화가 올지 몰라 불안하다.

3단계
2단계에서 좀 더 구체적으로 적은 고민들의 이유나 원인을 생각해보자.
왜 그런 고민을 하게 되며, 그런 어려움이 예상되는가?

4단계
원인을 해결할 수 있는 방법을 떠올려 보자. 방법이 굳이 정확하지 않아도 된다.
지금은 문제 해결을 위한 다양한 방법을 생각하는 정도로 적어보자.

대부분 자기 자신과 나의 미래에 관심이 있고 고민이 있다. 만약 지금 진로 또는 미래에 고민이 없다고 한다면 그 원인은 다양할 수 있다. 먼저 이미 진로에 대한 목표가 명확하여 현재 그 목표를 향해 구체적인 준비를 하고 있는 경우이다. 내가 가고자 하는 방향이 명확하기 때문에 어떤 어려움이나 장애물이든 이겨낼 수 있다는 생각이 확고하여 현재 진로에 대한 고민이 없다고 느낄 수 있다. 하지만 미래의 불확실성이나 불안 등은 어느 정도 느끼기 마련이다. 두 번째로 현재 해결해야 할 일에 몰입하고 있거나 새로운 환경에 적응하는 데 집중해야 하는 시기일 수 있다. 미래에 대해 고민이 없는 것은 아니다. 하지만 현재 눈앞에 닥친 일들을 해내야 하는 시기이기 때문에 잠시 그 고민을 미뤄둔 것 뿐이다. 현재 급하고 중요한 영역에 집중하여 문제를 해결한 후에 또는 해결하는 중에 진로에 대한 고민을 다루면 된다. 또 다른 경우로 현재 좌절감이나 무기력한 상태일 수 있다. 일상에서의 스트레스나 충격적인 사건, 만성적인 우울감, 무망감 등이 심할 경우 당장 오늘이나 내일의 일도 고민하기도 어렵고 그럴 여유도 못 느낄 수 있다. 자신의 우울감이나 좌절감이 꽤 있다고 느낀다면 학생상담센터의 심리상담 서비스 등을 이용해 전문적인 도움을 받아볼 것을 적극적으로 권장한다. 스스로 회복할 수 있겠지만, 전문적인 도움을 통해 적어도 회복하는 시간을 좀 더 앞당길 수 있다.

<활동 3-1>을 활용하여 나의 진로에 대한 고민을 명확히 하고 그 원인을 분석하고 다양한 해결 방법들을 떠올렸다면 이 자체가 사실 진로개발 과정에 있는 것이다. 떠올린 해결 방법들이 현실적으로 가능한지를 확인하고 실천 가능한 방법을 선택하여 계획을 수립하고 실행하면 된다. 우리는 대부분 진로개발이라는 용어를 쓰지 않아도 일상에서 이러한 과정들을 통해 문제를 해결해 나간다. 다만 그 방법에 있어서 전문가가 제시하는 구체적인 방법들을 활용할지 말지 선택하기 나름이다. 진로개발에 대해 많은 학자와 연구자, 전문가들이 오랜 기간 다양한 연구를 통해 이론과 실천 방법들을 제시하여 좀 더 효과적으로 진로고민을 해결해 나갈 수 있도록 안내하고 있다. 경험 많은 선배들이나 성공한 유명인의 말들을 들어봐도 대체로 이러한 이론과 실천 방법의 틀에서 크게 벗어나지 않는다. 우리는 다만 이러한 이론과 방법들이 과연 효과적인지 자신에게 적용해서 한 번 노력해보고, 나에게 맞는 것인지 아닌지를 확인해 볼 필요가 있다.

전문가들이 효과적이라고 말하는 방법들은 막상 들어보면 익히 알고 있는 것일 수 있다. 하지만 실제로 그것을 실천하는 사람은 주변에서 찾아보기 쉽지 않다. 방송이나 언론 등을 통해 우리가 건강하게 살 수 있는 여러 가지 방법들을 의사들이 말하지만(규칙적으로 운동하기, 건강한 식습관 유지하기, 건강에 해로운 습관 없애기 등) 사실 우리가 다 아는 방법들이라 진부하게 들리고 잘 실천하지 않는 것처럼. 하지만 막상 병에 걸리거나 몸이 약해지면 건강에 해로운 습관을 바꾸고, 운동을 시작하고, 식단을 관리하는 등 비로소 무언가 실천하기 시작한다. 애초에 건강을 유지하는 것이 사실 더 쉬운 일인데 대부분 그렇게 하지 않는다.

진로개발도 마찬가지이다. 나에 대해서 명확하게 이해하고, 다양한 직업과 진로에 대해 탐색하며 구체적인 정보를 많이 찾아보고, 앞으로 미래에 대해 생각해보며 장단기 목표와 계획을 세워 실천하면 된다. 그렇게 새로운 얘기도 아니고 특별한 해결책을 주는 것도 아닌 것 같다. 그러나 곧 취업이 다가오거나 대학 입시가 다가오던 그때가 돼서야 해야 할 것들을 인식하고 급하게 뭔가 해야겠다는 압박을 느끼며 진로개발에 뛰어든다. 취업에 임박해서 채용정보를 알아보고, 이런저런 조언을 구하며 기업이나 직무에 대해 알아보고, 이력서와 자기소개서를 정리하는 등 취업준비를 급하게 시작하는 사례도 빈번하다. 대부분 급한 마음에 내가 원하는 목표나 계획을 뒤로한 채 무조건 취업을 위해 동분서주한다. 하지만 주어진 시간은 너무도 부족하고, 입사서류 작성, 입사지원, 면접준비 등 준비할 것들이 많아 너무 바쁘다. 스트레스도 많이 받고 각 단계마다 힘이 든다. 막상 면접에 가 보면 오랜 시간 준비한 경쟁자들을 만날 것이다. 그런 경쟁자를 보며 나도 저렇게 준비했으면 하는 후회감이 몰려온다. '미리 준비하면 좋았을텐데' 하면서.

다시 말하지만 취업준비는 진로개발이란 관점에서 전환기의 매우 짧은 한 순간이다. 이 짧은 순간 제대로 된 진로개발을 한다는 것은 역부족이다. 진로개발은 운동과 같은 것이다. 매일매일 계획한 대로 운동을 하면서 정기적으로 체력검사를 통해 운동의 전략과 방향을 수정해 나가는 것과 같이 진로개발도 매일매일 목표를 향한 꾸준한 실천뿐만 아니라 나 자신과 내 미래를 성찰하고 되돌아보는 멈춤도 포함한다.

자, 이제 여러분은 어떤 선택을 하고 싶은가? 지금, 진로개발을 할 것인가, 아닌가. 선택은 여러분의 몫이다.

아, 그리고 하나 더. 선택을 안 하는 것도 하나의 선택이다. 그리고 항상 선택의 결과에 대해 자신이 책임져야 한다.

내 인생은 누가 대신 살아주는 것이 아니므로.

2 진로개발 이론

진로개발과 관련된 이론은 다양하다. 본 장에서는 진로개발 이론의 발전 과정을 매우 간략하게 살펴볼 것이다. 각 시대마다 사람들의 진로 고민이 무엇이었는가를 생각해보며, 그 시대의 고민을 해결하기 위한 대표적인 진로개발 이론을 살펴보고자 한다. 지금 이 시대에 여러분이 갖고 있는 고민들에 어떤 이론이 도움이 될지도 살펴보자.

그림 3-1 진로개발 이론의 발전

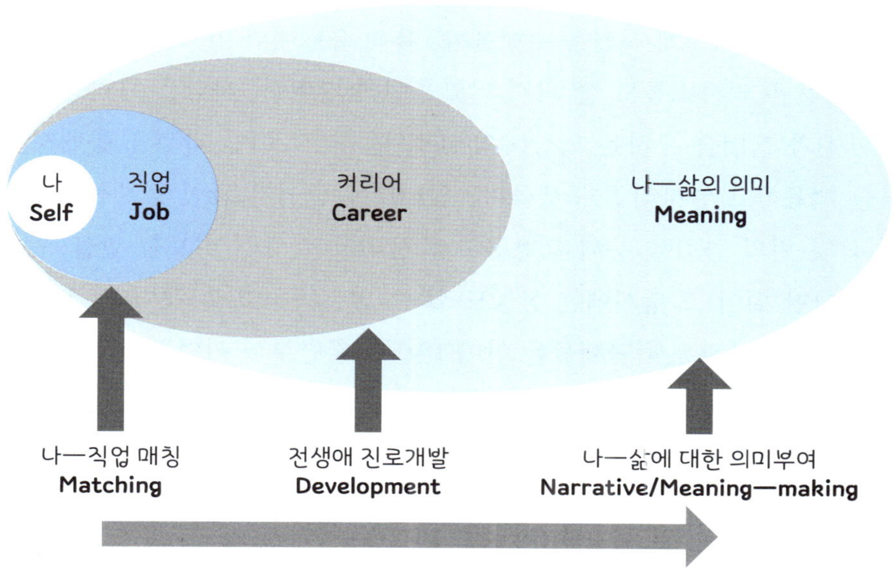

진로개발 이론은 [그림 3-1]과 같이 크게 세 가지 시기로 구분할 수 있다. 20세기 초 나와 직업을 매칭하는 '특성-요인 이론'을 시작으로, 20세기 중반 진로발달 개념을 중심으로 하는 '전생애 진로개발', 20세기 후반부터 21세기 초 현재까지 구성주의를 중심으로 하는 '나-삶에 대한 의미'를 강조하는 이론까지 발전되어 왔다. 각 시기별로 조금 더 자세히 알아보도록 하자.

1) 나와 직업을 매칭하는 이론(특성-요인 이론)

19세기 말부터 20세기 초 미국은 경제성장과 더불어 산업화가 이루어지던 시기이다. 무엇보다 이 시기 대규모 이민이 진행되면서 도시에 이민자들이 유입되고 있었고, 농촌에서 도시로의 인구이동도 계속 진행되었다. 도시 및 근교에 많은 공장과 기업들이 들어서면서 산업이 매우 발전하던 시기였다.

전국 각지에서 그리고 대규모 이민을 통해 유럽 등에서 온 사람들이 제조업과 일자리가 집중되어 있는 도시로 몰려오고 있었다. 도시로 온 사람들은 그 당시 어떻게 직업을 구했을까? 특히 유럽이나 아시아 등지에서 온 이민자들은 의사소통도 잘 되지 않았을텐데 말이다. 사람을 구하는 입장(구인자)과 직업을 구하는 입장(구직자)에서는 각각 어떤 과정을 통해서 사람을 채용하고 일자리를 구했을까? 인터넷에 들어가 관련 정보를 검색하거나 몇 번의 클릭을 통해 채용공고를 올리고 일자리 정보를 찾을 수 있는 간단한 일이 그 당시에는 상상도 할 수 없는 일이었을 것이다. 몇몇 사회개혁가나 자원봉사 단체들은 이미 19세기 후반부터 직업과 관련된 어떤 서비스가 필요하다는 주장을 하고 있었고, 직업을 찾도록 도와줄 수 있는 전문가가 필요하다는 생각을 가지고 있었던 것으로 보인다.

변호사와 사회개혁가로 활동하던 프랭크 파슨스(Frank Parsons)는 이민자나 빈곤층, 청년 등을 대상으로 강연 등의 활동을 통해 사회적 권리와 직업선택에 대해 설파하였다. 당시 노동문제와 이민자를 도와주던 보스턴 사회복지재단인 Civic Service House에 1908년 직업국(Vocation Bureau)이라는 새로운 부서를 만들면서 파슨스의 주도로 본격적인 직업상담 활동이 시작되었다. 이는 세계 최초로 직업상담 서비스를 제공하는 기관이었으며, 이후 이와 같은 기관이 학교 및 공공기관에 설치되었다. 안타깝게도 파슨스는 1908년 생을 마감하였으나, 그가 집필했던 책은 『Choosing a Vocation(직업을 선택하기)』라는 제목으로 사후 출판(Parsons, 1909)되었다. 이러한 공로로 진로상담 또는 진로개발 분야에서 파슨스를 '직업상담의 아버지'로 불린다.

우리가 여기서 하나 살펴볼 것은 파슨스의 저서 『Choosing a Vocation』의 제목이다. '직업'이란 단어는 영어로 다양하게 표현될 수 있는데, 우리가 잘 아는 Job이나 Occupation이란 단어보다 왜 Vocation이란 말을 썼는지 주목할 필요가 있다. 모두 다 직업과 관련된 표현이지만, Job은 일, 일자리, 직무를 의미하며, Occupation은 직업을 의미한다. 엄밀히 말하자면 Occupation은 비슷한 직무(job)을 수행하는 직업들 또는 직종을 의미하는 반면, Job은 구체적인 직무나 어떤 조직 내 구체적인 일자리나 역할을 가리키는 것으로, Occupation보다 더 좁은 개념이다. A라는 회사의 영업사원이 영업 업무를 하고 있다면 이는 Job을 의미하며, B라는 회사로 이직하거나 같은 회사에서 다른 지점으로 발령을 받는다면 비슷한 일을 하더라도 맡은 업무, 즉 직무가 다르기 때문에 Job은 변하게 된다. 하지만 소속이 바뀌더라도 영업직 또는 판매직으로 영업이나 판매 관련 업무를 계속한다면 직업(Occupation)은 동일하다. Job을 '직무'로 Occupation을 '직업'으로 생각하면 된다.

반면 Vocation은 사전적 정의를 보더라도 소명, 천직이라고 번역되며, 사명감 등과 함께 표현된다. 파슨스의 저서 『Choosing a Vocation』은 '직업의 선택'이라기 보다는 '소명이나 천직의 선택'으로 이해하는 것이 제목의 취지에 더 맞는 것이다. 즉, 청년들을 향해 자신의 소명이나 천직인 직업에 대해 알고 선택하라는 주문이 아니었을까.

사명감도 느끼고 소명이나 천직으로 생각되는 직업은 어떻게 선택할 수 있을까? 파슨스은 그 과정을 3단계로 설명하고 있다.

1. 자신에 대한 이해
2. 직업 세계에 대한 이해
3. 합리적인 추론

먼저 내가 어떤 사람인지를 잘 알아야 한다. 즉, 내가 가지고 있는 다양한 특성들이 있는데, 이러한 특성들을 잘 관찰하고 파악해야 한다는 의미이다. 사람에게는 잘 변하지 않는 특성(trait)이 있다. 성격이나 흥미, 가치관 등이 여기에 해당되며, 이러한 특성들은 시간이 지나도 잘 변하지 않는다. 물론 성장하면서 성격 등은 조금씩 변하겠지만 기분과 같이 매일 변하지는 않는다. 즉, 시간이 지나도 잘 변하지 않는 안정적인 자신의 특성에 대해 잘 알아야 한다는 것이다.

자신에 대한 이해와 더불어 우리는 직업에 대해 잘 알아야 한다. 어떤 직업들이 있는지, 관심가는 직업은 어떤 특징(요구능력, 일자리 기회, 보상 등)이 있는지 직업세계에 대해 잘 알고 있어야 한다. 우리 특성에 맞는 직업을 선택하기 위해서는 우리가 아는 직업이 많아야 한다. 그리고 그냥 아는 직업이 아니라 좀 더 구체적이고 정확하게 직업에 대해 알고 있어야 하며, 이때 알아야 할 직업의 특징을 '요인(factor)'이라고 한다.

마지막으로 자신과 직업세계에 대한 이해를 바탕으로 우리는 합리적인 추론(true reasoning)을 통해 자신에게 잘 맞는 직업을 선택한다. 즉, 나와 직업을 매칭하는 과정이며, 진로의사결정이라고도 할 수 있다.

파슨스가 제안한 직업선택의 과정은 사람의 특성(trait)과 직업의 요인(factor)을 잘 매칭한다는 의미로 '특성-요인 이론(trait-factor theory)'이라고 부른다. 특성-요인 이론은 진로상담 또는 진로개발의 최초의 이론으로 이후 많은 연구자들이 진로개발 이론을 더 정교하게 발전시키고 다양한 직업관련 심리검사가 발전하는 토대가 되었다.

다시 19세기 말부터 20세기 초의 시대적 상황을 돌이켜보자. 파슨스가 살았던 그 시대는 미국이라는 곳에서 산업화로 인해 많은 제조업이 번성하고 있었고, 이민자를 포함한 많은 사람들이 공장이 있는 도시로 몰려들고 있었다. 사회개혁가들이 주장했듯이 직업상담이 절실히 필요했던 시기였고, '자신에게 맞는 직업은 무엇일까'란 고민을 해결해주기 위해 노력했던 시기이다. 이에 파슨스는 3단계의 직업선택 과정을 제안하였고, 이 최초의 진로개발 이론은 이후 다른 진로개발 이론들의 기초가 되었다. 즉, '특성-요인 이론'이 시작된 것은 그 당시의 시대적 요구가 있었기 때문이며 당시 사람들이 해결하고자 했던 진로에 대한 고민에서 출발되었다고 해도 과언이 아닐 것이다.

활동 3-2 / 생각해보기

파슨스는 자신의 저서를 통해 직업 선택이 아니라 소명(calling)의 선택 또는 천직의 선택이라는 표현을 했다. 지금 나는 별 의미없이 하나의 직업을 선택하려는 것일까, 아니면 소명이나 천직을 생각하며 직업을 고려하고 있는가? 소명이란 매슬로우가 제안했던 욕구 단계설에서 가장 최상단의 '자기실현'을 하는 것과 같은 것이다. 나의 직업에 대해 어떤 가치를 느끼고 그 일을 내가 해내야 한다는 사명감도 있는 것을 의미한다. 그럼, 나의 소명은 무엇인가? 만약에 지금 없다면, 어떤 소명을 가지면 좋을까? 어떤 가치가 중요하다고 생각하는가? 세상에 어떤 가치를 전파하고 싶은가? 간단하게라도 떠오르는 생각을 적어보자.

2) 전생애 진로개발(진로발달이론)

20세기 중반에 들어서면서 제2차 세계대전 이후 미국 경제는 급속히 성장하고 수많은 대기업이 등장하여 안정적인 일자리를 제공하기 시작했다. 경제성장과 산업화, 기술혁신 등을 통해 사람들은 괜찮은 직장에서 오랜 기간 일할 수 있었으며, 그 결과 미국에서 중산층이 확산했다. 특히 대기업 등에서는 연금제도를 통해 은퇴 후 안정적인 삶을 보장하면서 장기적인 근무를 통한 커리어개발을 장려하였다. 중산층 인구가 증가하며 풍요롭고 안정적인 삶을 누리던 이 시기에 사람들은 진로에 대해 어떤 고민이 있었을까?

안정적인 삶이 가능한 사회였더라도 직장인은 조직 내 사다리를 통한 승진을 위해 어떤 노력을 해야 할지 고민했을 것이고, 퇴직자는 은퇴 이후에 어떤 삶을 살아야 할지 고민했을 것이다. 그리고 교사나 부모들은 학생이나 자녀들이 진로를 잘 선택하도록 진로에 대한 지도와 교육은 어떻게 하면 좋을지 고민했을 것이고, 연구자들은 직업 선택에 초점이 맞춰진 '특성-요인 이론'에서 더 나아가 한 사람이 태어나서 죽을 때까지 직업을 포함한 삶의 경로에 대해 관심을 갖기 시작했다. 즉, 이 시기의 사회경제적 배경과 사람들의 진로에 대한 고민을 바탕으로, 진로개발이라는 영역은 직업 선택의 한정된 기간이 아니라 '요람에서 무덤까지'라는 전생애에 걸친 진로발달이라는 관점으로 접근하였다. 여러 연구자의 다양한 노력들이 있었으며, 그중 대표적인 진로발달 학자인 도널드 수퍼(Donald Super)가 진로발달이론을 제안하였다.

진로발달이론은 진로라는 영역에서 한 사람이 어떻게 발달해 나가는지를 설명하는 이론이다. 수퍼는 전생애에 걸쳐 성장기, 탐색기, 확립기, 유지기, 쇠퇴기라는 다섯 단계로 발달한다고 보았다.

- 성장기(출생~14세): 아이가 태어나서 성장을 하는 시기로, 가족과 마을, 학교 등을 통해 다양한 경험을 하면서 자신과 직업에 대해 인식하는 단계이다. 성장기는 다시 환상기, 흥미기, 능력기로 나뉜다. 어린 아이들은 자신의 능력이나 흥미, 직업에 대해 잘 모르는 상태로 대통령이나 우주비행사 같은 꿈을 말한다(환상기). 점차 성장하면서 내가 좋고 싫어하는 대상이나 활동에 대해 인식하게 되고, 좋아하는 활동이나 대상과 관련된 직업을 말하게 된다(흥미기). 조금 더 성장하여 특히 학교에 다니기 시작하면서 자신의 능력에 대해 알게 되고 이와 관련된 직업을 꿈꾸게 된다(능력기). 이처럼 성장기는 자신과 직업에 대해 점차 인식해 나가는 단계이다.
- 탐색기(15~24세): 탐색기는 말 그대로 직업에 대해 탐색하는 시기를 의미한다. 자신의 흥미와 능력을 좀 더 명료하게 알게 되며, 관심있는 직업을 탐색하며 관련 활동을 통해 다양한 실험을 하게 되는 단계이다. 탐색기는 결정화, 구체화, 실행으로 나뉜다. 중학교쯤 되는 학생들은 점차 자신의 흥미와 능력, 가치 등에 대해 명확한 인식을 하며, 이와 관련된 직업들을 잠정적으로 마음에 담아두게 된다(결정화). 여기서 '결정화(crystallization)'란 무언가 결정한다는 듯이 아니라 물이 얼어가면서 눈꽃과 같은 '결정체(crystal)'로 변하는 과정을 비유한 표현이다. 자신의 능력과 흥미, 가치 등이 이전에는 투명한 물처럼 잘 안 보였다면, 탐색기에 들어서면서 눈에 안 보이던 물이 결정체인 눈이 되어 눈에 보이듯이 자신의 능력과 흥미, 가치가 뚜렷해진다는 의미이다. 자신이 고려하는 직업들도 이전에는 흐릿했지만 점차 명확해진다는 의미로 생각하면 된다. 결정화를 거치게 되면 학생들은 점차 구체적인 직업들을 선택하고 구체적인 계획을 세운다(구체화). 그리고 선택한 직업을 위해 수립한 계획에 따라 관련된 교육이나 훈련을 받거나 실무경험 등을 하고, 실제 그 직업에 입직하게 된다(실행).
- 확립기(25~44세): 확립기는 자신이 선택하여 입직한 직업에서 안정적으로 정착하고 발전해 나가는 단계이다. 확립기는 안정화, 공고화, 발전으로 나뉜다. 사회인으로서 첫 직업을 갖게 되면 자신이 생각했었던 그 직업이 맞는지를 직접 경험을 하면서 다시 한번 확인하게 되고, 그게 맞다면 그 직업과 직장에 안정적으로 정착하기 위해 노력하는 단계를 거친다

(안정화). 안정적인 정착기를 거치면 점차 역할이 늘어나고 중요한 직무를 수행하며 자신의 능력과 성과를 보여주는 시기로 들어간다(공고화). 어느 정도 자신의 자리에 정착했을 뿐만 아니라 성과를 내는 위치가 된 이후에는 조직 내 승진이나 커리어에 발전을 위해 노력하는 시기로 들어선다(발전).

- 유지기(45~64세): 유지기는 확립한 자신의 커리어를 유지하면서 적응과 변화를 꾀하는 단계이다. 유지기는 유지(holding), 혁신과 갱신(innovating/updating), 은퇴준비(decelerating)로 나뉜다. 확립기를 거친 사람은 기존의 직무나 직업을 생산적인 수준에서 계속 유지하거나(유지), 환경의 변화에 따라 자신의 지식과 스킬을 갱신하거나 매우 큰 범위로 능력을 향상시킬 수 있다(혁신과 갱신). 그리고 은퇴 시기가 다가오면서 점차 활동의 범위나 수준을 줄이며 은퇴를 준비하는 과정에 들어간다(은퇴준비).
- 쇠퇴기(65세 이후): 쇠퇴기는 은퇴 전후로 남은 삶을 계획하고 노년의 삶을 꾸려가는 단계이다. 쇠퇴기는 은퇴 준비와 은퇴 후 생활로 나뉜다. 은퇴시기가 다가오면 구체적인 은퇴를 준비하고 은퇴 후의 삶을 준비한다(은퇴 준비). 은퇴를 하게 되면 직업과 관련된 역할에서 벗어나 가족이나 사회, 봉사 등 개인적인 삶을 살아가게 된다(은퇴 후 생활).

수퍼는 우리의 삶을 위와 같이 크게 다섯 단계의 발달과정으로 제안하였고, 그 당시 사회적 맥락에 따라 각 단계별 나이를 제시해 두었다. 현재 관점에서 보면 각 단계별 나이가 너무 빠르거나 늦을 수도 있다. 하지만 각 단계별로 무엇을 해야 하는지 발달과업에 대해 잘 설명하고 있으며, 여전히 우리의 삶을 잘 설명해주고 있다. 수퍼는 또한 재순환(recycle)이란 개념을 소개하고 있다. 즉, 우리는 위와 같은 다섯 단계를 일직선과 같은 순서에 따라 사는 것이 아니라, 확립기나 안정기 등의 어느 순간에 다시 탐색기로 돌아가서 다시 단계를 시작할 수도 있다.

20세기 중반에 들어서면서 경제적으로 안정된 사회였던 미국에서 직업과 관련된 사람들의 고민은 직업선택이라는 좁은 문제에서 보다 더 넓은 범위의 삶에 대한 고민으로 확대되었다. 즉, 아이들의 진로교육부터 은퇴 후의 삶까지로 확장되었다. 이 시기부터 커리어(career)라는 표현이 사용되기 시작하였으며, 수퍼의 진로발달이론은 이 시기를 대표하는 이론이 되었고, 진로라는 영역도 전생애로 확장되었다.

활동 3-3 / 생각해보기

- 수퍼는 전생애를 5개 단계로 구분하고 있다. 나는 지금 어떤 단계에 있는가? 그 단계에서 말하고 있는 발달과업은 무엇이며, 나는 얼마나 발달과업을 잘 수행하고 있는가?
- 어릴 적의 기억을 떠올려 보며 나의 꿈은 어떻게 바뀌었는지를 생각해보자. 내 꿈의 변천과정과 수퍼가 말한 '성장기'의 하위단계들 사이에는 어떤 관계가 있는가?

3) 나-삶에 대한 의미부여(21세기 진로개발이론)

이제 우리 시대에 대해 얘기해보고자 한다. 우리 시대의 키워드는 무엇일까? 아마도 인공지능이나 로봇 등이 먼저 떠오르지 않을까 한다. 인간과 인공지능 또는 로봇이 공존하는 사회가 올 것이라 예상이 되는 지금, 앞으로 우리의 삶은 어떻게 바뀔지 기대도 되는 한편 두려운 마음도 든다.

20세기 중반 이후 기술은 끊임없이 발전하며 변화하고 있다. 기술의 변화 속도를 가늠하기 위해서, 제품이 새로 출시되고 5,000만 명이 사용할 때까지의 시간을 한번 살펴보도록 하자. 먼저 비행기는 5,000만 명이 탑승할 때까지 무려 68년이 걸렸다. 자동차는 62년, 전화기는 50년, 전기는 46년이라고 한다. 이후 텔레비전은 22년, 컴퓨터는 14년, 휴대폰은 12년이 걸렸으며, 인터넷은 7년, 유튜브는 4년이 걸렸다. 그리고 일전에 유행했던 '포켓몬 고'라는 게임 앱은 19일이 걸렸고, 최근 화제가 되고 있는 ChatGPT

는 2달(60일)이 걸렸다고 한다. 물론 소프트웨어와 비행기를 단순 비교하는 것은 무리가 있다. 하지만 새로운 기술이 적용된 어떤 제품이나 서비스가 우리 실생활에 도달하는 기간이 점점 짧아지고 있는 것이 사실이다. 어떤 분야에 조금 관심을 갖고 있는 사람이라면 인터넷이라는 망을 통해서 거의 실시간으로 정보를 얻거나 서비스를 이용할 수 있게 되었다. 기술이 변화하는 속도가 빨라질 뿐만 아니라 우리에게 전달되는 속도도 빨라지고 있다. 변화의 물결이 너무 빠르게 그리고 거칠게 다가오는 것 같다.

그러면 이제 우리 사람들의 수명은 어떤지 살펴보자. 미국 기준으로 1800년대는 기대수명이 39세였고, 1900년대는 47세였다. 그리고 1950년에 68세, 2000년 77세, 2024년 기준 79세라고 한다. 한국인의 기대수명은 이보다 더 길게 2024년 기준 84세라고 한다. 인간의 수명은 점차 늘어가고 있다. 기대수명은 평균을 의미하기 때문에 우리 세대는 실제로 100세 이상을 사는 사람이 많을 것으로 예상이 되며, 이미 건강하고 정정한 90세가 넘은 할머니나 할아버지들을 주변에서 그리 어렵지 않게 만날 수 있다. 앞으로 제약 및 의학 기술도 계속 발전하면서 아마 100세 넘게 사는 것이 평범한 시대가 될 것이다.

이처럼 기술은 빠르게 발전하고 있으며 사람들의 수명도 늘어나고 있다. 반면 기업들은 어떤가 살펴보자. 미국 기업을 기준으로 기업의 평균 수명을 살펴보면, 1935년 기준 90년, 1958년 기준 61년, 1980년 기준 25년이었으며, 2018년 기준 18년이라고 한다. 기업의 평균 수명은 점차 짧아지고 있다. 앞서 설명했던 진로발달이론이 제안되던 20세기 중반의 시기는 기업들이 정년을 보장하면서 연금제도를 활용해 직장인들에게 은퇴자금까지 챙겨주고 있었다. 하지만 미국에서는 1970년대 두 차례의 석유파동을 겪으면서 기업들이 대규모로 구조조정을 하고, 복지(연금제도)를 축소했으며, 언제라도 위기에 대응할 수 있는 유연한 고용 구조를 만들었다. 우리나라에서는 1997년 외환위기를 겪으면서 기업의 구조와 경제가 많은 변화를 겪었고, 정년 보장은 이제 옛말이 되었다. 설령 정년을 보장해 준다고 하더라도 이제 기업의 수명은 사람의 수명보다 짧아졌다. 즉, 내가 정년까지 노력해서 직장을 다니고 싶어도 기업이 더 오래 살아남는다고 기대하기 어려워졌다.

이러한 변화는 진로개발에 큰 변화를 가져 왔다. 이전 시기에는 기업이나 조직이 개인의 커리어를 관리하고 개발해주었다면, 이제는 개인이 스스로 자신의 커리어를 관리하고 개발해야 한다. 그리고 기술변화는 직업에도 변화를 가져오고 있으며, 우리는 새로운 기술을 배워 스스로 갱신하지 않으면 안 되는 시대에 살고 있다. 변화가 극심한 우리 시대에 우리는 어떻게 살아가야 할 것인가? 변화에 대해 어떻게 대처할 것인가?

모든 영역에서의 변화는 우리가 피할 수 있는 것이 아니다. 피할 수 없으면 우리는 이러한 변화에 적응해야 한다. 우리 모두 이러한 변화에 잘 적응하여 잘 살아가고 싶다. 그렇다면 '잘 적응한다'는 것은 어떤 의미일까? 최근의 진로개발 이론에서도 '적응'을 강조한다. 그러면서 한편으로 '나(self)'가 중요하다고 말한다. 왜 그럴까?

변화에 적응한다는 것을 바다위의 배에 비유해보자. 바다에서 발생하는 파도라던가 바람, 폭풍 등은 변화를 의미하고, 배는 자신(나, self)을 나타낸다. 배가 출항해서 망망대해로 나간다. 항해하는 도중에 배는 동서남북에서 거칠게 밀려오는 파도와 바람에 '적응'해야 한다. 파도가 배 옆을 친다면 배는 전복될 것이다. 밀려오는 파도를 45도 각도로 비스듬하게 잘 넘어가야 한다. 바람이 분다면 바람을 이용하거나 바람의 저항을 최소화하도록 해야한다. 폭풍이 친다면 비를 비할 곳을 찾거나 비를 맞으면서도 안전하게 항해할 수 있어야 한다. 이 모든 방법이 바다의 변화에 적응하는 것이다. 밀려오는 파도에 전복되지 않기 위해 우리는 열심히 파도를 넘고 또 넘을 것이다. 그렇게 계속 가다보면, 배는 어디에 도착해 있을까? 눈앞의 파도만을 보고 적응한 결과, 우리는 아마 계속 망망대해에 있거나 무인

도에 가 있을 것이다. 다행히 육지에 도착했더라도 우리가 모르는 곳, 예상치 못한 곳에 가 있을 것이다. 배의 원래 목적지를 망각한 채 말이다.

'바다 위의 배' 비유처럼 우리도 변화에 적응하며 살고 있다. 하지만 밀려오는 변화에만 집중하여 그때마다 적응하려고 노력한다면, 우리는 어디에 가 있을까? 애초에 나는 어떤 목적으로 그런 노력을 했을까? 우리는 무엇을 위해 변화에 적응하는 노력을 했는가? 즉, '잘 적응한다'는 것은 무엇일까? 최근 진로개발 이론에서 강조하는 두 가지는 적응(adapting)과 자신(self)이다. 우리가 어떤 미래를 바라는지, 어떤 방향으로 가고 싶은지를 알려주는 것은 바로 '자신'이다. 즉, 나의 정체성이 중요하고, 내가 어떤 사람인지, 어떻게 살고 싶은지를 아는 것이 중요하다. 그래야 방향성이 생기고 변화에 적응하면서도 목적지를 잊지 않고 나아갈 수 있다. '나'를 안다는 것이 그 어떤 시대보다도 더 중요해졌다. 왜냐하면 기술변화로 인해 직업세계도 매우 빠르게 변화하기 때문이다. 우리가 처음 살펴봤던 '특성-요인 이론'을 떠올려 보자. 나를 잘 알고, 직업세계를 잘 알면, 그 두 가지를 합리적으로 매칭하면 될 일이었다. 하지만 두 번째 항목인 직업세계가 너무도 빠르게 변할 것이라는 점이 문제다. 직업을 탐색하여 어떤 직업을 선택하고 그 직업을 위해 전공을 선택한다면, 졸업 후 내가 원했던 그 직업이 여전히 그대로일까? 짧은 시간 안에 많은 변화는 없겠지만, 긴 미래의 관점에서 봤을 때 그 직업이 여전히 남아있을지, 어떻게 변할지 불확실해졌다. 그런 시대를 우리는 살고 있다. 그러면 우리는 무엇을 더 잘 알아야 하는가? 바로 '나 자신'이다. 내가 어떤 사람인지, 어떤 미래를 원하는지, 그 방향성은 무엇인지 알고 변화에 적응해야 한다.

변화무쌍한 우리 시대에 우리의 진로에 대한 고민은 무엇일까? 진로나 미래에 대한 고민은 이전이나 지금이나 크게 달라진 것은 없는 듯하다. 다만, 우리 시대에는 '적응'하는 것과 '자신(self)'을 아는 것이 더 강조되고 있다. 바다를 항해하는 배라는 비유로 살펴본 것과 같이 무엇보다 자신에 대해 잘 인지하는 것, 미래의 방향성을 설정하는 것이 중요하다. 이와 관련된 진로개발 이론으로 '희망-실천 이론(Hope-Action Theory)'을 살펴보도록 하자.

희망-실천 이론(Niles, Amundson & Yoon, 2019)은 희망의 중요성을 강조하면서 이 시대의 환경에 맞는 진로개발을 위한 절차를 잘 안내해주고 있다. 먼저 희망-실천 이론을 잘 표현하는 바람개비 모형([그림 3-2])을 하나씩 살펴보자.

그림 3-2 희망-실천 이론(Hope-Action Theory)

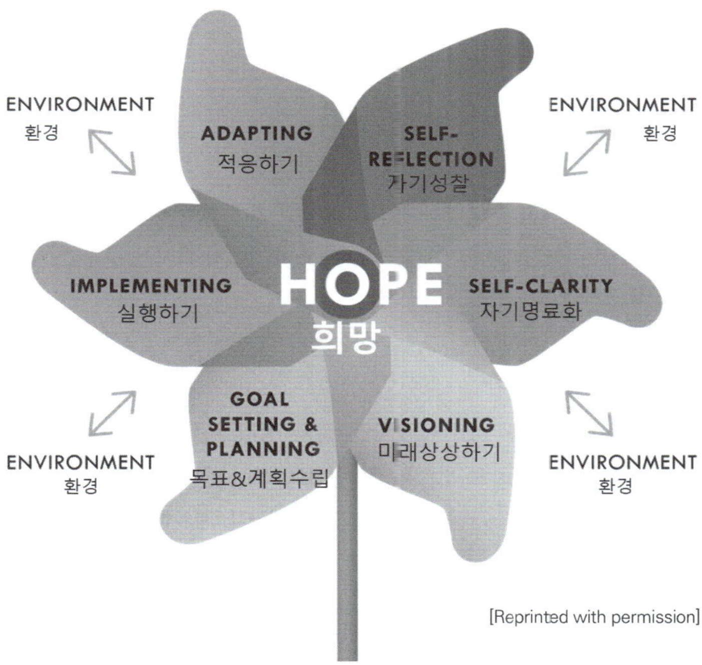

먼저 바람개비 모형의 한가운데는 진로개발에서 중요한 개념인 '희망(hope)'이 자리잡고 있다. 바람개비의 축이기도 한 희망은 진로개발에서 없어서는 안 될 만큼 중요하다는 의미를 표현하고 있다. 바람개비가 돌기 위해서는 희망이라는 축이 반드시 필요하다는 의미이다. 희망이 높다면 바람개비의 축이 강해서 흔들리지 않을 것이고, 든든한 축을 중심으로 바람개비도 잘 돌아간다. 반대로 희망이 낮다면 바람개비의 축이 약해서 흔들릴 수도 또는 빠질 수도 있을 것이고, 바람개비 날개는 잘 돌지 못할 뿐만 아니라 뿔뿔이 흩어져 버릴 수도 있다. 그만큼 희망은 진로개발 과정에 있어서 중요하다. 한편, 바람개비 날개에 표현된 진로개발의 각 과정들이 잘 돌아간다면, 가운데에 있는 저 희망도 높아진다는 의미를 나타내기도 한다. 즉, 바람개비 축인 희망과 바람개비 날개인 진로개발 과정이 모두 함께 영향을 주고 받는다는 의미이다.

활동 3-4 / 생각해보기

<우리는 어떻게 해야 '희망'을 느낄 수 있을까?>

희망-실천 이론은 기존의 세 개의 진로개발 이론을 통합한 것이다. 그중에서 희망의 개념은 Snyder라는 학자의 희망이론(Hope Theory)에서 가져온 것이다. 희망에 대해 잠시 알아보자.

여러분이 생각하는 '희망'이란 무엇인가? 먼저 사전적 정의로 '어떤 일을 이루거나 하기를 바람' 또는 '앞으로 잘 될 수 있는 가능성'(네이버 사전)으로 되어 있다. 이는 영어인 hope의 정의와도 크게 다르지 않지만, 좀 더 정서적인 것(feeling)으로 정의되고 있다. 즉, 우리가 일반적으로 느끼는 희망이란 정서적인 것에 좀 더 가까우며, 희망감이라는 표현이 좀 더 부합한다. 반면, Snyder의 희망이론에서 희망은 다음과 같이 정의된다.

"희망이란, 원하는 목표를 달성하기 위한 방법을 생각하는 능력과
그 방법들을 사용하려는 주도적인 생각으로 자신을 동기부여하는 것이다."
Hope is defined as the perceived capability to derive pathways to desired goals, and motivate oneself via agency thinking to use those pathways.

C. R. Snyder (2002)

일반적으로 우리가 생각했던 희망과는 다소 다른 듯이 보인다. 왜냐하면 우리는 희망을 매우 정서적인 것으로 보고 있기 때문이다. 신에게 기도하는 것이나 막연히 무언가 잘 될거라는 바람이나 소원과 같은 느낌으로 희망을 생각하는 것이 일반적이다. 하지만 희망이라는 정서를 느끼기 위해서는 어떤 인지적 과정이 있어야 한다. 우리는 좌절감이나 무망감(hopelessness)을 느끼는 상태에서 갑자기 희망(hope)을 느끼지 않는다. 그 사이에는 반드시 인지적 과정이 존재한다. Snyder의 희망이론에서 희망을 느끼려면 다음의 세 가지 인지적 요소가 있어야 한다.

- 목표(goal)
- 경로사고(pathways thinking)
- 주도사고(agency thinking)

앞서 살펴본 희망에 대한 정의에 위 세 가지 요소가 포함되어 있음을 알 수 있다. 즉, 이 세 가지 인지적 요소가 있어야만 우리는 비로소 희망을 느낀다.

희망-실천 이론의 바람개비 모형에서 각 날개를 살펴보자. 바람개비 모형의 날개들은 진로개발의 각 단계들을 의미하며, 진로개발을 하기 위해서는 어떤 것들을 해야하는지 알려주고 있다.

먼저 최상단에 있는 '자기성찰(self-reflection)'이 이 모형의 첫 단계로, 삶에 대한 큰 질문을 던지는 순간들이다(Amundson, Niles, & Yoon, 2020). 자기성찰은 나는 누구인가란 질문을 던지며, 내 삶과 앞으로의 미래는 어떻게 될 것인가란 질문을 던지는 것이다. 과거부터 현재까지 내가 했던 경험들을 되돌아보며 나는 어떤 생각을 가지고 있는지, 나와 세상에 대해 가지고 있는 신념은 무엇인지, 내가 중요하게 생각하는 것은 무엇인지, 내가 즐기거나 즐겁게 하는 것은 무엇인지 등 나에 대한 다양한 질문을 통해 자신에 대해 정리하는 단계이다. 자기성찰을 스스로 할 수 있는 방법은 다양한데, 그중 가장 대표적인 방법은 직업과 관련된 심리검사를 해보는 것이다. 현재 내가 즐기는 대상이나 활동은 무엇인지에 대해 알아볼 수 있다. 검사를 실시하고 검사결과를 분석하고 해석하거나 해석받는 과정 모두 성찰의 과정이 될 것이다. 해석한 후 그러한 해석이 정말 맞는 것인지 관찰해 나가는 것도 자기성찰에 중요한 재료가 된다. 또 다른 방법은 글쓰기이다. 글쓰기는 자기성찰뿐만 아니라 진로개발 전 과정에서 매우 중요한 방법이다. 자기성찰을 위한 글쓰기 주제로 내가 즐기는 것, 즐거워 했던 순간, 몰입했던 순간과 같은 주제로 나를 탐구하는 글쓰기를 써 보면 된다.

두 번째 '자기명료화(self-clarity)'는 자기성찰 단계를 지나 보다 구체적이고 명료한 나를 설명할 수 있는 단계를 의미한다. 자신에 대해 설명을 해보라고 하면 대체로 몇 가지 생각이 안 난다. 자기명료화가 특히 중요한 이유는 평소에 희미했던 또는 다소 모호했던 자신의 다양한 특성들을 명료하게 드러내는 단계이기 때문이다. 즉, 나는 무엇을 좋아하는가, 내가 중요하게 생각하는 것은 무엇인가, 나는 무엇을 잘하는가 등의 질문에 구체적으로 말이나 글로 표현할 수 있어야 하는 단계이다. 여러분은 자신에 대해 잘 표현할 수 있는가? 나를 말로 또는 글로 표현할 수 있어야 정체성을 드러낼 수 있다. 유명한 물리학자인 알버트 아인슈타인(Albert Einstein)은 "간단하게 설명하지 못한다면, 그것을 충분히 이해하지 못한 것이다"라고 했다. 우리는 우리 자신을 명료하게 설명할 수 있어야 한다. 만약 머릿속으로 '나는 이런 사람이야'라고 생각만 하고 말이나 글로 표현하기가 어렵다면 아직 자신에 대해 이해하지 못한 것일 수도 있다.

자기성찰과 자기명료화를 거치면서 나의 정체성, 나의 미래, 앞으로의 방향성 등에 대해 어느 정도 구체적인 생각을 했을 것이다. 물론 단 한 번에 인생에 대한 이런 큰 질문에 답을 하기에는 어렵다. 하지만 지금 현재의 나를 설명할 수는 있어야 한다. 나는 현재 누구인지, 어떤 정체성을 가지고 있는지, 그래서 나의 미래와 그 방향은 무엇인지에 대해 비록 완벽하지는 않더라도 지금 이 순간 표현할 수 있도록 자기성찰과 자기명료화 단계를 거쳐야 한다.

세 번째 단계인 미래상상하기(Visioning)는 내가 원하는 미래, 나의 무궁무진한 가능성들을 탐색하는 단계이다. 앞 단계의 깊은 성찰을 통해 나와 나의 미래에 대해 방향성을 가졌다면 미래상상하기를 통해 나의 미래를 마음껏 상상해보는 것이다. 우리는 미래에 무언가 될 수 있다는 무궁무진한 가능성을 가지고 있다. 그러나 사람에 따라 그 가능성의 크기가 다르다. 그 가능성의 크기는 누가 정해주는 것이 아니라 자신이 정하는 것이다. 자신이 정한 한계, 자신이 정한 가능성에 따라 우리가 상상하는 미래도 다를 수 있다. 크게 그리고 멀리 내다보며 자신이 원하는 미래를 마음껏 상상해보자.

미래상상하기를 통해 미래의 모습들을 떠올렸다면, 그 다음 단계인 목표설정과 계획(Goal setting and Planning)에서는 구체적인 목표와 계획을 수립해야 한다. 먼 미래를 향한 장기적 목표로부터 중기, 단기 목표를 수립하고, 그 목표를 성취하기 위한 구체적인 계획을 수립해 본다.

미래상상하기를 통해서 미래의 직업에 대해서도 생각해 봤을 수도 있지만, 직업과 관련된 구체적인 목표와 계획을 이 단계에서 수립하게 된다. 즉, 미래상상하기에서 자기성찰과 자기명료화를 통한 방향성에 맞는 원하는 미래를 마음껏 상상하고 그려봤다면, 목표수립과 계획에서는 그 미래를 만들어가기 위한 구체적인 방법과 실행계획을 만드는 것이다.

그 다음 단계인 실행에서는 수립한 계획에 따라 실천하는 것이다. 실행은 매우 중요한 단계이다. 즉, 실천하는 것이 매우 중요하다. 실천하지 않는다면 그 앞 단계인 자기성찰과 자기명료화, 미래상상하기, 그리고 목표와 계획수립을 아무리 잘했더라도 모두 다 의미가 없어진다. 희망-실천 이론의 이름에 '실천'이 들어가 있는 것처럼, 우리는 모두 실천, 행동, 실행을 통해 구체적인 무언가를 해나간다. 실천을 안 한다면 결국 아무것도 이루어 낼 수 없다.

그리고 마지막 단계는 적응을 나타낸다. 실천하거나 실행하는 과정에서 우리는 항상 변화와 마주한다. 우리가 예상했던 또는 예상하지 못했던 변화로 인하여 기존의 계획을 조정해 나가야 한다. 목표와 계획을 조금씩 또는 크게 수정할 수도 있다. 그러나 내가 원하는 미래를 위한 방향성은 크게 달라지지는 않을 것이다. 물론 원하는 미래가 바뀔 수도 있고 방향성도 바뀔 수 있다. 그러면 처음으로 돌아가서 진로개발 단계를 다시 순환하면 된다. 다시 한번 말하지만 적응은 변화에 무조건 대처하는 것이 아니라 내가 가고자 하는 방향이나 목표에 맞도록 변화에 적응하는 것이다. 수동적인 적응은 변화에 맞게 나를 바꾸는 것이고, 적극적인 적응은 변화를 내가 적극 활용하는 것이다. 적절하게 변화에 맞게 적응하며 실행 하다 보면 내가 원하는 방향으로 조금씩 발전하게 되지 않을까.

우리 시대에 맞는 진로개발 이론을 살펴보기 위하여 현재 우리는 어떤 환경에 있는지를 살펴보았다. 우리는 적응과 자신(self)이 강조되는 시대를 살고 있다. 그리고 이러한 변화의 시대에 우리는 어떻게 진로개발을 하면 좋을지 최근 제안된 희망-실천 이론을 통해서 알아보았다.

진로개발에 대한 이론은 여기서 소개한 것보다 훨씬 더 많다. 초기에 등장한 특성-요인 이론부터 진로발달이론, 그리고 희망-실천이론 중 어떤 이론이 자신의 진로 고민에 맞는지는 스스로 생각해 봐야 한다. 아주 구체적으로 이론들을 설명하지는 않았지만, 각 이론이 제시하고 있는 중요한 개념이나 방법들을 살펴볼 수 있었을 것이다. 진로개발 이론들이 시대에 따라 어떻게 발전해 왔는지를 살펴보는 이유는 이러한 이론들이 우리 삶을 설명하는 데 유용하기 때문이다. 그리고 마지막으로 살펴본 희망-실천 이론은 우리 시대의 고민을 해결하는 데 조금 더 유용하기 때문에, 이 책에서는 희망-실천 이론의 단계를 바탕으로 진로개발을 안내하고자 한다.

활동 3-5 / 생각해보기

희망-실천 이론의 바람개비 모델은 진로개발의 단계를 잘 설명해주고 있다. 여러분이 만약 진로개발을 하고 있는 중이라면, 자신은 지금 어떤 단계에 있는가? 그리고 오늘부터 뭘 하면 좋을까?

활동 3-6 / 희망-실천 진단 결과

자신의 희망-실천 진단 결과를 아래에 옮겨 적어보자.

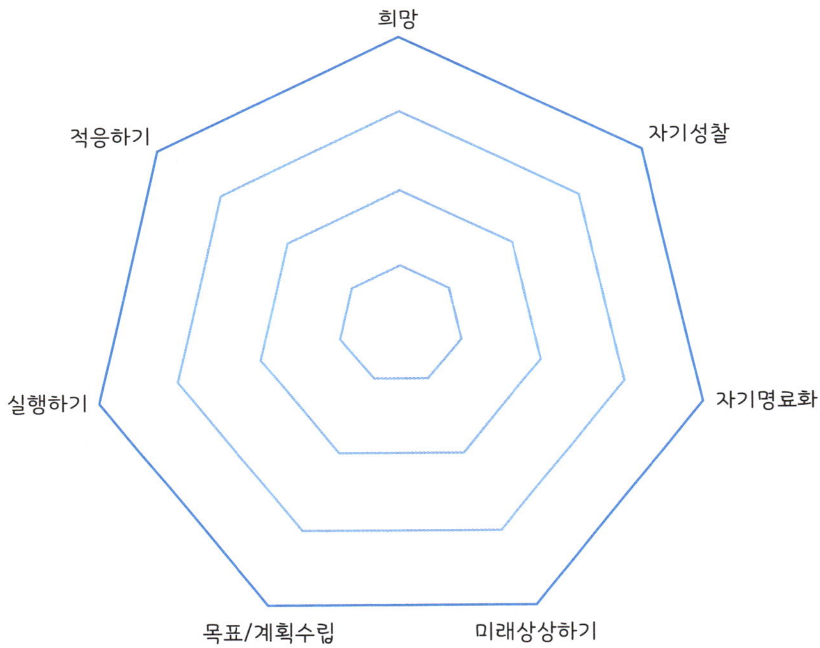

3 나의 흥미는?

이제부터 희망-실천 이론에 따라 자기 성찰과 자기명료화 부분을 다루고자 한다. 나에 대해 성찰하고 명료화하기 위해서는 나와 관련되어 살펴볼 것들이 매우 다양할 것이다. 그러나 여기서는 진로개발에서 중요하게 고려되어야 하는 흥미를 먼저 살펴보고자 한다.

1) 흥미의 정의와 중요성

진로개발에서는 나에 대한 이해가 중요하다. 다양한 직업과 미래를 전망하는 것도 중요하지만, 그와 더불어 자신에 대해 잘 알고 있어야 한다. 그렇다면 나의 무엇부터 살펴보면 좋을까? 나의 능력이나 강점, 성격 등도 중요하겠지만, 그보다 우선적으로 나의 흥미에 대해 살펴보는 것이 좋다. 그 이유에 대해서 먼저 살펴보자.

흥미에 대한 사전적 정의를 살펴보면, '흥을 느끼는 재미' 또는 '어떠한 사물에 대해 특별한 관심을 기울이는 감정'(표준국어대사전), '어떤 대상에 대해 특별히 주의하려고 하는 감정이나 경향, 혹은 태도'(두산백과)와 같이 설명하고 있다. 영어사전에서는 '무언가에 대해 알고 싶거나 그 일에 참여하고 싶은 감정'이라고 설명한다. 즉, 무언가(어떤 대상이나 활동)에 대해 관심을 가지게 되거나 알고 싶고 참여하고 싶은 감정이라고 할 수 있으며,

어떤 특별한 노력이나 압력 때문이 아니라 자연스럽게 관심이 가는 것을 말한다. 그리고 그러한 관심은 지속적이기도 하고 때론 열정이라고 표현되기도 한다.

관심이 지속적으로 가는 일이 직업이라면 어떨까? 특별한 노력이나 누군가의 압력 때문이 아니라 스스로 그 일에 관심이 가고 몰입하고 참여하고 싶다고 느낀다면 그 직업은 정말 매력적이지 않을까? 이 말에 대부분 동의를 하면서도 무언가 석연치 않은 마음이 들 것이다. 아마도 '그런 직업은 없을 거야', '좋아하는 일이라도 직업이 되면 더 이상 좋아하지 않을 거야', '좋아하지만 돈벌이가 안 되면 어쩌나' 등의 생각으로 나의 흥미에 대해 알아보고, 그와 관련된 진로에 대해 생각해보는 과정을 스스로 막고 있을 수도 있다. 그런 생각들은 타당한 생각일 수 있다. 그러나 그것이 정말 그런지는 자신이 직접 경험을 해보면서 확인할 필요가 있을 뿐이다. 우리가 인정할 만한 그리고 존경할 만한 사람들도 흥미가 중요하다는 점을 강조하였다. 한 번씩 들어봤을 법하지만, 다시 한번 살펴보며 음미해 보자.

> 知之者不如好之者, 好之者不如樂之者
> 아는 자는 좋아하는 자만 못하고, 좋아하는 자는 즐기는 자만 못하다.
>
> **– 공자 '논어'**

> Look for a job that you would take if you didn't need a job … you will really want to be doing what you love doing and you can't necessarily find it on the first job, but don't give up before you find it.
> 직업이 필요하지 않더라도 선택할 직업을 찾으세요 … 정말로 자신이 하고 싶은 일을 해야 합니다. 아마도 첫 번째 직장에서 그런 일을 찾지 못하겠지만, 찾을 때까지 포기하지 마세요.
>
> **– 워렌 버핏, 컬럼비아대학 강연에서** (2017.1.27.)

> You've got to find what you love. And that is as true for your work as it is for your lovers. Your work is going to fill a large part of your life, and the only way to be truly satisfied is to do what you believe is great work. And the only way to do great work is to love what you do.
> 당신이 사랑하는 것이 무엇인지 찾아야 합니다. 사랑하는 사람을 찾는 것처럼, 사랑하는 일이 무엇인지 찾는 것도 마찬가지입니다. 일이란 것은 인생에서 아주 큰 부분을 차지하게 될 것이고, 당신이 진정 만족하기 위해서는 위대한 일이라고 믿는 일을 해야 합니다. 그리고 위대한 일을 해내는 유일한 방법은, 바로 당신이 하는 일을 사랑하는 것입니다.
>
> **– 스티브 잡스, 스탠포드대학 졸업식 연설에서**(2005)

이외에도 우리가 존경하거나 성공했다고 하는 사람들의 연설이나 말들을 들어보면 이와 비슷한 말을 한다. 특히 젊은이들이 진로 고민에 대해 말할 때 대체로 좋아하는 일을 하라는 말을 하곤 한다. 좋아하는 일을 하고 싶은 것은 누구나 다 같은 마음일 것이다. 하지만 그렇게 못하는 이유는 무엇일까? 아마도 현실적인 제약에 대한 것일 수 있다. '현실적으로 어렵지 않나'라는 생각 때문에 좋아하는 일을 찾기 위해 자신의 흥미에도 관심을 갖지 않을 수 있다. 먼저 현실적인 제약은 일단 나중에 생각해보기로 하고, 자신의 흥미가 무엇인지에 대해 진지하게 살펴보도록 하자.

흥미에 대한 이론이나 검사는 직업과 관련되어 개발되었기 때문에 진로 개발에서 중요하게 봐야 한다. 앞서 살펴봤듯이 우리가 살면서 하는 모든 활동들을 '일(work)'이라고 한다. 그리고 그 일들은 무언가를 대상으로 한다. 물건을 고치거나, 사람을 도와주거나, 글이나 그림, 음악 등으로 내 느낌이나 생각을 표현하는 등 일에는 그 활동과 대상이 있다. 많은 일 중에서 나의 관심을 끄는 활동이나 대상을 흥미라고 한다. 사람의 흥미는 일과 떨어질 수 없는 관계로, 흥미는 일이나 직업과 매우 밀접하게 관련되어 있다.

흥미와 관련된 이론과 검사는 사람의 흥미를 측정하고 설명하는 데 있어서 일의 요소(활동과 대상)를 포함하고 있기 때문에, 앞으로 만족스럽고 또 오랫동안 할 수 있는 직업을 찾는 데 자신의 흥미를 아는 것이 중요하다.

2) 홀랜드의 여섯 가지 흥미 유형

존 홀랜드(John Lewis Holland, 1919-2008)는 홀랜드 이론 또는 RIASEC 모델을 제안하였으며 흥미 이론에 큰 공헌을 한 연구자이다. 홀랜드는 사람의 흥미를 여섯 가지 성격 유형으로 설명하였다. 흥미는 사람의 성격이기도 하며 직업을 분류하는 기초이기도 하다. 자신의 흥미에 대해 구체적으로 이해하기 위해서는 홀랜드의 여섯 가지 흥미 유형을 설명하는 RIASEC(리아섹) 모델을 잘 이해할 필요가 있다.

RIASEC은 여섯 가지 흥미를 나타내는 각 유형의 첫 글자를 따서 만든 축약어이다. 즉, 현실형/실재형(Realistic), 탐구형(Investigative), 예술형(Artistic), 사회형(Social), 진취형/기업가형(Enterprising), 관습형/사무형(Conventional)을 의미한다. 각 유형에 대해 키워드를 중심으로 살펴보자.

현실형/실제형(Realistic) R유형은 현실형 또는 실재형이라고 하며, 'Doer(행동하는 사람)'라는 별칭을 가지고 있다. 신체를 사용하는 것을 좋아하며, 특히 손을 사용하여 사물을 조작하는 것이 대표적인 선호 활동으로 기계를 조작하거나 운전하는 등의 활동을 선호한다. 신체를 사용하는 활동을 좋아하기 때문에 운동이나 야외활동을 좋아하기도 한다. 선호하는 대상은 사물(thing)이며, 동물도 포함된다. 기계분야 등 사물을 다루거나 직접 무언가를 하는 분야를 선호하며, 전기기사나 중장비 기사, 목수, 운동선수, 군인 등이 대표적인 직업이다. 대표적인 직업에서도 알 수 있듯이 R유형은 남성적이라는 표현에 어울리고, 솔직하며, 성실하고, 말이 적은 편이다. 또한 명확한 것을 좋아하고 가시적인 결과를 좋아하며, 체계적이고 질서정연한 일을 선호한다.

그림 3-3 홀랜드 모형

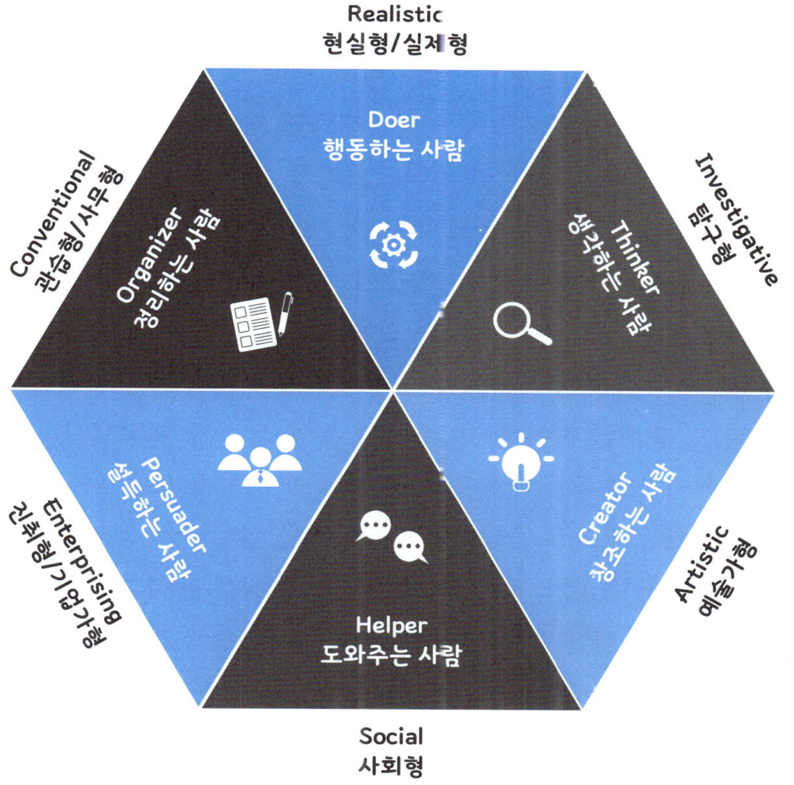

탐구형(Investigative) I유형은 탐구형이라고 하며, 'Thinker(생각하는 사람)'라는 별칭을 가지고 있다. '탐구' 또는 '생각'이라는 말처럼 I유형은 추론하는 것을 좋아하며, 문제를 해결하는 등 탐구적인 활동을 선호한다. 어떤 현상을 보면 그 현상이 발생하는 원리에 대해 추론하기를 좋아하고, 자연 또는 사회적 현상을 분석하고 관찰하며 그 이면의 원리에 대해 추론하는 것을 좋아한다. 특히 학문적으로 탐구하는 것을 좋아하기 때문에 학자나 연구자, 분석가 등의 직업이 대표적이다. I유형이 선호하는 대상은 아이디어(idea)이다. 생각하는 것을 좋아하기도 하고 뭔가 독창적인 발상하기를 좋아하기도 하며 문제해결이나 계획에 대한 구체적인 생각을 좋아하기도 한다. I유형은 대체로 내성적이며 혼자 있기를 좋아하며, 지적인 호기심이 많은 편이다.

예술형(Artistic) A유형은 예술형이라고 하며, 'Creator(창조하는 사람)'라는 별칭을 가지고 있다. 예술가를 생각해보면 대체로 이들의 특징들이 잘 나타난다. A유형은 자신의 생각이나 느낌을 표현하는 활동을 선호한다. 예술가들이 하는 활동들을 잘 살펴보면, 자신의 생각이나 느낌을 글이나 그림, 음악, 몸 등으로 표현하는 활동이 주된 것을 알 수 있다. 즉, A유형은 자신의 고유한 생각이나 느낌을 표현하기 위해 독창적으로 표현하기를 좋아하며, 따라서 기존의 틀보다는 창조적이며 자유로운 활동을 좋아한다. 상상력도 풍부한 편이다. 여섯 가지 유형 중 가장 개방적이라고 할 수 있다. A유형이 선호하는 대상은 I유형처럼 아이디어(idea)이다. 그러나 I유형과는 다른 창조적이고 독창적이며 상상력을 발휘하는 생각을 좋아한다. 예술가의 직업인 음악가, 화가, 소설가, 시인, 배우 등이 대표적인 직업이며, 창조적으로 무언가 만들어내는 직업들이 A유형에 포함된다.

사회형(Social) S유형은 사회형이라 하며, 'Helper(도움을 주는 사람)'라는 별칭을 가지고 있다. 가장 선호하는 활동으로 사람들을 도와주는 것 또는 봉사하는 활동을 선호한다. 따라서 S유형은 남을 이겨서 누군가를 불행하게 하거나 힘들게 하는 경쟁을 싫어하기 때문에 가능하면 경쟁을 피하고자 하는 편이다. 선호하는 대상은 당연히 사람(people)이며, 사람들과 어울리기 좋아하고, 사람들의 고민이나 힘든 것을 들어주고 도와주고 또는 치료하는 것을 선호한다. 대체로 이타적이고 배려심이 있고 감정적인 편이다. 교육이나 상담, 봉사 활동을 선호하며, 사회사업가, 상담사, 간호사, 교사, 성직자 등이 S유형의 대표적인 직업이다.

진취형/기업가형(Enterprising) E유형은 진취형 또는 기업가형이라 불리며, 'Persuader(설득하는 사람)'라는 별칭을 가지고 있다. 별칭과 같이 E유형이 가장 선호하는 활동은 사람을 설득하는 활동이다. 대체로 말로 타인을 설득하는 활동을 좋아하고, 사람들을 통솔하거나 관리하는 활동, 즉 리더십을 발휘하거나 남 앞에서 연설하는 등의 활동을 선호한다. 자신의 생각을 말로 주장하거나 설득하는 것을 좋아한다. 선호하는 대상은 S유형과 같이 사람(people)이지만, 사람을 대상으로 설득하고 통솔하는 것을 좋아하는 것이다. 조직의 관리자나 리더십 위치의 활동을 좋아하고, 이해득실을 잘 파악하고 경제적인 이득을 선호하는 편이다. 대체로 말을 잘하는, 외향적인, 열정적인 편이며, 영업사원, 기업의 대표나 관리자, 변호사 등이 E유형의 대표적인 직업이다.

관습형/사무형(Conventional) C유형은 관습형 또는 사무형이라 불리며, 'Organizer(정리하는 사람)'라는 별칭을 가지고 있다. C유형은 별칭과 같이 서류나 자료 등을 정리하는 활동을 선호하며, 관습형이라는 말처럼 체계적이고 틀이 있으며 규칙을 따르고 기존의 체계나 관습을 따르는 일을 선호한다. 매일매일 반복적인 일을 하는 것을 선호하는 편이며, 자료나 서류 등을 분류하거나 정리하고 기록하는 등의 일을 선호한다. 따라서 S유형이 선호하는 대상은 자료(data)이다. 대체로 정확하고 조심성이 있으며 책임감이 강한 편이다. 이러한 일과 관련된 사무분야나 회계분야 등의 일을 선호하고, 회계사, 경리사무원, 의무기록사, 비서, 은행원, 사서 등이 대표적인 직업이다.

홀랜드의 RIASEC 모델에 따라 여섯 가지 흥미에 대해 살펴보았다. 각 유형의 특징도 중요하지만 서로 대비해 살펴보는 것도 중요하다. 왜냐하면 홀랜드의 RIASEC 모델은 그림과 같이 육각형으로 표현이 되는데, 육각형이 의미하는 것은 유형 간 특징이 얼마나 다른지를 나타내기 때문이다. 자신의 흥미 유형을 정확하게 이해하기 위해서는 자신의 유형만 기억하기보다는 여섯 가지 흥미 유형을 모두 다 이해하고 서로 대비되는 점이 무엇인지를 이해해야만 자신의 흥미에 대해 명확하게 이해할 수가 있다. 그리고 흥미유형은 여섯 가지로만 분류되는 것이 아니라 이 여섯 가지 흥미 중

선호 정도에 따라 두 가지 또는 세 가지 유형을 조합하여 흥미 코드를 만들기 때문에 모든 흥미에 대해 정확하게 이해하는 것이 필요하다.

RIASEC의 육각형 모형에서 서로 마주보고 있는 유형은 가장 공통점이 적다는 의미이다. 일반적으로 '반대되는 유형'이라고 표현하고 있으나, 정확하게는 반대되는 것이라기보다는 마주보고 있는 유형을 동시에 선호할 확률이 낮다는 의미이다.

먼저 R유형과 S유형을 살펴보자. R유형은 사물을 다루는 일을 선호하며 S유형은 사람을 도와주는 일을 선호한다. R유형은 대체로 무뚝뚝하기도 하고 말이 없고 혼자 활동하는 것을 선호하는 편이지만, S유형은 사교적이며 사람들과 어울리며 활동하는 것을 선호하는 편이다. R유형은 사물을 대상으로 하는 활동을 선호하기 때문에 대체로 사람에 대해 관심이 적은 편이다. 반면 S유형은 사람을 도와주는 활동을 선호하기 때문에 사람에 대해 관심이 많다. R유형과 S유형이 만난다면 S유형이 먼저 다가와 인사를 할 것이고, R유형은 친근함을 느끼며 어울리고 싶은 마음은 있으나 그리 말이 많지는 않을 수 있다. S유형은 그런 R유형을 잘 이해해줄 가능성이 높다. S유형은 사람에 우선 관심을 갖기 때문에 기계나 사물을 다루는 데 별로 관심이 없다. 따라서 기계나 컴퓨터 등을 다룰 기회를 별로 가지지 않기 때문에 기계에 대해 능숙하지 않을 수 있다. R유형은 기계 등을 좋아하기 때문에 자주 가지고 놀았을 수 있으며 그래서 기계나 사물을 다루는 데 능숙할 수 있다. S유형이 기계에 대해 어려움을 겪는다면, 곁에 있는 R유형은 기꺼이 그 일을 도와주거나 대신 해주는 것을 좋아할 수 있다.

I유형과 E유형을 대비해서 살펴보자. I유형은 논리적이며 학문적으로 생각하기를 좋아한다. E유형은 사람을 대상으로 통솔이나 관리하는 것을 좋아하며 경제적인 이해득실을 따지기를 좋아한다. 어떤 배움에 있어서 I유형은 아주 기초부터 시작하여 깊이 있는 이해를 위해 장기간 공부하거나 연구하는 것을 좋아한다면, E유형은 그 배움을 가능하면 짧고 중요한

것만 추려서 익히는 것을 좋아하고 그것을 바로 활용하는 것을 선호한다. 요약하면 I유형은 소위 가방끈이 길어지지만 탐구를 계속 하려고 하고, E유형은 가방끈이 짧아도 얻은 지식으로 수익을 낼 수 있는 방법을 찾으려 할 것이다. I유형은 많이 배우고 익혔음에도 뭔가 부족함을 느낄 수 있는 반면, E유형은 자신이 필요한 것만 배우면 충분하다고 생각하는 편이다. 즉, 실용적인 것을 추구한다. 어떤 기술집약적인 제품(전자제품이나 컴퓨터 등)을 제작하는 기업의 예를 든다면, I유형은 연구개발 분야의 전문가로 최첨단의 기술이 구현된 제품을 제작하는 것을 선호한다고 하면, E유형은 대중에게 잘 팔릴 수 있는 수준의 적당한 기술로 이윤이 많이 남는 것을 추구할 것이다.

마지막으로 A유형과 C유형을 대비해서 살펴보자. A유형은 창조적이고 자유로운 활동을 선호하며, C유형은 체계 적이고 틀이 있고 관습적인 활동을 선호한다. A유형은 자유분방함을 추구하기 때문에 매일매일 출퇴근을 하거나 반복적인 일에 쉽게 지치거나 힘들어하는 편인 반면, C유형은 매일매일 규칙적으로 해야 하는 일을 선호하며 오히려 그런 틀이 없다면 매우 불편하고 혼란스러움을 느낄 수 있다. A유형은 무언가 새로운 일을 만들길 좋아하고 일을 확장시켜 나가는 것을 좋아하는 반면, C유형은 새로운 일이 만들어진 이후의 지속적인 일이나 정리하는 일, 그 일이 진행되는 것을 관리하고 감시하는 일을 선호할 것이다. A유형은 대체로 정리하는 것을 선호하지 않기 때문에 자신의 방이나 집이 정돈된 상태보다는 자신의 느낌에 맞게 꾸미거나 장식하는 것을 좋아할 것이다. 반면 C유형은 자신의 방이나 집이 깔끔하게 정리된 상태를 선호하며 무엇이 어디에 있는지를 정확하게 잘 알고 있을 것이다. 특히 자신의 정리된 방에 무언가 흐트러진 것이 있다면 C유형은 금방 알아차릴 것이다.

홀랜드의 여섯 가지 흥미 유형을 보다 잘 이해하기 위하여 육각형에서 서로 마주보는 유형들을 서로 대비해보며 살펴보았다. 지금까지 자신의 경험을 바탕으로 과거와 현재의 나를 떠올려보고, 취미생활이나 선호하는 활동, 자신의 성격 등을 잘 성찰해보자. 스스로 잘 성찰해본다면 굳이 흥미검사를 하지 않아도 자신의 흥미 유형은 쉽게 알아차릴 수 있을 것이다. 자신의 첫 번째 흥미 코드는 무엇인지, 그리고 두 번째와 세 번째 흥미 코드는 무엇일지 잘 생각해보고, 그 조합으로 자신의 세 자리 흥미코드를 만들 수 있다. 스스로 자기의 흥미코드 세 자리를 만들어 본 후 흥미검사를 통해 결과와 비교하는 것도 자기성찰에 많은 도움이 될 것이다.

3) 대표적인 흥미검사: 직업선호도검사

검사를 통해 자신의 흥미를 알아보려면, 국가에서 개발하여 무료로 제공하는 직업심리검사 중 직업선호도검사를 실시하면 된다. 직업선호도검사는 먼저 청소년용과 성인용으로 구분되는데, 대학생인 경우 성인용을 선택한다. 또한 S형(Short, 단축형)과 L형(Long, 일반형)이 준비되어 있으며, S형은 흥미검사만 할 수 있고, L형은 흥미검사, 성격5요인검사, 생활사검사를 할 수 있다. 성인용 직업선호도검사 L형을 선택하여 검사를 실시하면 보다 풍부한 자신과 관련된 검사결과를 받아볼 수 있다.

여기서는 성인용 직업선호도검사 L형의 결과 중 흥미검사 결과에 대해서만 안내한다. 먼저 아래 검사실시 경로에 따라가서 검사를 실시한다. 검사를 하기 위해서 회원가입이나 로그인이 필요하다.

그림 3-4 고용24 메뉴 안내

검사실시 경로

고용24(www.work24.go.kr) → (상단 메뉴) 취업지원 → 취업가이드
→ (새 창에서 왼쪽 메뉴 중) 성인용 직업심리검사 실시 → 직업선호도검사 L형

직업선호도검사 L형을 실시한 후 결과를 받아 보았다면, 스스로 검사 결과 해석을 위해 다음의 순서대로 살펴보도록 하자.

(1) 응답 신뢰도 점수

먼저 결과를 해석하기에 앞서 결과를 해석해도 되는지 응답 신뢰도 점수를 살펴봐야 한다. 결과지 중간(5쪽) 및 마지막 장에 '응답 신뢰성 점수'가 아래와 같이 나온다.

응답 신뢰성 점수 예시

구분	점수	기준점수
사회적 바람직성	51	65
부주의성	36	63

응답 신뢰성 점수의 우측에 기준점수가 안내되어 있다. 자신의 점수가 이 기준점수보다 높을 경우 검사 결과를 해석하는 데 주의하거나 해석하면 안 된다는 의미이다. 먼저 '사회적 바람직성'에 대해 결과지에서는 '자신의 성격을 사회적으로 바람직하게 보이려는 정도. 사회적 바람직성 점수가 기준점수보다 높은 사람은 성격검사에서 자신의 성격을 무의식적으로 왜곡했을 가능성이 있습니다'라고 안내하고 있다. 사회적 바람직성은 검사에 응답하는 과정에서 사회적으로 바람직한 방향으로 응답을 했는지를 나타내는 지표이다. 사람들은 도덕적·윤리적으로 살아가려고 하겠지

만, 즉 사회적으로 바람직하다는 방향으로 살아가려고 하지만 대부분 사소한 실수나 잘못을 하면서 살아가는 것이 일반적이다. 설문에 응답할 때도 정직하게 응답을 했다면 그러한 실수나 잘못을 반영하게 된다. 그러나 응답할 때 자신을 좀 더 잘 보이고 싶은 경우 우리가 바람직하다고 생각하는 방향으로 응답을 할 수가 있다. 이런 경우 사회적 바람직성 점수가 높아지며 기준점수(65점)를 넘을 경우에는 검사결과를 신뢰하기에 무리가 있다고 판단이 된다. '부주의성'에 대해 결과지에서는 '집중해서 성실하게 응답한 정도. 부주의성 점수가 기준점수보다 높은 사람은 성격검사의 문항을 건성으로 읽고 성실하게 답하지 않았을 가능성이 있습니다'라고 안내되어 있다. 부주의성은 검사에 응답하는 과정에서 성실하게 응답을 했는지를 나타내는 지표이다. 말 그대로 문항을 잘 읽고 응답해야 하지만 그렇지 않았을 가능성을 나타내며, 문항에 응답을 안하거나 응답의 일관성이 떨어지는 등의 경우에 부주의성 점수가 높아진다. 기준점수(63점)보다 높을 경우에는 응답을 신뢰할 수 없다는 의미이며 해석에 유의해야 한다. 사회적 바람직성과 부주의성 점수가 높은 경우, 가능하면 다시 조용하고 집중할 수 있는 환경에서 검사를 다시 실시해 볼 것을 권장한다.

(2) 직업흥미검사결과

응답 신뢰성 점수가 모두 기준점수보다 낮다면, 그 다음으로 직업흥미검사 결과를 살펴보도록 하자. 직업흥미검사 결과는 [그림 3-5]와 같이 제공된다. 먼저 육각형 그래프를 보면 앞서 살펴본 홀랜드 흥미유형인 RIASEC이 차례대로 표시되어 있다. 그래프의 결과를 보면 자신의 흥미가 한눈에 어떤 유형에 치우쳐 있는가를 알 수가 있다. 그래프 아래에 나오는 점수표를 통해 각 흥미 유형의 점수를 확인할 수 있다. 나의 흥미코드는 원점수를 통해 파악하도록 한다. 다른 사람들과 비교할 수 있는 표준점수도 제공되지만, 표준점수보다는 원점수를 통해 내 점수 간의 차이를 확인하면 나의 흥미코드를 순서대로 파악할 수 있다.

그림 3-5 직업흥미검사결과 예시

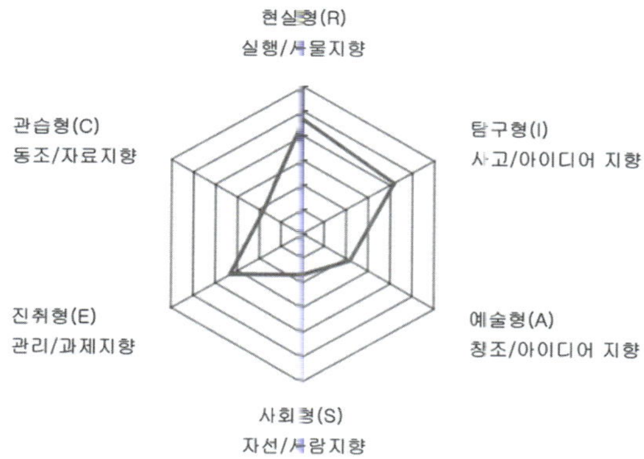

○ 직업 흥미 유형별 점수

구 분	현실형	탐구형	예술형	사회형	진취형	관습형
원 점 수	28	25	13	10	20	11
표준점수	73	76	57	46	55	48

나의 흥미코드는 두 자리로 표시가 된다(위 예시 그림에서는 'RI'). 사람에 따라 한 자리 흥미코드만 제시되기도 한다. 이 경우 두 번째 흥미 점수가 충분히 높지 않기 때문이다. 자신의 코드를 확인하였다면, 결과지에서 흥미유형에 대한 설명 중 자신의 흥미코드에 맞는 부분을 읽어 본다. 각 흥미유형에 대한 특징에서 자신에게 맞는 브분과 다소 맞지 않는 부분이 있을 수 있다. 자신을 잘 설명하고 있는 부쿤은 밑줄 등으로 표시를 하면서 읽어보도록 하자.

자신의 흥미 유형에 대한 설명을 다 읽었다면, 다른 흥미유형의 특징에 대해서도 한번 살펴보자. 다른 유형의 특징에서도 자신을 잘 설명하고 있는 부분이 있을 수 있다. 이런 부분들을 아까와 마찬가지로 밑줄 등으로 표시를 하면서 읽어보자. 다른 유형의 특징들을 읽어가며 밑줄로 표시를 다 했다면, 자신의 흥미유형과 그 외 유형의 특징에서 밑줄 친 부분들을 한 번 비교해보자. 아마도 자신의 흥미 유형 부분에는 가장 많은 밑줄이 표시되어 있을 것이고, 점수가 낮았던 유형에는 표시가 적을 것이다. 이런 점들을 살펴보면서 자신의 흥미에 대해 좀 더 세부적으로 살펴볼 필요가 있다. 여섯 가지 흥미 유형도 2가지 또는 3가지 조합을 통해 사람들의 흥미를 적게는 30개, 많게는 120개까지 나눠볼 수 있다. 사람의 흥미는 단순히 여섯 가지로 나뉘는 것이 아니라 매우 다양한 면들을 가지고 있다. 즉, 첫 흥미 코드(점수가 높은 유형)가 자신의 많은 부분을 설명하지만, 그 다음 두 번째 세 번째 흥미 코드 또한 자신에 대해 많은 정보를 알려줄 것이다. 점수가 낮았던 유형의 특징도 우리는 가지고 있을 수 있다. 따라서 각 유형의 설명을 읽으면서 밑줄 친 부분들을 정리해보며 흥미와 관련하여 다양한 나의 모습들을 잘 살펴보면 내가 관심이 있는 활동이나 대상, 즐기는 일 등에 대해 다양한 정보를 얻을 수 있을 것이다.

(3) 직업흥미와 관련된 직업

직업선호도검사의 흥미검사 결과 바로 뒤에 직업흥미와 어울리는 직업들을 안내해 준다. 다양한 직업명이 소개되어 있는데, 이 부분도 한번 자세히 살펴볼 필요가 있다. 자신의 희망진로나 전공, 능력에 대해 너무 신경쓰지 말고, 제시된 추천 직업명들을 살펴보며 재미있을 것 같거나 관심이 가는 직업 등에 밑줄 등으로 표시를 해보자. 제시된 많은 직업에 모두 다 관심이 가는 것은 아니다. 하지만 밑줄 등으로 표시를 해 본 후, 밑줄 친 직업들을 다시 보며 내가 왜 관심이 갈까란 질문과 함께 살펴보는 것이 중요하다. 어떤 점에서 내 관심을 끌었는지, 무엇이 재미있을지 생각을 하며 밑줄을 쳤는지, 관심이 가는 이유에 대해 탐색해보는 것이 필요하다. 내 관심을 끄는 이유를 써 본다면 나의 흥미에 대해 더 나아가 직업의 가치에 대해 많은 정보들을 얻을 수 있을 것이다.

(4) 나의 흥미를 확인하기

앞서 홀랜드의 여섯 가지 흥미유형에 대해 살펴보고 각 유형의 특징에 대해 어느 정도 이해를 했을 것이다. 이제부터 해야 할 일은 홀랜드 모형의 관점에서 내 삶에서 나를 관찰해보는 것이다. 정말로 자신의 흥미유형에 맞는 일을 할 때 즐거움이나 몰입을 느끼는지, 자신의 흥미와 거리가 있는 일을 할 때는 무엇을 느끼는지, 친구나 동료와 흥미유형이 어떻게 다르고 서로 어떤 차이가 있는지 등에 대해 지속적으로 관찰하면서 자신의 흥미를 더 명확하게 이해하는 것이 중요하다. 어떤 것들은 내 흥미유형에 포함되더라도 실제로 해보면 별로 재미를 느끼지 못할 수도 있고, 흥미유형이 아닌 일이지만 경험을 해보면 흥미를 느낄 수도 있다. 이것은 자신의 흥미를 잘 몰랐을 수도 있고, 좀 더 세부적으로 그 활동이나 대상을 들여다보면 자신의 흥미를 세부적으로 더 잘 이해할 수가 있다. 예를 들어, 사물을 다루는 것을 좋아하는 유형이라도 모든 사물을 좋아하는 것은 아니다. 특히 관심이 가는 사물이 있고 아닌 사물이 있는데, 그 차이가 왜 나타나는지도 스스로 알아갈 필요가 있다.

또 하나 유념할 것이 있다. 흥미는 진로나 직업을 선택하는 데 절대적인 기준은 아니다. 앞으로 살펴볼 직업가치와 같이 진로나 직업에서 우리가 고려해야 할 것들이 상당히 많다. 그렇다고 흥미를 무시해서는 안 된다. 왜냐하면 흥미는 자신이 충족시켜야 하는 기본적인 욕구이기도 하기 때문이다. 즉, 충족하지 않으면 불만스럽고 무료해지며 삶에 즐거움을 잃을 수 있다.

자신의 흥미유형과 다른 진로나 직업을 선택하는 경우도 주변에서 많이 발견할 수 있다. 특히 취업을 하게 되면 어떤 조직 내에서 다양한 일을 하게 되는데, 하나의 직무만을 수행하는 것이 아니라 여러 직무를 동시에 수행하기도 한다. 그리고 동일한 직무더라도 다양한 방식으로 그 직무를 수행할 수 있다. 자신의 흥미에 대해 구체적으로 잘 이해하고 있다면, 내가 맡은 직무가 자신의 흥미유형에 꼭 맞지는 않더라도 나의 흥미에 맞는 방식으로 직무를 수행할 수도 있고, 적응하고 경력이 쌓이면 직무 범위를 자신에게 맞게 조정해 나갈 수도 있다. 자신의 흥미와 관련된 분야는 흥미를 느끼는 분야이기도 하지만 대체로 잘하는 분야일 수 있다. 왜냐하면 즐겁게 자주 하다보면 관련된 스킬이나 능력이 쌓여 능숙하게 되기 때문이다. 비록 자신의 흥미분야로 취업을 못했다 하더라도 흥미와 관련된 스킬과 능력, 다른 시각에서 보는 관점 등은 하나의 강점으로 발휘할 수 있다.

정리하자면, 흥미는 진로개발에서 매우 중요하게 고려해야 하는 요소이다. 자신의 흥미 유형에 대해 잘 이해하고 있다면 직업과 삶에 있어서 유용하게 활용할 수 있다. 홀랜드 흥미유형의 관점으로 자신의 삶을 성찰해보고 적극 활용해보자.

활동 3-7 / 자기명료화 하기

지금까지 나의 흥미에 대해 살펴보았다. 특히 홀랜드의 여섯 가지 흥미유형에 대해 집중적으로 살펴보았다. 이 과정을 통해 자신의 흥미유형에 대해 어느 정도 이해가 되었다면, 아래의 문장을 완성해보자. 아래 문장을 작성하는 것은 희망-실천 이론에서 자기명료화에 해당된다.

내가 좋아하는 것, 좋아하는 활동, 좋아하는 대상은 …

1) ______________________________ 이다.

2) ______________________________ 이다.

3) ______________________________ 이다.

4) ______________________________ 이다.

5) ______________________________ 이다.

4 나의 직업가치는?

계속해서 희망-실천 이론에 따라 자기성찰과 자기명료화 부분으로 흥미 다음으로 직업가치에 대해 살펴보고자 한다.

1) 직업가치란 무엇인가?

진로개발에서 흥미와 더불어 중요하게 살펴봐야 하는 것은 내가 직업에서 무엇을 중요하게 생각하는가 또는 나는 직업에서 무엇을 바라고 있는가 하는 것이다. 이를 직업가치(work value)라 한다. 가치(value)는 다양하게 정의될 수 있다. 삶에서 중요하게 생각하는 것을 삶의 가치라고 하며, 직업에서 중요하게 생각하는 것을 직업가치라고 이해하면 쉽다.

우리가 앞서 살펴봤던 진로개발 이론에서 처음 소개했던 '특성-요인 이론'을 다시 떠올려 보자. 간략하게 다시 설명하면 나에 대해 잘 알고 직업에 대해 잘 알고, 그 다음 이 둘을 잘 매칭한다는 이론이다. 그럼 어떤 부분을 잘 살펴보고 매칭해야 하는가? 진로개발에서는 무엇보다 '흥미'가 중요하다고 했다. 내가 좋아하고 즐길 수 있는 활동과 대상이 주된 직업을 한다면 우리는 그 직업에 대해 만족하고 또 오랫동안 일할 수 있을 것이다. 그러나 직업에서 흥미만을 고려할 수는 없다. 직업 생활을 하면서 그 직업으로부터 내가 얻고 싶은 것들이 많이 있을 것이다. 흥미가 일치한다면 얻을 수 있는 것은 일을 하면서 느끼는 즐거움이나 적성과 잘 맞아 능력을 발휘하는 것일 수 있다. 이러한 즐거움이나 능력발휘가 직업으로부터 얻는 것, 즉 직업가치에 해당한다. 그리고 직업이라면 당연히 임금(연봉)을 받아야 하고, 휴가나 복지도 필요하다. 직업으로부터 우리가 받고자 하는 다양한 것들은 단지 임금이나 복지, 휴가뿐만 아니라 일에 대한 즐거움이나 성취감 등도 모두 포함이 되며, 이러한 것들을 모두 직업가치라 한다.

다음은 나와 직업과의 관계를 간단하게 도식화한 것이다. 우리는 직업과 서로 교환하는 관계에 있다. 즉, 우리는 직업을 가짐으로써 무언가를 제공해야 하고, 직업은 그에 상응하는 보상을 주어야 한다. 나와 직업과의 관계로 생각하는 것이 다소 어색하다면, 나와 기업 또는 나와 고용주로 생각하면 조금 더 쉬울 것이다.

직업가치를 좀 더 명확하게 이해하기 위해 다음의 질문에 답해보자.

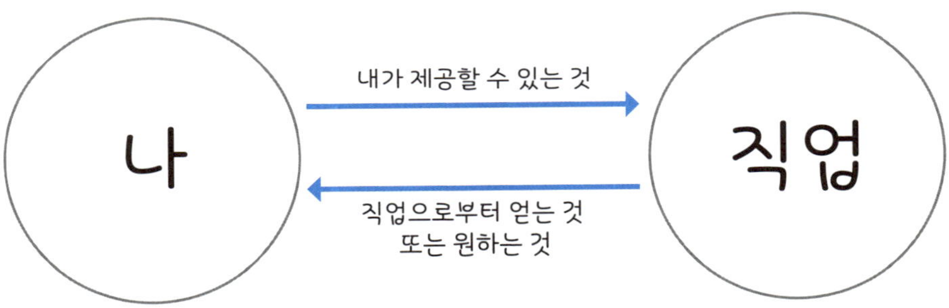

(1) 그럼 먼저 '나'가 '직업'에 제공할 수 있는 것들을 한번 적어보자.
(가능하면 간단한 단어로 적어보자)

(2) '직업'으로부터 '나'가 바라는 것 또는 원하는 것들을 한번 적어보자.
(가능하면 간단한 단어로 적어보자)

(1), (2)번에 답변을 적었다면, 각 항목별로 적은 단어의 개수를 한번 세어보자. 아마도 (2)번 항목에 더 많은 단어가 적어있을 것이다. 간단히 나와 직업과의 관계에서 서로 주고받는 관계를 살펴봤는데, 자신이 제공하는 것에 비해 바라는 것이 많지는 않은가? 물론 사람이 직업에 제공하는 것(능력과 노력 등)이 그만한 가치가 있거나 훨씬 더 클 것이다. 다만 그 가짓수를 살펴보면서 직업에서 원하는 것이 참 많다라는 점을 생각해보면 좋겠다. 직업에서 원하는 많은 것들이 바로 직업가치에 해당한다.

2) 직업가치 우선순위의 중요성

직업가치를 하나씩 살펴보면 중요하지 않은 것들이 없다. 모두 다 얻었으면 좋겠고 모두 다 많이 있었으면 좋겠다는 생각이 든다. 그러나 자신이 원하는 모든 것들을 주는 직업을 찾는 것은 아마도 거의 불가능에 가까울 것이다. 하지만 내가 정말 중요하게 생각하는 직업가치가 무엇인지를 안다면 덜 중요한 직업가치를 포기해도 직업에 대한 만족도가 크게 떨어지지는 않을 것이다.

우리가 꼭 살펴봐야 하는 것은 직업가치의 <u>**우선순위**</u>다. 여러 가지 직업가치가 있고 그것들을 하나씩 살펴볼 때 모두 다 중요하고 갖고 싶고 또 많이 가질 수 있으면 좋겠다고 생각하겠지만, 그중에서 자신에게 중요한 직업가치가 있을 것이고 그렇지 않은 직업가치가 있을 것이다. 즉, 직업가치 간의 상대적인 중요성을 아는 것, 직업가치의 우선순위를 아는 것이 중요하다.

다음은 고용노동부 직업가치관검사에서 제시하는 9가지의 직업가치이다. 먼저 9가지의 직업가치를 천천히 잘 읽어보자.

직업가치	내용
사회공헌	일을 통해 다른 사람이나 사회에 도움이 되는 것을 중시한다.
성취	자신이 세운 목표를 실현하기 위해 체계화된 일에 관심을 가지고, 자신의 능력을 발휘하여 목표를 달성하는 것을 중시한다.
경제적 보상	일에 대한 보상으로 경제적인 보상을 중시한다.
일과 삶의 균형	일뿐만 아니라 자신의 삶에서도 만족할 수 있도록 적절한 균형을 가지는 것을 중시한다.
자기개발	일을 통해 지식, 기술, 능력 등을 발전시켜 성장하는 것을 중시한다.
자율성	자율적으로 업무를 수행해 나가는 것을 중시한다.
사회적 인정	다른 사람들과 사회로부터 자신의 일이 인정받는 것을 중시한다.
직업 안정성	직업에서 오랫동안 안정적으로 일할 수 있는지를 중시한다.
변화지향	업무가 고정되지 않고 변화 가능한 것을 중시한다.

위 9개 직업가치를 서로 비교해가면서 1위부터 9위까지 순위를 매겨보자. 가장 중요한 직업가치부터 덜 중요한 직업가치순으로 우선순위를 정해본다. 가능하다면 9장의 포스트잇을 준비하여 각 포스트잇에 직업가치를 하나씩 적은 후, 포스트잇을 움직여가며 서로 비교해보면서 순위를 정하는 것이 빠를 것이다. 또는 고용노동부 직업가치관검사를 한 후 그 결과를 바탕으로 순위를 다시 한번 생각해보는 것도 좋다.

자신의 직업가치 우선순위를 모두 정했다면, 그 결과를 <활동3-8>을 통해 정리해보자.

활동 3-8 / 나의 직업가치 우선순위와 이유

나의 직업가치 우선순위를 파악했다면, 아래의 워크시트를 활용해서 정리하고, 각각의 직업가치가 자신에게 왜 중요한지 그 이유를 작성하며 정리해보자.

우선순위	직업가치	중요한 이유
1		
2		
3		
4		
5		
6		
7		
8		
9		

3) 직업가치의 구분(내재적 가치와 외재적 가치)

자신의 직업가치 우선순위와 각각의 직업가치가 중요한 이유에 대해 살펴보았다면, 직업가치의 내재적 가치와 외재적 가치에 대해 생각해 볼 필요가 있다.

먼저 내재적 가치(Intrinsic Values)란 그 직업을 수행함과 동시에 얻게 되는 가치들이다. 즉, 일을 하는 과정에서 얻는 가치로, 앞서 살펴본 9개의 직업가치 중 사회공헌, 성취, 자기개발, 자율성, 변화지향이 내재적 가치에 속한다.

내재적 가치(Intrinsic Values)

- 사회공헌: 일을 통해 다른 사람이나 사회에 기여하는 것을 중요하게 여기는 가치로, 그 일 자체가 사회적으로 기여하느냐가 중요하다. 이는 내가 사회에서 중요하게 생각하는 가치(예: 환경보호, 교육평등 등)의 실현으로 자아실현과도 관련이 있을 수 있다.
- 성취(감): 일에서 주어진 과업의 달성 또는 스스로 정한 목표의 달성 등을 통해 느끼는 긍정적인 정서이다. 어려운 목표를 달성하면 더 큰 성취감을 느낄 수 있다.
- 자기개발: 일을 통해 지식이나 스킬, 능력 등을 발전시키며 성장하는 것을 중시하는 것으로, 개인의 성장 욕구와 관련된 내재적 가치이다.
- 자율성: 일을 자율적으로 수행하는 것을 중요하게 생각하는 가치이다. 일을 하는 데 있어서 자신이 스스로 통제하고 독립적인 일의 수행을 중요하게 생각하는 것으로, 일 자체에서 가질 수 있는 가치이다.
- 변화지향: 똑같은 일을 매일 반복하는 것이 아닌 어느 정도 또는 자주 변화될 가능성을 중요하게 생각하는 가치로, 일 자체에서 느낄 수 있

는 가치이다. 어느 정도 업무의 변화를 가져갈 수 있거나 새로운 도전(업무나 환경)이 가능한 일, 다양한 일을 하는 것을 중요하게 생각하는 가치이다.

반면 외재적 가치(Extrinsic Values)는 즈 업을 수행하고 난 뒤에 뒤따라오는 보상이나 이득과 관련된 가치이다. 즉, 일이나 직업 그 자체에서 오는 가치보다는 직업을 통해 얻을 수 있는 보상이나 사회적 인정과 같은 가치가 외재적 가치에 속한다. 앞서 살펴본 9개의 직업가치 중 경제적 보상, 일과 삶의 균형, 사회적 인정, 직업 안정성이 외재적 가치에 속한다.

외재적 가치(Extrinsic Values)

- 경제적 보상: 직업이나 일을 하고 난 뒤 따라오는 경제적인 보상이나 혜택을 중시하는 가치이다. 연봉, 보너스 등 외부적인 보상을 추구한다.
- 일과 삶의 균형: 직업 이외의 시간을 중요시 하는 가치로, 말 그대로 일과 삶의 균형을 중요하게 생각하는 가치이다. 내 개인 시간과 내 삶의 질에 초점을 둔다.
- 사회적 인정: 직업과 일 자체보다는 그 직업에 대한 사람들의 인정을 중요하게 생각하는 가치이다. 또는 어떤 일을 하고 난 뒤에 다른 사람들의 인정이나 칭찬받는 것을 중요하게 생각한다. 사회적 명성이나 지위 등이 이와 관련되어 있다.
- 직업 안정성: 직업의 고용 안정성을 중요하게 생각하는 가치로, 직업이나 일 자체보다는 그 직업을 얼마나 오랫동안 안정적으로 유지할 수 있는지를 중요하게 생각한다.

직업가치가 내재적 가치와 외재적 가치로 구분된다는 점을 살펴보았다. 사람들에게 이 두 종류의 가치는 모두 중요하다. 내재적 가치는 일 자체에서 오는 긍정적인 정서를 중시하기 때문에 일 자체의 특성들에 주목하게 되고, 자신의 가치에 맞는 일을 하게 된다면 그 일의 의미나 그 일에 대한 동기가 높은 편이다. 한편 외재적 가치는 일을 통해 우리 생계나 삶과 관련된 여건을 좋게 해주는 것들이기 때문에 중요한 가치들이다. 직업가치는 가치 간의 우선순위, 즉 상대적 중요성이 중요하기 때문에, 만약 외재적 가치를 내재적 가치보다 더 중시한다면 일 자체에서 느끼는 긍정적인 면들을 상대적으로 덜 중시한다는 의미이다. 따라서 일 자체로 오는 만족감이나 동기, 성취가 낮을 수 있다.

외재적 가치들은 직업을 생각할 때 쉽게 떠오르는 것들이다. 연봉이나 복지, 근무환경, 사회적 지위나 명성, 직업 안정성 등 대학생들이 취업을 준비하면서 중요하게 살펴보는 요소들이 대체로 외재적 가치에 집중되어 있다. 반면, 내재적 가치는 외재적 가치처럼 취업 조건에 해당되지 않기 때문에 쉽게 간과되곤 한다. 어쩌면 취업할 때 내가 어떤 직무나 직업을 할지 결정에 확신이 없다면 아무래도 외재적 가치에 더 초점을 맞출 수밖에 없다. 이런 이유로 외재적 가치가 높은 대학생의 경우 진로에 대한 결정수준이 낮다는 연구결과가 있다. 내가 몰입하며 하고 싶은 일이라는 것은 다르게 표현하면 그 일에 재미나 성취감을 느낄 수 있는 일이기도 하다. 즉, 내재적 가치에 더 초점을 두고 있다는 말이다. 무조건 내재적 가치에 대해 집중하기보다는 내가 하고 싶은 일이 무엇인지를 탐색하고 선택해보려는 노력이 자연스럽게 내재적 가치에 더 초점을 두게 될 것이다.

하루 24시간 중 일하는 시간은 8시간 또는 그 이상을 차지한다. 3분의 1의 시간을 우리는 일을 하면서 보낸다. 수면시간을 7~8시간이라고 한다면 깨어있는 시간 중 절반 이상의 시간을 일을 하면서 보내게 될 것이다. 일을 하는 시간이 우리가 살아가는 시간의 절반 이상일텐데, 그 시간이 만족스럽지 않다면 어떨까? 우리가 진로개발에 대해 생각하고 논의하는 이유는 일하는 시간을 자신에게 더 만족스럽고 의미있게 만들고 싶기 때문이기도 하다.

아주 간단한 사실이 있다. 어떤 일을 즐겁게 또 의미있게 한다면, 그 일에 몰입할 수 있을 것이고, 몰입을 한다면 그 일에 더 빨리 숙련이 되고 능력을 발휘할 것이다. 그리고 더 많은 성과를 낼 것이라는 것은 누구나 쉽게 예상할 수 있다. 물론 노력과 그 결과가 반드시 일치하지 않고, 주변의 환경이나 기회, 운도 따라주어야 하는 것도 맞다. 하지만 우리가 익히 알고 있는 것처럼 기회는 준비된 사람이 잡는 것이고, 행운은 그럴 때 일어난다. 행운이나 좋은 결과를 바라기 위한 그 첫 단계는 무언가에 열심히 몰입해야 한다는 것이고, 그러기 위해서는 일 그 자체가 자신에게 의미가 있고 즐거워야 할 것이다. 우리가 내재적 가치에 조금 더 관심을 갖고 살펴봐야 하는 이유이다.

다만, 우리는 내재적 가치와 외재적 가치가 모두 다 중요하다는 사실을 기억해야 한다. 즉, 내재적 가치와 외재적 가치가 서로 상호보완할 수 있도록 해야 삶과 직업에서 모두 만족을 높일 수 있을 것이다. 내재적 가치만을 너무 강조한다면 일 자체에서 만족을 느끼고 몰입할 수 있겠지만 당장 불안정한 경제적 여건이나 생계에 곤란을 겪을 수도 있고 단기적으로 직업에 대한 만족도가 낮아져 오래 일하기 어려워질 수 있다. 반대로 외재적 가치를 너무 강조한다면 개인적 시간과 경제적 안정을 가질 수 있겠지만 직업생활이 힘들고 의미없게 느껴지고 쉽게 소진(burnout)될 수 있어 그 직업을 오래 유지하기 어려울 수도 있다. 내재적 가치를 잘 충족하면서도 외재적 가치를 통해 적절하게 보완할 때 장기적으로 전반적인 삶의 만족도가 올라갈 것이다.

활동 3-9 / 생각해보기

나의 직업가치 우선순위를 다시 살펴보고, 내재적 가치와 외재적 가치로 분류해보자.

내재적 가치	외재적 가치

어떤 가치에 더 우선순위를 두고 있는가? 그리고 그 이유는 무엇인가?

활동 3-10 / 자기명료화 하기

지금까지 나의 직업가치에 대해 성찰해보았다. 이 과정을 통해 자신의 직업가치의 우선순위를 정리할 수 있었을 것이다. 그럼 아래의 문장을 완성해보자. 아래 문장을 작성하는 것은 희망-실천 이론에서 자기명료화에 해당된다.

내가 직업에서 바라는 것, 원하는 것, 중요하게 생각하는 것은 …

1) ______________________________ 이다.

2) ______________________________ 이다.

3) ______________________________ 이다.

4) ______________________________ 이다.

5) ______________________________ 이다.

5 '나' 종합하기

이 책을 통해 '나'와 관련된 다양한 모습들을 살펴보았으며, 특히 직업과 관련해서 흥미와 직업가치를 살펴보았다. 이제 자신에 대해 정리를 해 볼 필요가 있다. 희망-실천 이론에서 자기성찰의 다음 단계인 자기명료화이다. 자신에 대해 이런저런 다양한 관점으로 성찰을 많이 했는데 왜 자기명료화를 해야하는지 의아해할 수도 있다. 나에 대해서 이제 잘 이해하겠는데 뭘 더 명료화하라는 것인지 말이다. 나에 대해 성찰하는 과정에서는 사실 자기성찰과 자기명료화가 뚜렷하게 구분되지 않을 수 있다. 우리가 앞 장에서 끝부분에 <활동 3-10> '자기명료화 하기'를 통해 흥미와 직업가치에 대해 정리를 해 보았기 때문이다. 하지만 자기명료화는 매우 중요한 과정이다.

진로개발에서 우리가 궁극적으로 향상시켜야 하는 것은 우리 자신에 대한 정체성이다. 직업나 직업과 관련한 정체성을 직업정체성, 진로정체성이라고도 한다. 정체성이 있다 또는 정체성이 확고하다란 말은 무슨 의미일까? 자신이 누구인지를 명확하게 구체적으로 표현할 수 있다란 의미이다. 내가 나 자신에 대해 알고 있는데 굳이 표현을 해야할까란 생각이 들 수 있다. 우리는 자신에 대해 잘 알고 있는 편이다. 그렇다고 자신에 대해 매 순간 항상 생각하고 인지하고 있는 것은 아니다. 우리는 말이나 글로 표현할 때 비로소 내 정체성을 확인할 수 있다. 지금 진로개발을 하며 나에 대해 알아가는 과정에 있다면, 나에 대해 말하고 글로 표현해보는 과정은 매우 중요하다. 왜냐하면 머릿속에서 맴돌거나 그럴 것이라고 생각되는 나에 대한 설명들은 안개와 같이 뿌옇게 흩뿌려져 있는 뚜렷하지 않은 생각일 가능성이 높다. 말이나 글로 표현하려고 할 때 비로소 그것이 무엇인지 알게 되고 스스로 확인하며 명확하게 만들 수 있다. 먼저 말로 한다는 것은 누군가를 대상으로 나를 설경하는 것을 의미하는데, 이 과정을 통해서 자신에 대해 잘 설명하고 있는지를 상대방뿐만 아니라 자신 스스로도 듣고 확인할 수 있다. 즉, 말로 나를 표현하는 것은 나 스스로 다시 듣고 그것을 확인하는 과정이다. 나는 내가 듣기 위해 말을 하는 것이다. 글로 나를 설명해보는 것 또한 비슷하다. 그러나 말보다는 글이 이런저런 표현을 수정해 가며 다듬을 수 있고, 기록을 남길 수도 있다. 말과 글이라는 두 가지 방법은 모두 다 함께 해야 한다. 글로 써 보고, 그것을 누군가에게 말로 설명해보고, 다시 글로 표현하며 수정해보는 등의 과정을 거치며 자신에 대해 보다 선명하고 명확한 설명을 할 수가 있을 것이다.

지금의 나에 대해 그 무엇을 정의하고 명확하게 하는 것을 어렵게하는 또 다른 이유가 있다. 과거부터 현재까지 나는 성장해 왔고, 앞으로도 성장이나 변화를 할 것인데, 지금 현재의 나를 정의하는 것이 무슨 의미일까 하는 생각이다. 그렇다. 우리는 계속해서 성장하고 변화한다. 그러나 지금 현재의 나를 명료하게 설명하지 않을 이유가 있을까? 앞으로 변하면 변하는 대로 다시 수정해서 나를 표현하면 된다. 질문을 바꿔서, 지금의 나를 표현하지 못하는데 앞으로도 나를 설명하고 표현할 수 있을까? 자신을 성찰하고 그것을 정리하고 명료하게 설명해보는 것은 자신의 정체성을 뚜렷하게 가지는 일이다. 내가 누구이고 어떤 사람이며 앞으로 어떻게 살아갈 것인지에 대해 표현할 수가 없다면, 조금 과장해서 자신의 정체성을 모르고 살아간다고도 할 수 있다. 다시 한번 아인슈타인의 말을 음미해보자.

If you can't explain it simply, you don't understand it well enough.
간단하게 설명할 수 없다면, 그것을 충분히 이해하지 못한 것이다.

– 알버트 아인슈타인(Albert Einstein)

나 자신에 대해 간단하게, 즉 명료하게 설명할 수 없다면, 자신에 대해 잘 모르고 있는 것이란 말로 해석해 볼 수가 있다. 자기 자신에 대해 한번 설명해보도록 하자. 그것이 처음부터 쉽게 바로 되는 것은 아니다. 자주 자신에 대해 생각해보고, 정리하고, 표현하는 연습이 필요하다. 그런 과정을 통해서 우리는 자신의 정체성을 조금 더 확고하게 만들 수 있을 것이며, 앞으로 변화하는 과정에서 그 정체성을 수정해 나갈 수 있다. 그리고 이런 연습은 비단 시간을 가지며 자기성찰하는 과정에서만 중요한 것이 아니라 나를 누군가에게 어필할 때, 자기소개서나 면접 등을 통해 나를 설명하기 위한 중요한 연습이기도 하다.

자신에 대해 설명하기에 앞서 먼저 '나'를 정리하고 종합해보자.

활동 3-11 / 나를 표현하는 4개의 원

나(self)를 표현하는 4개의 관점인 성격, 흥미, 직업가치, 스킬(강점)을 의미하는 아래 4개의 원 안에 지금까지 자신에 대해 정리한 표현들을 자유롭게 적어보도록 하자.

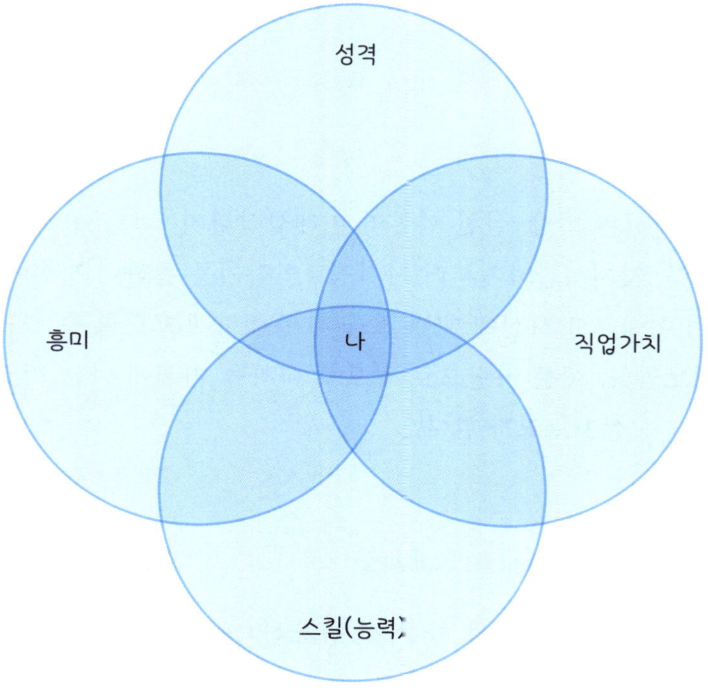

다 적고 난 소감은 무엇인가? (새롭게 깨닫거나 발견한 것 등)

6 나의 미래를 그려보자

이번 장에서는 희망-실천 이론의 미래상상하기(visioning)에 대해 살펴보고자 한다. 자기성찰하기부터 자기명료화하기를 통하여 자신에 대해 조금 더 깊이 이해하고 자신에 대해 조금 더 뚜렷하게 표현할 수 있는 방법에 대해 살펴보았다. 이를 바탕으로 앞으로 다가올 미래에 나는 어떻게 살고 싶은가에 대해 살펴보고자 한다.

1) 가능한 자기(Possible Selves)

미래를 상상하기에 앞서 한 가지 중요한 개념인 가능한 자기(possible selves)에 대해 살펴보고자 한다. 가능한 자기란 미래에 자신이 어떤 모습이 될 수 있을지를 상상하며 떠올린 이미지를 말하며, 미래의 모습에는 자신이 바라거나 희망하는 모습도 있겠지만 한편 내가 피하고 두려워하는 원치않는 모습도 있을 수 있다(Markus, Nurius, 1986). 즉, 미래에 대한 자신의 긍정적 모습과 부정적 모습을 모두를 의미한다. 미래에 목표를 달성했을 때와 그렇지 못했을 때의 모습이라 할 수 있다. 긍정적인 가능한 자기는 자신이 바라는 모습이나 목표를 반영하게 되어 희망을 높이고 목표 달성을 촉진할 수 있다. 반면 부정적인 가능한 자기는 자신이 피하고 싶은 모습을 반영하여 두려움과 위협을 나타낼 수 있지만, 이러한 부정적인 결과를 피하기 위하여 스스로 동기를 부여하고 자신의 미래를 긍정적으로 변화시키기 위한 중요한 자극제가 될 수 있다.

미래의 자신의 모습을 떠올려 보자. 어떤 모습이 상상되는가? 긍정적인 모습도 있을 것이고 부정적인 모습도 있을 수 있다. 우리는 이 두 가지 모두를 잘 활용해야 한다. 즉, 긍정적인 미래의 이미지는 그것을 어떻게 현실로 만들 것인지를 생각해보고 구체적이고 달성가능한 목표와 계획을 세우고, 계획을 실행하는 데 좋은 자극제로 활용하면 좋을 것이다. 부정적인 미래의 이미지는 발생하지 않기를 원하는 미래의 모습이므로, 그것에 절망이나 좌절하는 것이 아니라 그것을 피하기 위해 어떤 준비를 해야하는지 생각해보는 것으로 활용하면 좋다. 어쩌면 부정적인 미래의 이미지가 자신을 더 강하고 빨리 행동하도록 만들 수도 있다.

미래상상하기에서는 굳이 부정적인 미래 모습을 그리라고 안내하지는 않는다. 미래상상하기에서는 최대한 긍정적인 태도를 가지고 자신이 이루고 싶은 것, 자신이 달성하고 싶은 것, 자신이 꿈꾸는 삶에 대해 마음껏 상상해보라고 안내한다. 최소한 자신이 가고 싶은 방향과 만들고 싶은 미래의 모습을 하나 정도 가져야 하지 않겠는가? 긍정적인 가능한 자기를 스스로 마음껏 떠올려 보고 내가 살고 싶은 미래를 선명하게 그리고 제한없이 상상해보자.

2) 꿈 목록 만들기(버킷리스트 만들기)

존 고다드(John Goddard)라는 인물을 소개하고자 한다. 존 고다드가 15세 무렵 학교에서 돌아왔을 때 아버지의 친구들이 대화하는 것을 듣게 되었다. 서로 어릴 적에 이루고 싶었던 꿈과 결국 이루지 못해 후회한다는 얘기를 듣고, 고다드는 '나는 저렇게 살고 싶지 않다'는 생각을 하며 식탁에 앉아 종이에 자신이 이루고 싶은 꿈들을 적어 나갔다. 이렇게 적어 나간 꿈들은 총 127개가 되었다. 존 고다드는 이때 적은 꿈 목록을 'My Life List'라 이름지었고, 그의 꿈 중에는 나일강을 처음부터 끝까지 탐험하기, 에베레스트산과 같은 세계 주요 산을 등반하기, 미국의 원주민들과 함께 살기, 그리고 세계의 문화를 체험하고 배우기 같은 도전적인 일들도 포함되어 있었다. 이 목록은 그저 허황된 꿈과 같은 목표가 아니라 존 고다드 자신의 삶에 대한 청사진이었고 평생을 이 꿈들을 이루기 위해 열정적으로 살았다. 존 고다드는 최종 109개의 목표를 달성하였다고 한다. 이런 그가 유명한 잡지와 뉴스에 보도되면서 세계적으로 유명한 탐험가이자 모험가로 알려졌다.

존 고다드가 작성한 꿈 목록은 그저 이루고 싶은 꿈만을 적은 것이 아니라 사실 그 꿈을 현실로 만들기 위해 구체적인 목표 설정과 그 목표 달성을 위한 계획, 그리고 실행을 했던 것이다. 그러나 무엇보다 꿈 목록이 있었기에 그의 목표와 계획이 있었고 그것들을 실행에 옮길 수 있었다. 꿈 목록 덕분에 그는 그가 상상했던 자신, 즉 '가능한 자기'를 현실로 만들었다.

고다드의 사례는 우리에게 중요한 교훈을 준다. 인생의 방향성을 잃고 방황할 수 있지만, 명확한 목표 설정과 구체적인 계획이 우리를 우리가 바라는 미래로 이끌어줄 수 있다는 점이다. 존 고다드가 이룬 성과는 그저 운이 좋아서가 아니라 철저히 계획된 노력의 결과였고, 목표가 삶의 중심이 되었을 때 어떤 성과를 이룰 수 있는지를 증명한 것이다. 그는 "할 수 있는 모든 것을 하라(To dare is to do)"라는 말을 실천하며 살았는데, 이 말은 신념만으로 끝난 것이 아니라 그의 삶 그 자체였다고 할 수 있다. 또한 존 고다드의 목표 리스트는 단순히 '이룰 수 있을 것 같은 목표'가 아니었다. 즉, 달성하기 쉬운 목표 또는 지금 내가 가능하다고 생각하는 그 정도의 목표가 아니었다. 그가 쓴 목록을 보면 매우 야심차고 도전적인 목표들이 가득한 것을 알 수 있다. 아마도 당시 사람들이 봤다면 불가능한 것들이라 핀잔을 줬을 법한 목표들도 많이 있다. 하지만 그는 이 목표들을 차례차례 이뤄나갔다. 존 고다드의 사례는 우리에게 미래를 꿈꿔보는 것이 얼마나 중요한지, 그리고 그 꿈을 이루기 위해 목표설정과 계획, 실행과 포기하지 않는 태도 등 우리에게 많은 교훈을 준다.

우리도 존 고다드처럼 못할 이유가 없다. 똑같이 자신의 꿈 목록을 작성해보자. 꿈 목록을 적어보며 자신이 이루고 싶은 꿈을 구체화하고 명료화한다면, 그 목록을 적기 전보다 꿈들에 한 발짝 더 다가가 있을 것이다.

〈존 고다드의 My Life List〉

※ 괄호 안의 O는 완료한 것을, X는 미완료를 의미함.

- 탐험하기: 나일강 탐험 (O), 아마존강 탐험 (O), 콩고강 탐험 (O), 콜로라도강 탐험 (O), 양쯔강 탐험 (중국) (X), 니제르강 탐험 (X), 오리노코강 탐험 (베네수엘라) (X), 리오 코코강 탐험 (니카라과) (O)
- 원시 부족 연구해보기: 콩고 연구 (O), 뉴기니 연구 (O), 브라질 연구 (O), 보르네오 연구 (O), 수단 연구 (O), 호주 연구 (O), 케냐 연구 (O), 필리핀 연구 (O), 탄자니아 연구 (O), 이티오피아 연구 (O), 나이지리아 연구 (O), 알래스카 탐험 (O)
- 등산해 볼 곳: 에베레스트 등반 (X), 아콩카과 산 등반(아르헨티나) (X), 맥킨리 산 등반 (X), 후아스카라 산 등반(페루) (X), 킬리만자로 산 등반 (X), 아라라트 산 등반(터키) (X), 케냐 산 등반 (O), 쿡 산 등반(뉴질랜드) (O), 포포카테페틀 산 등반(멕시코) (O), 마터호른 등반 (X), 레이니어 산 등반 (X), 후지 산 등반 (X), 베수비오 산 등반 (X), 브르모 산 등반(자바) (O), 그랜드 테톤 등반 (O), 발디 산 등반(캘리포니아) (X), 의학과 탐험 분야에서 경력을 쌓기(의과대학을 공부하고 원주민 부족들의 질병을 치료함) (O), 세계 모든 나라를 방문하기(30개국 남음) (X), 나바호와 호피 인디언 연구 (O), 비행기 조종을 배우기 (O), 로즈 퍼레이드에서 말타기 (O)
- 사진찍기: 이과수 폭포(브라질) (O), 빅토리아 폭포(로디지아) (O), 서덜랜드 폭포(뉴질랜드) (O), 요세미티 폭포 (O), 나이아가라 폭포 (O), 마르코 폴로와 알렉산더 대왕의 여행 경로 재추적 (O)

- 수중 탐험할 곳: 플로리다 산호초 탐험 (O), 그레이트 배리어 리프 탐험 (호주) (O), 홍해 탐험 (O), 피지 제도 탐험 (O), 바하마 제도 탐험 (O), 오케페노키 늪과 에버글레이즈 탐험 (O)
- 방문하기: 북극과 남극 방문 (X), 만리장성 방문 (O), 파나마 및 수에즈 운하 방문 (O), 이스터 섬 방문 (O), 갈라파고스 제도 방문 (O), 바티칸 시국 방문 (O), 타지마할 방문 (O), 에펠탑 방문 (O), 블루 그로토 방문 (O), 런던탑 방문 (O), 피사의 사탑 방문 (O), 치첸이트사의 신성한 우물 방문 (O), 호주에서 아이어스 록 등반 (O), 갈릴리 해에서 사해까지 요르단 강 따라가기 (O)
- 수영해 볼 곳: 빅토리아 호수 (O), 슈피리어 호수 (O), 탕가니카 호수 (O), 티티카카 호수(남아메리카) (O), 니카라과 호수 (O)
- 해 볼 것: 이글 스카우트가 되기 (O), 잠수함에서 잠수하기 (O), 항공모함에서 이착륙하기 (O), 비행선, 열기구, 글라이더 타기 (O), 코끼리, 낙타, 타조, 브론코 타기 (O), 수심 40피트까지 스킨 다이빙하고 2분 30초 동안 숨 참기 (O), 10파운드 랍스터와 10인치 전복 잡기 (O), 플루트와 바이올린을 연주하다 (O), 분당 50단어 타자 치기 (O), 낙하산 점프하기 (O), 수상 스키와 스노우 스키 배우기 (O), 교회 선교에 참여하기 (O), 존 뮤어 트레일 따라가기 (O), 원주민 의약품을 연구하고 유용한 것들을 가져오기 (O), 코끼리, 사자, 코뿔소, 치타, 케이프 버팔로, 고래의 사진 찍기 (O), 펜싱 배우기 (O), 주짓수 배우기 (O), 대학에서 강의하기 (O), 발리에서 화장 의식 관찰하기 (O), 해저 깊은 곳 탐험하기 (O), 타잔 영화에 출연하기 (X), 말, 침팬지, 치타, 오셀롯, 코요테 소유하기 (침팬지와 치타는 아직 소유하지 않음) (X), 아마추어 무선사 자격증 따기 (O), 자신만의 망원경 만들기 (O), 책 쓰기 (나일강 탐험에 관한 책) (O), 내셔널 지오그래픽 잡지에 기고하기 (O), 5피트 높이뛰기 (O), 15피트 멀리뛰기 (O), 1마일 5분 내 달리기 (O), 옷 벗고 175파운드 유지하기 (여전히 그 몸무게 유지) (O), 윗몸일으키기 200회, 턱걸이 20회 하기 (O), 프랑스어, 스페인어, 아랍어 배우기 (O), 코모도 섬에서 용 도마뱀 연구하기 (배가 섬에서 20마일 떨어진 지점에서 고장남) (X), 덴마크에서 Sorenson 할아버지 출생지 방문하기 (O), 영국에서 Goddard 할아버지 출생지 방문하

기 (O), 화물선에 선원으로 승선하기 (O), 브리태니커 백과사전 전권 읽기 (각 권의 주요 부분을 읽음) (O), 성경 처음부터 끝까지 읽기 (O), 셰익스피어, 플라톤, 아리스토텔레스, 디킨스, 소로우, 루소, 콘래드, 헤밍웨이, 트웨인, 버로우스, 톨스토이, 롱펠로우, 키츠, 포, 베이컨, 휘티어, 에머슨의 작품 읽기(각 작가의 모든 작품은 아님) (O) 바흐, 베토벤, 드뷔시, 이베르, 멘델스존, 랄로, 리스트, 림스키-코르사코프, 레스피기, 라흐마니노프, 파가니니, 스트라빈스키, 차이콥스키, 베르디의 음악에 익숙해지기 (O), 비행기, 오토바이, 트랙터, 서핑보드, 라이플, 권총, 카누, 현미경, 축구공, 농구공, 활과 화살, 올가미, 부메랑 사용에 능숙해지기 (O), 음악 작곡하기 (X), '달빛'을 피아노로 연주하기 (X), 불위 걷기 의식 보기(발리와 수리남에서 관찰함) (O), 독사의 독액 빼내기(사진 촬영 중 방울뱀에게 물림) (O), 0.22구경 소총으로 성냥불에 불 붙이기 (O), 영화 스튜디오 방문하기 (O), 쿠푸의 피라미드 등반하기 (O), 탐험가 클럽과 모험가 클럽의 회원 되기 (O), 폴로 배우기 (X), 그랜드 캐니언을 도보와 보트를 이용해 탐험하기 (O), 지구 한 바퀴 돌기(네 번) (O), 달 방문하기 ("언젠가, 신이 허락한다면") (X), 결혼하고 자녀 낳기(6명의 자녀를 둠) (O), 21세기를 살아서 보기(2013년에 영면함) (O)

출처: https://www.johngoddard.info/

활동 3-12 / 나의 꿈 목록

아래 빈 공간에 자유롭게 미래에 달성하고 싶은 것들을 마음껏 적어보자.
가능하면 구체적으로 적어 보자.

3) 나의 이상적인 하루 상상하기

미래를 상상해보는 방법은 여러 가지가 있다. 그중에서 내가 꿈꾸는 미래에 대해 직접 써보는 방법도 추천한다. 나의 이상적인 하루를 한번 상상해보면서 정말 내가 살아보고 싶은 미래를 눈 앞에 그리듯이 떠올려보는 것은 진로개발에 강력한 동기가 될 것이다. 하는 방법은 아주 쉽다. 차분한 마음이 들도록 하여 미래를 상상할 준비를 한다. 차를 한잔 마시면서 풍경을 보거나, 명상을 하거나, 잠시 스트레칭을 하는 등 우리 몸이 잘 이완되도록 준비하자. 잠시 눈앞에 있는 일들을 내려놓고 편안함을 느끼는 여유를 가지면 된다.

10년 후 또는 20년 후 미래를 떠올려 본다. 그 미래의 어떤 날을 상상해 보는데, 그날은 내가 꿈꾸는 삶을 사는 미래의 어떤 하루이다. 아주 이상적인 하루를 보낸다고 생각하자. 긍정적인 마음을 가지는 것이 중요하며, 그 무엇도 나의 멋진 미래의 하루를 방해할 수 없다.

아침에 일어나서부터 저녁에 잠자리에 들기까지 미래의 멋진 하루에 대해 현재형으로 써본다. 즉, '아침에 일어났다' 가 아니라 '아침에 일어난다, 그리고 ~을 한다'와 같이 현재형으로 써 보는 것이다. 가능하면 구체적으로, 그리고 가능하면 나의 모든 감각을 활용해 어떤 것을 보고, 듣는지, 어떤 냄새가 나는지, 어떤 맛을 느끼는지, 어떤 촉감을 느끼는지를 한 번 구체적으로 적어보자. 누구와 있고, 만나고, 어떤 대화를 하고, 어떤 일을 하고, 어떤 환경에서 일하고, 어떤 도구나 기계 등을 사용하는지 등 가능하면 구체적으로 이상적인 하루의 모습을 상상해서 글로 써 본다. 상상이 잘 안 된다면 잠시 눈을 감고 그 다음 부분을 눈으로 보듯이 떠올려 본다. 그리고 다시 글을 쓰고, 하루를 마치고 잠자리에 들 때까지를 최대한 구체적으로 묘사해보자.

자 그럼 다음 <활동 3-13>의 빈 칸에 나의 이상적인 하루를 적어보자. 워크시트의 공간이 충분하지 않을 것이다. 빈 종이나 노트에 '나의 이상적인 하루'라는 제목을 적은 다음 내 미래의 어느 날을 묘사해보자.

활동 3-13 / 나의 이상적인 하루

나의 이상적인 하루에 대한 글쓰기를 마쳤다면, 다음의 질문에 대해 답해보자.

활동 3-14 / 나의 이상적인 하루 정리하기

- 가장 가슴을 두근거리게 만들었던 장면은 무엇이었는가?

- 나는 어떤 환경에서 어떤 일을 하고 있는가?

- 미래의 이 장면에 도착하기 위해선 무엇을 준비해야 하는가?

- 나는 지금 또는 앞으로 3개월이나 6개월간 무엇을 하면 좋은가?

- 나 스스로 명심할 것이나 자신에게 다짐하고 싶은 것은 무엇인가?

4) 나의 비전 만들기

지금까지 나의 미래를 마음껏 상상했다면, 어느 정도 내 미래의 삶이 어떤 방향으로 가면 좋을지, 어떤 꿈들을 이루고 싶은지 등 미래에 대한 방향성과 장기적인 목표에 대해 생각해 봤을 것이다. 이제부터는 미래의 선명한 이미지를 그려 보자.

비전이나 사명 등에 대해 들어본 적이 있을 것이다. 그리고 비전, 사명 등 장기적인 목표를 가지는 것이 중요하다는 말도 들어봤을 것이다. 그리고 비전과 사명 등을 어떻게 만드는지 다양한 방법들이 소개되어 있다. 그 어떤 방법을 활용하든, 비전이나 사명에 대한 어떤 정의를 바탕으로 만들든 크게 문제가 되지 않는다. 모두 다 나의 미래를 그려보는 데 도움이 되기 때문이고, 이렇다 할 정답이 있는 것이 아니기 때문이다.

여기서는 우리의 '비전(vision)'을 작성하는 것을 안내하고자 한다. 비전이란 무엇이고, 어떻게 만들면 좋을까? 비전의 사전적 정의를 먼저 살펴보자.

> something that you imagine; a picture that you see in your mind.
> a clear idea about what should happen or be done in the future.
> 자신이 상상하는 그 무엇; 마음 속으로 보는 그림
> 미래에 무엇이 일어나야 하거나 완료되어야 하는 것에 대한 명확한 생각
> – Merriam-Webster's Advanced Learner's English Dictionary

> Your vision is what you imagine or hope something would be like.
> 비전이란 무언가 상상하거나 그렇게 되길 바라는 것
> – Collins Dictionary

비전의 사전적 의미 중 우리가 살펴보고자 하는 의미에 가까운 정의만 위와 같이 추려보았다. 이 정도의 정의로도 여기서 우리가 만들고자 하는 비전이 무엇인지 이해하는 데 충분할 것 같다. 약간의 보충설명을 하자면, 비전을 어떤 시점에서 목표가 달성된 한 시점이라고 한다면, 사명(mission)은 나아가는 방향이나 목적(purpose)으로 설명된다. 비전과 사명 등에 대해 정확한 답이 있는 것은 아니기 때문에 어떤 용어를 쓰든 크게 상관없겠지만, 이 장에서 다루고자 하는 것은 '먼 미래의 한 시점에서 내가 무언가 큰 성취를 얻은 그 장면'이기 때문에 그런 비전을 한번 만들어보면 좋을 듯하다.

그럼 어떤 비전을 만들어야 할까? 어떤 비전이 좋은 비전이 되는가? 비전 선언문을 만드는 데 참고할 만한 원칙에 대해 살펴보자.

〈비전 선언문 작성의 원칙〉

- 비전은 그것이 이루어진 모습을 상상하기만 해도 내면에 기쁨으로 충만해질 만큼 밝은 것이어야 한다.
- 비전은 모든 사람들에게 명확하게 인식될 만큼 구체적이어야 한다.
- 비전은 그 성취에 위해 우리가 가진 최대의 에너지를 써야 할 만큼 현재의 한계선상에 있는 것이어야 한다.
- 비전은 끊임없이 새로운 동기를 부여하고 우리가 그것을 이루기 위해 쉼없이 노력할 수 있을 만큼 보람 있고 값진 것이어야 한다.
- 비전은 주위 모든 사람으로부터 충분한 지원과 지지를 얻을 수 있을 만큼 전체를 위해서도 유용한 것이어야 한다.
- 비전은 모든 의식을 집중할 수 있을 만큼 매력적이어야 한다.
- 비전은 나뿐만 아니라 우리 모두를 위한 이타적인 것이어야 한다.

비전 선언문 작성의 원칙을 살펴보면 먼저 비전은 긍정적인 미래를 그리는 것이고, 구체적이어야 한다. 다만, 그 비전은 자신이 최선의 노력을 다해서 달성할 만한 그런 높은 목표여야 한다. 비전에서 달성하는 그 목표는 자신만을 위한 것이 아니라 모두를 위한 이타적이고 매력적이고 유용한 것, 보람있고 값진 것이어야 한다.

비전 선언문 작성의 경우 대체로 밝고 긍정적이고 자신이 보기에 값지고 높은 목표인 경우가 많다. 하지만 비전에 담긴 내용이 또는 그 목표가 자신을 포함하여 사람들에게도 매력적이고 유용하고 이타적인 것을 작성하는 경우는 드문 편이다. 비전은 다른 사람들에게도 말할 수 있는 것이어야 하고, 그렇게 표현함으로써 그에 동조한 사람들이 자신에게 지지와 도움을 기꺼이 보내주려고 해야 하는 그런 것이어야 한다.

예를 들어, '10년 후 나는 10억의 자산가가 될 거야'라는 비전을 썼다고 하자. 먼저 내용면에서 밝고, 긍정적이고, 액수를 보니 구체적인 듯하다. 하지만 이런 비전은 사람들에게 그리 매력적이지도 유용하지도 이타적이지도 않다. 대부분 사람들이 꼭 그렇게 되길 바란다는 지지를 표현하겠지만, 당신만을 위한 그 비전에 지지와 도움을 주려고 할까? 반대로 어떤 사람이 저런 비전을 말한다면, 여러분은 어떤 생각이 드는가?

그럼 다음의 비전 선언문을 보자.

> 나는 지속 가능한 도시 농업 전문가로 도시 속에서 농업을 할 수 있는 친환경 농업 기술을 보급하여 도시 사람들이 직접 건강한 농작물을 재배해서 먹음으로써 건강을 유지하는 데 기여하고자 한다. 10년 후 어느 날, 내가 보급한 기술을 활용해서 직접 재배한 식재료만으로 만든 음식을 많은 이들이 맛있게 먹는 모습을 꿈꾼다. 더 나아가 이런 기술을 통해 지역 또는 국가의 식량 안보 문제를 해결하기를 바란다.

예시로 제시한 비전 선언문이지만, 위의 비전은 대체로 비전 작성의 원칙이 잘 반영된 것으로 보인다. 위 예시의 비전을 보면서 여러분은 어떤 마음이 드는가? 아 저러면 참 좋겠구나, 나도 저런 기술을 활용해서 해보고 싶다, 뭔가 울림이 있다 등의 생각이 들지 않는가? 비전은 위와 같아야 한다. 긍정적이고 밝고 희망차고 구체적이어야 하면서 동시에 자신과 사람들에게 매력적이고 유용하고 이타적이고 보람있고 값진 것이어야 한다.

비전 작성이 쉽지는 않다. 하지만 여러 번에 걸쳐 수정해 나간다면 자신이 만들 비전을 보고만 있어도 가슴이 뛰고 무언가 하고 싶은 마음이 들 것이다. 우리 모두 그런 비전 하나 갖고 있어야 하지 않을까?

활동 3-15 / 비전 선언문 만들기

앞서 성찰했던 나의 흥미나 직업가치, 미래의 한 모습, 꿈 목록 등을 다시 살펴보면서 가슴뛰는 나의 비전을 하나 만들어보자.

비전 선언문 작성에 어려움이 있는 이유 중 하나는 아직 진로를 구체적으로 결정하지 못했기 때문이다. 내가 앞으로 무슨 일을 할지도 결정하지 못했는데, 사회에 어떤 기여를 할지 어떻게 정하느냐는 물음이 생길 수 있다. 하지만 진로를 선택하고 결정할 때는 단 한 번에 결정을 해야 하는 것이 아니라, 이런저런 잠정적인 결정을 해보고 다시 수정하는 과정이 반복된다. 잠정적으로 이걸 해보면 어떨까?란 생각이 드는 그 무엇이 있다면, 그것에 관심을 갖고 찾아보며 경험하고 알아가는 행동과 노력이 필요하다. 만약 그 어느 것 하나 알아보지 않는다면, 그 어떤 구체적인 정보를 얻지 못한 채 하는 수 없이 진로를 선택할 수밖에 없다.

사회에 어떤 기여를 할지 또는 할 수 있는지를 알려면 사회에 어떤 필요나 수요가 있는지를 찾아봐야 한다. 이 시대에 사람들에게 필요한 것은 무엇일까? 이 부분에 대해서는 UN에서 제시하는 '지속가능한 발전 목표(Sustainable Development Goals, SDGs)'를 참고하면 좋다. 전 지구적으로 어떤 필요가 있는지를 생각해보고, 그중에서 특히 끌리는 영역을 2~3개 선택해보고, 그리고 내가 가진 전공이나 능력, 강점 등을 어떻게 활용하면 좋을까란 생각을 이어가 보자. 비전 만들기에 UN의 SDGs를 참고해보길 바란다. 우리나라에서는 K-SDGs로 다음과 같이 안내하고 있다.

그림 3-6 국가 지속가능발전목표(K-SDGs)

활동 3-16 / 생각해보기

17개의 지속가능발전목표 중 어떤 목표가 가장 나에게 와 닿습니까?

그 목표와 관련된 나의 진로를 탐색하기 위해 하고 싶은 것은 무엇입니까?

미래에 대한 나의 열정과 비전은 무엇입니까?

7 나의 비전을 현실로 만들기

지금까지 희망-실천 이론의 자기성찰, 자기명료화, 미래상상하기의 3개 날개에 대해 살펴보았다. 그 다음 단계인 목표와 계획 수립하기, 실천 및 적응하기는 이 책에서 간단한 안내만을 하고자 한다. 이 2개 날개에 해당하는 것은 이 책을 덮고 난 후 여러분이 직접 행동해야 하는 것들이기 때문이다.

1) 목표와 계획 수립하기

먼저, 목표 수립은 우리가 잘 아는 SMART 원칙에 의해 수립하는 것이 좋다.

Specific 구체적이어야 하고
Measurable 측정가능해야 하며
Achievable 현실적으로 달성 가능해야 하며
Relevant 상위 목표나 장기 계획, 나의 가치 등과 관련되어야 하며
Time-bound 구체적인 기한(마감일)이 있어야 한다.

목표가 위 원칙에 맞게 수립되지 않는다면, 실행의 동기가 떨어질 수 있다. 가능하면 위 원칙을 지켜 목표를 수립해보자. 목표는 장기, 중기, 단

기로 나눌 수 있는데, 보통 장기는 10년 이상의 단위로 전생애의 목표를 설정할 수 있고, 중기는 5년 내외로, 단기는 1년 이내의 목표를 잡으면 된다. 장-중-단기의 단위 또한 개인에게 맞게 정의하면 된다.

희망-실천 이론에서는 직업세계를 탐색하는 단계를 구체적으로 안내하고 있지 않다. 하지만 목표 수립 단계에서 또는 다음의 계획 수립 단계에서 나의 비전을 달성하기 위해 내 삶의 방향성에 맞는 직업들을 고려해야 한다. 즉, 자기성찰과 자기명료화를 통해 종합한 '나'와 맞는 직업을 찾는 것도 하나의 방법이지만, 내가 살고 싶은 미래와 그 방향성을 먼저 생각해보고, 그 방향에 맞는 다양한 진로들을 생각해보는 것이다. 내가 하고 싶은 일은 꼭 하나의 진로나 직업만 존재하지 않는다. 사람의 병을 낫게 하는 것이라고 한다면, 그것은 의사라는 직업만이 그 분야에 있는 것은 아니다. 간호사를 비롯하여 약사, 물리치료사, 심리치료사 등 전통적인 의료 및 보건 분야의 일들이 있고, 의료 및 보건 분야와 관련된 일들을 살펴보면 IT, 생명공학, 환경이나 보건, 로봇이나 의료기기 개발, 운동이나 스포츠와 관련된 일, 식품이나 영양학과 관련된 일, 법의학 등 관련 일들을 많이 고려해 볼 수 있다. 사실 그 어떤 학문분야나 직종이라도 이와 관련된 일들을 찾아볼 수가 있다.

다양한 분야를 찾아보면서 구체적인 목표를 한번 수립해보자. 다시 말하지만 장기 목표는 특히 단 한 번에 수립할 수 있는 것이 아니다. 잠정적으로 하나를 만들어보고, 그것을 찾아보는 계획을 수립하여 실행해보고, 그 다음에 다시 목표를 수정하거나 새롭게 세울 수도 있다. 이렇게 목표를 수정하는 것은 희망-실천 이론의 마지막 날개인 적응하기에 해당한다.

2) 실행과 적응하기

희망-실천 이론의 제목에 있는 것처럼 실천(action)은 희망(hope) 못지않게 중요하다는 의미이다. 우리가 아무리 많은 성찰과 생각과 계획을 한다고 하더라도, 실천이 뒤따르지 않는다면 모두 헛된 것이 되고 그저 '꿈'이 되어 버릴 것이다. 지금 현재 아직은 잘 만들어진 비전이나 목표가 없더라도, 일단 잠정적인 작은 목표라고 하나 세우고, 그 목표 달성을 위한 계획을 세워서 실천을 해 봐야 한다.

우리는 실제로 무언가를 하면서 배우고 성장한다. 경험이 뒤따르지 않는다면 우리는 그 무엇도 분명하게 알 수가 없다. 어떤 직업에 대해서 아무리 정보를 모으고 책을 읽고 영상을 통해 본다고 하더라도, 우리가 실제로 그 일을 하기 전까지 모르는 것들이 더 많을 수 있다. 내가 알고 있는 수준과 실제 경험을 통해 알게된 수준의 차이가 바로 경험을 통해 우리가 배워야 하는 것들이다.

실제 행동하기 전까지 모르는 것이 많다는 사실을 꼭 기억하자. 실천을 하게 되면 그 이전에는 미처 생각하지 못했던 것들을 발견하게 되고 배우게 된다. 당연히 나의 계획도 수정되어야 하고 목표도 수정될 필요가 있다. 어쩌면 희망-실천 이론의 맨 첫단계로 다시 되돌아가서 자기성찰부터 다시 할 필요도 생긴다. 익숙한 일이더라도 시간이 지나면 환경이 바뀌기 마련이고 또 새로운 환경에 뛰어들어야 할 때도 있다. 환경이 바뀌면 그 새로운 환경에 적응을 해야 한다. 적응이라는 것은 새로운 환경에 나를 맞추거나 그 환경을 나에게 맞춘다는 의미이다. 환경을 변화시키는 것은 아무래도 쉽지 않기 때문에, 새로운 환경에 다시 나의 목표와 계획을 어느 정도 수정할 필요가 있다. 다만 나의 비전과 삶의 방향성은 분명하게 인지해야 한다. 물론 이것도 수정이 필요할 때가 되면 다시 수정해야 한다.

다시 말하지만 우리는 적응이 매우 중요한 변화의 시대를 살고 있다. 적응을 잘하려면 나의 미래 방향성에 대해 잘 알아야 하고, 그 방향성은 그 누구도 아닌 나로부터 나온다. 나 자신을 잘 이해하고 나의 미래는 내가 정해야 한다. 자신을 잘 알고 싶다면 나를 발견할 수 있는 실행을 많이 해 봐야 한다. 특히 안전지대를 벗어나 새로운 경험을 많이 해 본다면, 내가 몰랐던 나를 발견하는 계기가 되고, 새로운 환경과 세상에 대해 더 많이 배울 것이다. 그리고 더 넓은 세상을 바라보자. 전세계와 소통할 수 있는 이 시대에 그것을 외면하는 것은 도태하는 것이다. 다음의 앨빈 토플러의 말을 인용하며 이 장을 마치고자 한다.

> The illiterate of the 21st century will not be those who cannot read and write, but those who cannot learn, unlearn and relearn.
> 21세기의 문맹자는 읽고 쓸 줄 모르는 사람이 아니라, 배우고(learn), 기존의 배움을 수정하고(unlearn), 다시 배우는(relearn) 것을 할 수 없는 사람이다.
>
> – **앨빈 토플러**(Alvin Toffler), "미래의 충격(Future Shock, 1970)"에서)

참 고 문 헌

※ 참고문헌은 QR코드를 통해 확인하실 수 있습니다.

나 - 우리 - 미래

초판발행	2025년 6월 30일
지은이	양지웅 · 이현진 · 안성식
펴낸이	노 현
편 집	소다인
기획/마케팅	허승훈
표지디자인	BEN STORY
제 작	고철민 · 김원표
펴낸곳	㈜ 피와이메이트 서울특별시 금천구 가산디지털2로 53, 210호(가산동, 한라시그마밸리) 등록 2014. 2. 12. 제2018-000080호
전 화	02)733-6771
f a x	02)736-4818
e-mail	pys@pybook.co.kr
homepage	www.pybook.co.kr
ISBN	979-11-7279-125-4 93370

정 가 20,000원

박영스토리는 박영사와 함께하는 브랜드입니다.